本书受到"浙江大学文科精品力作出版资助计划"资助

# 中国青少年
# 武术运动发展研究

徐曼 著

浙江大学出版社
·杭州·

图书在版编目(CIP)数据

中国青少年武术运动发展研究 / 徐曼著. -- 杭州：浙江大学出版社,2024.9. -- ISBN 978-7-308-25431-1

Ⅰ.G852

中国国家版本馆 CIP 数据核字第 2024SE6650 号

## 中国青少年武术运动发展研究

徐　曼　著

| 责任编辑 | 马一萍　金　璐 |
| --- | --- |
| 责任校对 | 葛　超 |
| 封面设计 | 雷建军 |
| 出版发行 | 浙江大学出版社<br>（杭州市天目山路 148 号　邮政编码 310007）<br>（网址：http://www.zjupress.com） |
| 排　　版 | 杭州晨特广告有限公司 |
| 印　　刷 | 广东虎彩云印刷有限公司绍兴分公司 |
| 开　　本 | 710mm×1000mm　1/16 |
| 印　　张 | 18.5 |
| 字　　数 | 285 千 |
| 版 印 次 | 2024 年 9 月第 1 版　2024 年 9 月第 1 次印刷 |
| 书　　号 | ISBN 978-7-308-25431-1 |
| 定　　价 | 78.00 元 |

版权所有　侵权必究　印装差错　负责调换

浙江大学出版社市场运营中心联系方式：0571-88925591；http://zjdxcbs.tmall.com

# 自 序

"少年智则国智,少年富则国富,少年强则国强。"梁启超先生百年前在《少年中国说》中的铿锵之语不仅在清末民初时振聋发聩,时至今日,这句话仍如晨钟暮鼓,警醒着每一代中国青少年在实现中华民族伟大复兴的征途上砥砺前行。青少年是中华民族存在的基石、发展的栋梁、未来的动力,习近平总书记在庆祝中国共青团成立 100 周年大会上指出:"千百年来,青春的力量,青春的涌动,青春的创造,始终是推动中华民族勇毅前行、屹立于世界民族之林的磅礴力量!"[①]在中华优秀传统文化的广袤天地中,青少年作为实践者、传承者和开拓者,肩负着汲取精华、创新发展的崇高使命,他们应当以自己的青春之力,成就中华传统文化的继往开来。

武术作为中华优秀传统文化的瑰宝,是一项集健身、防身、修身、修心于一体的传统体育项目。它既植根于中华优秀传统文化这片沃土上,承载着深厚的文化底蕴与哲学思想;又强调躬身力行,是中华民族坚韧不拔、自强不息精神的生动体现。它融汇了中华民族的智慧与精神,以其独特的魅力成为传承与弘扬中华优秀传统文化的重要桥梁和融合载体。对于青少年而言,习练武术不仅是德育教育的重要内容,更是肩负起践行中华民族自强不息、积极进取、知行合一的历史使命。

我深感培育青少年文化根基的重要性,同时作为武术教育工作者又痛心于青少年对武术内涵认识尚显浅薄,伤心于青少年放弃习练武术而导致人才流失。为此,我专注调查研究,并将所得成果精心总结整理成《中国青

---

[①] 习近平. 在庆祝中国共产主义青年团成立 100 周年大会上的讲话[EB/OL]. (2005-05-10)[2023-07-21]. https://www.gov.cn/xinwen/2022-05/10/content_5689538.htm.

少年武术运动发展研究》一书,期望为促进武术运动在青少年中的健康持续发展贡献力量,也为武术这一中华优秀传统文化瑰宝的教育与传播尽一份绵薄之力。

本书采用详实的数据和图表,深刻剖析了武术文化在青少年群体中的发展现状及其教育生态。本书的各项研究报告紧密围绕中国青少年武术运动发展,以中国武术文化历史发展为经络,细致划分了机构设施、人群组成、年龄分层、习练年限等多个维度,从而总结归纳出43项关键研究指标。本书从青少年对武术的感性认知出发,探讨了青少年习武的动机、影响习武的因素以及习练的武术内容等。通过挖掘青少年对武术功能价值、文化属性的理解与认知,本书进一步重申了武术作为中华优秀传统文化核心基因的重要地位,也强调了段位制及竞技武术体系的完善对保证武术规范性发展和良性竞争的制度作用。本书的研究结果强调,师资力量是青少年武术教育中不可或缺的角色,会对青少年理解武术内涵精髓,掌握规范的武术动作以及青少年对武术的认同与归属感产生深远影响。此外,本书在研究过程中还发现,学业压力的增加和习练兴趣的减弱是青少年中断习练武术的两大主要原因。

在调查总结的基础上,本书强调了将武术纳入学校正规教育体系、加强青少年教育渗透的迫切性,并提出了一系列具有前瞻性和可操作性的建议,包括提高武术青少年教育的渗透率,加强对武术教师的专业化培训,优化配置教学资源,丰富比赛对习练者的鼓励和奖励,以及逐步提高青少年对武术的认同感和对中华优秀传统文化的归属感。这一系列建议旨在共同推进青少年武术运动的发展,体现了武术教育工作者对将武术纳入青少年德育教育体系的迫切希望、美好愿景以及无比憧憬。

如今,我国正处于经济实力持续增强、科学技术水平日新月异以及国际地位稳步攀升的黄金时代,中华优秀传统文化的传承与发展也迎来了新机遇。在这一关键的新起点上,我们满怀期待地寄望于武术等多元文化能够蓬勃兴起,进一步充实和丰富中华民族的文化底蕴,也希冀每一位武术教育工作者都能以敏锐的洞察力发现问题、以严谨的态度探索根源,并不断从中华优秀传统文化这片肥沃土地中汲取智慧,为武术教育事业、中华优秀传统文化的传承与弘扬贡献力量。我们坚信在武术工作者的共同努力下,能够引导青少年成为文化传承的积极参与者和践行者,成为中华民族伟大复兴进程中的奋进之力。

本书得到了浙江大学教育学院体育学系林小美教授的悉心指导,浙江理工大学杨乃静副教授、浙江工商大学吴雪霜老师、文澜中学李华老师、文澜小学刘树洋老师等在数据采集、归纳、整理等方面的支持,以及《中国青少年武术运动发展研究》国家体育总局体育哲学社会科学研究项目组老师们的大力协助,最后衷心感谢各省份的体育运动学校、武术学校、青少年宫、普通中小学等的武术同行的支持和帮助。

2023 年 7 月

# 目 录

**第一章 中国青少年武术发展概述** ……… 1

　　第一节　中国青少年武术在不同时期的发展 ……… 1
　　第二节　武术对青少年发展的影响 ……… 3

**第二章 中国武术文化与当代青少年武术教育** ……… 8

　　第一节　武术文化的概念与内涵 ……… 8
　　第二节　中国武术文化的当代教育价值 ……… 13
　　第三节　武术文化在青少年武术教育中的渗透 ……… 16

**第三章 青少年武术的发展** ……… 24

　　第一节　中小学武术的发展 ……… 25
　　第二节　青少年宫武术的发展 ……… 61
　　第三节　武术学校武术的发展 ……… 91
　　第四节　体育运动学校武术的发展 ……… 126
　　第五节　中国青少年武术习练者现状比较研究 ……… 160

## 第四章 中国青少年武术发展策略研究 ………………… 193

### 第一节 中小学武术发展策略 ………………… 193
### 第二节 青少年宫武术发展策略 ………………… 203
### 第三节 武术学校发展策略 ………………… 205
### 第四节 体育运动学校武术发展策略 ………………… 211

## 第五章 结 论 ………………… 237

## 参考文献 ………………… 241

## 附 录 ………………… 252

# 第一章 中国青少年武术发展概述

## 第一节 中国青少年武术在不同时期的发展

### 一、古代青少年武术的发展

青少年习武自古有之,学校习武作为武术传承的主要渠道,是中国武术发展的基石。早在夏商周时期,我国各级学校已有传授武术或开展武术活动的记载。特别是到了周代,随着教育体系的完备,学校开始传授"六艺"(礼、乐、射、御、书、数)。而六艺中的"礼、乐、射、御"都蕴含丰富的武艺教育内容:"射、御"是车战最重要的军事技能;"礼"中有不少是习武与习礼相结合的内容;"乐"中的不少"武舞"兼有武术与舞蹈的内容,如舞者执弓矢、干戚、斧、锁等。武舞,实质上是对武术器械套路的演练,这对武术的发展起了极大的促进作用,开创了武术通过学校进行传播的先河。这一时期的武术理论和技术对后世产生了深远的影响。

春秋时期,宫学废弛,私学兴盛,涌现了许多著名的教育家和思想家,其中孔子和墨子把射、御作为重要的教育内容。

秦汉时期,由于推行"罢黜百家,独尊儒术",教育中尚武思想渐渐衰微,而军旅和民间武术却日益丰富,推动了武术文化的繁荣。

唐代设武举,拉开了以武取士的武学科举制度的序幕,该制度一直延续至清末,对当时的青少年武术的发展极具积极的影响。

## 二、近代青少年武术的发展

近代,中国在列强坚船利炮的胁迫下,被迫打开国门,战败的清朝政府采纳洋务派提倡"新教育"、设立"洋学局"的主张,仿照西方军事学校兴办新式学堂,完全照搬西方课程,学习西洋新式枪炮的使用和兵操,抛弃了沿袭上千年的武学制度。随着西方体育项目的不断引入,中国武术在学校的发展被迫停滞。

民国以来,许多有识之士认识到武术的重要性,而将武术称为"国术"。以武术强身健体,进而实现国家和民族的复兴。1915年4月,于天津召开的全国教育联合会第一次会议强调,各学校应增加中国旧有武技的传授及演练。1919年,孙中山为精武体操学校成立10周年题词"尚武精神"。1933年,国民政府设"国立国术体育专科学校"。冠以"国术"的武术,在民国时期作为一种"尚武强国"的重要教育手段得到了广泛的传播。

## 三、新中国成立后青少年武术的发展

新中国成立后,武术在学校教育中的地位进一步加强。1952年起相继成立的各大体育学院,均设有武术专业。1956年,教育部编订并颁布的中国第一部全国通用的《中、小学体育教学大纲》就明确了武术方面的教学内容。1961年,为了继承和发扬我国历史悠久的民族传统体育,体现教学大纲的民族特色,武术作为民族传统体育的重要内容之一,被列入该年编订出版的《全国大、中、小学体育教学大纲》中。大纲规定:武术在小学体育课程中为每学期6学时,中学每学期8学时。教学内容为:小学(从三年级起)学习武术基本功、基本动作、组合动作、武术健身操、初级拳;中学学习初级拳二路、青年拳、青年拳对练等。同年,我国第一本体育学院本科讲义《武术》出版。随着大纲及本科讲义的出版,学校的武术教育机制进入了正常的轨道。

## 四、现代青少年武术的发展

1981年10月,全国中学校长会议提出,全国中小学一律添习武术,武术正式进入学校,成为学校体育课程中的一项重要内容。在1987年颁布的《全日制中小学体育教学大纲》中,武术被列为小学三至六年级的基本教学内容之一。1992年,第二次全国武术工作会议提出"编写大、中、小学校的武术教材,使三分之一的高等院校和中小学在校生学会一套武术套路"。这些措施无疑对学校武术教育的切实开展起到了巨大的促进作用。2004年3月30日,中宣部和教育部从文化战略的高度,联合颁发了《中小学开展弘扬和培育民族精神实施纲要》(简称《纲要》),《纲要》明确要求中小学各学科教育要有机渗透民族精神教育内容,体育课适量增加中国武术等内容,可见政府部门对武术教育的重视。青少年武术在良好的时代背景下,理应全面开花,但事实却是武术教师缺乏,武术教学严重缩水,武术未能在全国中小学中得到有效的普及和推广。

青少年是传承民族文化的主体,是祖国的未来,而学校武术教育作为武术传承的主要途径,是中国武术的百年大计。中国武术在学校体育中的开展是关系中华武术的传承与发展的重要举措,也是继承和发扬中华优秀传统文化的重要路径。面对体育全球化带来的机遇与挑战,中国武术将迎来更大的冲击。学校作为青少年武术教育的主要阵地,必将成为开展武术传承的重要平台。

## 第二节　武术对青少年发展的影响

### 一、提高青少年对中国传统文化的认识

青少年作为传承和弘扬中华民族精神的主体,充分了解中华民族的文化底蕴,认识自身文化基因和民族基因的根底,是凝结民族共识,增强民族凝聚力的基础,是坚定文化自信和民族自信的基石。

武术是中华民族传统的体育项目,蕴含着深厚的文化底蕴,既有儒家的"仁爱、忠信"思想,又有道家的与自然"和谐统一""动中寓静,动静结合"的思想,又兼收了墨家的"非攻""兼爱"思想,佛家的众生平等、爱人如己、劝人为善的思想,是中国传统文化博大精深、海纳百川、源远流长的缩影和

具体体现。青少年在习练武术的同时,切身感受中国传统文化的独特魅力,深刻领悟中国传统文化的思想内涵,理性洞悉中国传统文化的文化成就和民族智慧,在陶冶情操、强身健体的同时增加文化的认同感,从而增强民族归属感,增强民族自信心。

## 二、提倡青少年的尚武崇德精神

### (一)武德的起源与发展

"武德"一词始见于春秋战国时期左丘明所著的《左传》一书,书中提出:"武有七德,禁暴、戢兵、保大、定功、安民、和众、丰财者也。"在《史记》的《孙子·吴起列传》中,"非信廉仁勇,不能传兵论剑,与道同符;内可以治身,外可以应变,君子比德焉",习武者的"德"具有与"道"同样重要的地位。

武德的形成深受儒家等中国古代伦理思想的影响。"学拳以德行为先"就是儒家的"仁义"思想观念的反映。武德的形成也受到武术各拳种流派的影响,不同流派的"门规""戒律""戒约"各异,使武德的内容条目繁多。然而纵观各门派的"门规"条目,其核心内容实际上是一种对习武者的制约机制,它制约着习武者不要随便滥用武力,以免给社会和他人造成巨大的危害。武德是习武者在中国文化及各门派清规戒律的长期熏陶下形成的一种内在的制约机制。

武德的发展是随着社会的发展而发生变化的,武术的内涵及内容逐渐与当时的社会发展相适应。明清时期,无论是武术技术还是武术理论都进入鼎盛时期,同时有关武德的内容也日渐丰富。鸦片战争以后,列强入侵,涌现出了许多甘洒热血、视死如归的武林豪杰,民族的尊严、国家的兴旺、不屈不挠的反抗精神等,成为当时武德的核心内容。

随着冷兵器时代的结束,军事武术不再是武术的主要功能,武德的内容也随之发生了变化。习武者在传承中国武术文化的氛围中,维护中华民族的尊严,培养强烈的民族自豪感,建立起新型的社会主义道德观,形成热爱祖国、热爱文化,以国家和集体利益为重的武德思想,树立友善的习武道德目标,从健体强身、弘扬中国传统文化的意义上"以武会友""广交朋友",海纳百川,兼收各长,通过风雨不殆、坚持不懈的勤学苦练,磨炼出心胸宽广、坚韧不拔、见义勇为的坚强意志,实现民族文化、民族精神在习武者个体由内至外的完美展现,使武术能真正为人类精神文化做出贡献。

总之,武德是指习武学艺之人所应遵守的最基本的行为准则和规范要求。简而言之,习武的道德,包括礼节、人品、作风等诸多方面。① 武德更多的是属于伦理道德观念的范畴,是衡量武者道德品质的标杆。

### (二)武德的"仁义"思想对青少年思想品格的影响

武德的"仁义"思想对习武的青少年的思想、品格会产生良好的效应,使其形成谦虚待人、含蓄不露、胸怀坦荡的理想人格。"仁"的基本思想是以仁慈、忠厚、善良和爱心来待人接物,是儒家文化的核心。在古代较为注重仁德、师慈徒孝、兄友弟恭、朋亲友爱等,在今天就是要用广博的爱去对待一切,它是习武者品德追求的最高境界。一方面,青少年学拳宜以涵养为本,举动间要心平气和,善气迎人。学拳宜做正大光明的事情,不可恃艺为非,以致损行败德,甚至辱身丧命。另一方面,武德的"仁义"思想体现在武术技击运用上。武术之仁德精神亦以制服对方、达到目的即可,只要能制服对手,则避免杀人取命。武德的"仁义"思想使青少年懂得习武是为切磋技艺、交流感情,达到"以武会友"、提高社交能力、形成良好的人际关系的目的。武德的重义守信思想可以促使青少年形成正直、诚实守信、富有爱心等良好品质。

### (三)武德的"礼"对青少年思想行为的影响

武德中的"礼"对尚武崇德的青少年的言谈举止会产生良好的影响。传统文化对武德的重要影响之一在于"礼"。武术礼仪是武德的一个重要组成部分,它包括礼貌、礼节、仪式、仪表等。从徒手到器械训练,从课堂到竞赛场,以及各类武术活动都有具体的礼节规范。"礼"对习武者的影响存在于演练武术活动中,表现在言行举止之中。如习武者在登台表演或比赛时要向裁判员和观众行抱拳礼等,在演练结束时也要行礼,这些要求都是教育、规范习武者的言行举止,培养习武者虚心好学、谦虚礼让的道德品

---

① 林小美.儿童武术训练基础[M].杭州:浙江大学出版社,2008.

质。武德的"礼"在潜移默化中为习武的青少年提供了良好的思想行为标准,在耳濡目染中提高青少年习武者的道德品质。

武术礼仪不仅是对青少年习武者的身形、体态和举止的塑造,也是逐步完善青少年心性、道德的过程。一方面,武术运动对身形的要求有顶头、收下颌、立腰、身端、体正,其十二形之说"坐如钟、站如松、行如风",揭示了武术的浩然正气之风貌与身捷步灵、落地生根的特点。另一方面,武术讲究身心合一,内外兼修。武术技术不是主张引向外在的显示,而是导向内心的自修和自审,体现中华民族内敛、沉稳、谦逊的品质。练艺必修心、修德,良好的德是艺的基础,艺和德相辅相成方为完美。武术的技道双修、德艺双馨的思想观念对青少年人生价值观念的正确形成具有重要的指导价值。

**(四)尚武崇德对青少年道德情操的效用**

纵观武术发展史,众多习武者都将国家和人民的利益放在首位,为保卫国家的完整安全和民族的赓续而秉存大义,不畏强暴,不惜以鲜血和生命捍卫民族的独立和国家的完整,这种精神一直教育、激励和影响着后代习武者。南宋民族英雄岳飞,自幼刻苦读书、苦练武功,文武兼备。金兵进犯中原时,岳飞以自己的行动报效国家和人民,其生前写下的诗句"壮志饥餐胡虏肉,笑谈渴饮匈奴血""待从头,收拾旧山河"气壮山河,激励人心,光辉业绩为世人所传颂。文天祥面对元兵的威胁利诱毫不畏惧,留下了"人生自古谁无死,留取丹心照汗青"千古绝唱的爱国主义诗篇。明代武林豪杰戚继光是位文武兼备、德高望重、有胆有识的爱国将领。为了抵抗倭寇的侵略、保护国家和人民的利益,戚继光率领4000精兵劲卒以高超的武艺,用独创的"鸳鸯阵""两仪阵"等战术严惩了倭寇,用"封侯非我意,但愿海波平"表达了为国家奉献,不为功名的心声。近百年来,在我国受到帝国主义侵略的关键时刻,许多武林豪杰纷纷挺身而出,为国家和民族的生存抛头颅洒热血。如近代武术家霍元甲不甘忍受侵略者的欺凌和狂妄,飞上擂台,打败了帝国主义列强的拳师,摘掉了"东亚病夫"的帽子,大振国威。一些武术团体也投入爱国主义的斗争中,如小刀会、义和团、精武体育会等。为培养爱国主义精神,有的习武者在练功服上绣上"强种、强身、自卫、卫国"等字样。民主革命先驱孙中山先生把武术精神归纳为"以振起从来体育之技击术,为务于强种保国有关,大之关系推而言之"的"尚武精神"。这些英雄、武林豪杰,不但武艺卓绝,而且有爱国图强的无畏精神,振奋了民族的志气。纵观古今,武术精英的民族精神、爱国主义精神、侠义精神被百姓所认可和崇拜,对青少年的思想品质和道德情操产生了深远的影响,激励着广大青少年习武者自强不息、奋发向上,激发了青少年强烈的民族认同感和民族自信心。

### 三、增强青少年的体质

当下,因青少年体质连续多年下滑,武术再次成为国家大事。党的十八届三中全会将"强化体育课和课外锻炼,促进青少年身心健康、体魄强健"作为深化我国学校体育改革的内容,教育部将武术作为深化中小学体育教育教学改革的内容之一。

武技精湛,重在刻苦用功、勤练不辍。古人云:"欲学惊人艺,须下苦功夫。""场上一分钟,场下百日功。"一方面,从基本功的站桩、踢腿、翻腰等开始,到组合、分段的基本技术动作练习,不经过长期反复的习练,很难巩固、提高,更不用说掌握精湛的技艺。另一方面,套路演练的劲力、技巧、身法、眼神及蕴藏的传统文化的"神韵",不经刻苦练习,很难体会其富有的文化内涵,武术谚语"拳练千遍,身法自现"就是这个道理。武术练功讲究"冬练三九,夏练三伏","三九"和"三伏"是一年四季中最冷和最热的日子,对青少年习武者而言,在这个时期进行练习,不仅能练出一个可以适应各种恶劣环境的强健体魄,而且能培养坚韧不拔的意志品质。

# 第二章 中国武术文化与当代青少年武术教育

## 第一节 武术文化的概念与内涵

### 一、文化的概念

文化作为一个科学的术语,其定义有很多。一般说来,狭义的"文化"专指与精神生产直接相关联的活动过程与产品;而广义的"文化",则相当于与自然物、自然界运动相区别的——既包括精神产品也包括物质产品在内的——人所创造的一切非自然物,以及这种创造活动过程本身。文化是人类共通的、共同的创造或遗传,使人得以成为人并区别于其他生物。美国著名人类学家克鲁克洪指出:"文化存在于思想、情感和起反应的各种业已模式化了的方式当中,通过各种符号可以获得并传播它。另外,文化构成了人类群体各有特色的成就,这些成就包括他们制造物的各种具体形式。"[1]文化形成了不同的模式或类型,以不同的种族、民族或部族进行区分。中国文化从来都以迥异于其他文化类型的鲜明特征与广大内涵,与其他民族和民族文化区别开来,并独立存在。

### 二、武术文化的概念

武术文化这个名词是 20 世纪 90 年代开始出现的,对中国武术的发展和传播有着十分重要的意义。旷文楠等人在《中国武术文化概论》一文中

---

[1] 克鲁克洪,等.文化与个人[M].高佳,等译.杭州:浙江人民出版社,1986.

提出:"武术文化是以所处时代和社会大的文化氛围为前提的,并与其有着深远的渊源和联系。于是就把武术的搏斗、技击以及其哲学基础为主要内容和体系当作整个系统进行研究,便是中国武术文化的主要范畴。"[1]王军在《关于中国武术文化形态及演变的研究》一文中强调:"中国武术文化具有教育性、健身性、益智性、哲学性、观赏性和娱乐性,并且对现代体育、医学、文学、美育等文化形式都产生巨大而重要的影响。"[2]王岗和郭海洲在《传统武术文化在武术现代化中的价值取向》一文中指出:"武术文化是华夏炎黄子孙数千年来长期积累和创造的文化精髓,在武术这一运动中的体现和反映。"[3]刘景堂在《论中国武术文化在高校体育中的作用》一文中指出:"中国武术文化是我国武术运动与传统文化的结晶,既是我国传统文化多年沉积的结果,同时在一定程度上又能真实而有效地反映中国传统文化的精粹。"[4]

综上所述,武术文化是以我国传统哲学为理论基础,以搏斗和套路的具体攻防动作为载体,以中国传统文化为核心,并融入中华民族的思想情感、审美情趣等民族文化特点,同时又具有其独立完整的体系。

### 三、武术文化的内涵

武术文化,是中国文化的一个分支,是一种文化形态。武术之所以能当之无愧地被称作一种文化形态,被上升到文化层次的对象来对待和研究,能被称为"武术文化",关键在于:第一,武术文化是中国文化整体的有机组成部分;第二,武术文化自成完整体系;第三,武术文化这一完整体系全面贯彻、反映了中国文化的基本精神。[5]

中国武术,作为中国传统文化的典型代表,根植于中国传统文化的沃

---

[1] 旷文楠,等.中国武术文化概论[M].成都:四川教育出版社,1990.
[2] 王军.关于中国武术文化形态及演变的研究[J].北京体育大学学报,2006,29(9):1174-1176.
[3] 王岗,郭海洲.传统武术文化在武术现代化中的价值取向[J].广州体育学院学报,2006,26(3):75-78.
[4] 刘景堂.论中国武术文化在高校体育中的作用[J].中国成人教育,2005(8):57-58.
[5] 程大力.论武术文化的内涵与外延[J].搏击·武术科学,2011(8):1-3.

土之中。传统文化中的许多思想、理念,乃至价值观等都被武术前辈们运用于武术技术体系之中,无疑对中国武术技术的发展产生巨大的影响。中国武术历经了传统文化千百年的润泽后,使中国武术不仅是一种武术技艺,而且成为一种传统文化的符号,即武术文化。

**(一)中国古典哲学是武术的思想渊源**

中国古典哲学的范畴很大,包含了许多传统思想及学说流派,影响较大者有道家哲学、周易学说、五行学说、太极哲理以及孙子哲学等。

在我国古代哲学中,天人合一的观点也是本体论的范畴。所谓天人合一,即是人与自然、人与社会以及自我身心内外的和谐统一。武术是人体的运动,要达到人与自然和谐的目的,习武者必须顺其自然,效仿自然,遵循自然规律,利用自然规律达到宇宙自然的统一与和谐。

"知行合一"是武术的认识论基础,是武术发展的重要机制。所谓"知行合一"就是指在日常生活中,对事物的认识首先是切身体悟,进而指导实践,认知与实践是统一的、一致的。这一理论在武术中的表述是学以致用、直觉体悟。中国武术是在一定的社会需要下产生的,学以致用正是演练武术的宗旨。而武术的意境、神韵等又很难用言语表达,这就要求习武者用直觉领悟体验,进而把握精髓。这也是中华民族传统思维的特点。

"反者道之动"的方法论构成了武术战略思想的基本原则。其意思是,对立的事物向其反面转化是运动的规律。也就是说,刚能克柔,柔也能克刚,强能胜弱,弱也能胜强。因而,中国武术要求技击必须符合刚柔相济、阴阳和谐等原则。

中国古典哲学对武术的影响是深远的,如基于周易哲学的武术阴阳观,以阴阳八卦学说为理论基础的八卦掌,以五行学说为理论思想原则的形意拳,以太极哲理为精髓的太极拳,以及以孙子哲学为指导思想的武术技击战术观等,都有力地证明了中国古典哲学是武术的思想渊源。

**(二)武德观念是武术文化的重要内涵**

武德,即武术道德,是从事武术活动的人在社会活动中所应遵循的道德规范和所应有的道德品质。武德的理论很丰富,它所包含的内容是多方面、多层次的。在武德理论形成与发展过程中,一直受居于封建社会正统地位的儒家仁学思想影响而逐渐形成了传统武德的主要内容。孔孟仁学的基本思想是以仁慈、忠厚、善良和爱心来待人接物,处理一切人际关系。武德的仁学表现在练武与修身的统一,要求习武者有高尚的品德与宏大的胸怀和气魄;武德的仁学还体现在武技的运用上,武术的本质是技击,技击必然包含残忍和暴力,然而武术的仁德精神却要求以制服对方为主,尽量避免杀人取命,强调的是以武会友,讲究的是点到为止,通常以礼规范行为。

抱拳礼是中国武术的一种传统礼节仪式。抱拳礼,又称"拱""揖礼",在汉族传统礼仪中为一种相见礼,源于周代以前,有3000年以上的历史,是汉族特有的传统礼仪。武术中的抱拳礼是由"作揖礼"和少林拳的抱拳礼(四指礼),加以提炼、规范、统一得来的,并赋予了新的含义。①左掌表示德、智、体、美"四育"齐备,象征高尚情操。屈指表示不自大,不骄傲,不以"老大"自居。右拳表示勇猛习武。左掌掩右拳相抱,表示"勇不滋乱""武不犯禁""止戈为武",以此来约束、节制勇武的意思。②左掌右拳拢屈,两臂屈圆,表示五湖四海(泛指五洲四洋),天下武林是一家,谦虚团结,以武会友。③左掌为文,右拳为武,文武兼学,虚心、渴望求知,恭候师友、前辈指教。抱拳礼不仅是一种礼仪,更是武德的外在表现形式和武术的象征。

### (三)传承中国传统文化是武术文化的真谛

武术文化随着中国社会文化、社会制度、社会结构的不断变迁发生了翻天覆地的变化。武术文化充分融会了道家、儒家、佛家等哲学思想,涉及中国传统美学、养生学、医学,并积淀了厚重的民族底蕴和丰富的文化内涵。武术文化作为中华文化的传承,中华文化复兴的擎旗,已不是单纯的身体锻炼形式,而是培养祖国的、民族的、未来的栋梁和接班人的重要载体,具有其他学科和运动项目不可替代的先天优势。

儒家文化从治国到处理人际关系,再到个人的生活态度和个人的修养方面都有自己系统的理论。这些理论对武术文化的形成和影响主要表现为武德的构建和武德的规范。受儒家文化的影响,在武术传承方面习武者重视血缘关系,在择师授徒中有传内不传外、传男不传女等戒约。在武术技击方面,提倡习武者以修身养性为宗旨,树立见义勇为、伸张正义的民族气节和以武济世、扶危救困的爱国精神等。

在道家文化的思想体系中,"道是宇宙万物的本质,是世界的根本法则和普遍规律"。武术拳理亦如此,武术之道体现为技艺的最高境界,更表现为通过习武获得超越生命体验和人生价值的体验和体悟。道家的辩证思想广泛运用于武术战略思想和拳理中,如"顺人之势,借人之力""后发制人""以柔克刚"等武术战略实战经验的总结;如内家拳中的太极拳、八卦拳、形意拳强调"以道为体""以武为用""以武证道""道武合一"等拳理。

佛教文化对武术文化的影响涉及方方面面,不仅对武术的运动形式,而且在武术理论技术、战术、内功修炼以及思想精神等各个层面都产生了巨大的影响。中国佛教最有特色的是禅,"禅"与"武"相辅相成,武为禅的外在表现,禅是武的内在精神。

传统武术家对兵家思想的借鉴,更多是战术思想的直接移植,或者直接运用兵家理论来论证自己的武术思想。中国古代许多名人、将军等都有非常扎实的传统武术根基,接受过系统的武术训练。

传统中医文化和传统武术文化的发展有异曲同工之妙,两者都受到中国文化根深蒂固的影响。阴阳的思想反映的是平衡,五行的思想反映的是整体的相关性,这些都是中国文化最根本的理念,传统中医和传统中国武术也都运用了这样的理念构建了它们的理论体系。武术理论中的"六合",即"内三合"与"外三合",内三合为心与意合、意与气合、气与力合,外三合为手与足合、肘与膝合、肩与胯合,这和传统中医的整体观是一致的。

武术在发展过程中逐渐融入了传统美学的元素,传统美学追求传神的境界,把形作为写神或取韵的物质基础,强调形神的高度统一。在武术练习中,多强调形是神的外部表现,神是形的内在实质,注重形神兼备。在中国古代审美思想中,神韵又是最重要的一个范畴。武术套路按一定的价值取向和审美需要,将具有攻防意义的技击动作进行艺术加工。

另外,"自强不息,厚德载物""和谐尚中,兼容并包""天人合一,崇尚自然""直觉体悟,知行合一"等中国传统文化的基本精神,也是中国武术文化的基本精神所在,它是每一位习武者在技艺修炼上和道德人品修为上的纲领和目标,约束着每一位习武者从精神世界去传承、探究中国武术的文化真谛。

# 第二节　中国武术文化的当代教育价值

近百年来,中西体育文化不断交融和碰撞,西方体育已然成为我国当代学校体育教育的主要内容。中国武术虽被誉为国粹,但在我国的学校体育教育中仍属于冷门的体育项目。中国武术外有体用兼备的运动特点,内有武术道德意识的精神要素,其所具备的文化属性是中国传统文化的主要组成部分,在倡导加强民族传统文化教育的今天,中国武术文化应充分发挥传承民族文化载体的作用,通过肢体语言的输入达到精神思想的升华,以体现中国武术文化所具有的重要教育作用与意义。中国武术中的"以屈求伸",彰显的是一种"屈信相感而利生焉"的文化理念,是中国武术文化内核的外在表现形式,对其文化理念的阐释与解读旨在挖掘其背后蕴藏的深刻依据,揭示其丰富的文化内涵以凸显其运化之道、动变之力。"经典诠释"的有力表达与转化,不但可以体现中国武术文化的特殊性,也是中国武术文化绵延不断的根本途径。

## 一、文化传承在当代武术教育中的迫切性

艾斐在《文化的责任》中指出:"文化的责任最重要的就是要以文化为源流和中介而能动地赋予未成年人以民族精神、高尚人格和优良品德。"[①]在西方文化的强势影响下,中华民族文化面临着强烈的冲击,这种危机已经逐步延伸到文学、艺术和生活领域,影响着中国当代青少年的成长。因此,弘扬和培育民族精神,增强民族优秀文化的认同感是当前青少年教育中一项十分紧迫的任务。武术作为传播中国文化的重要载体,理应在青少年文化自信、民族认同的过程中发挥其教育的功能。为了在青少年中更好

---

① 艾斐.文化的责任[N].人民日报,2004—08—31.

地发展武术,中宣部与教育部联合制定了《中小学开展、弘扬和培育民族精神教育实施纲要》,并在文件中提到有关中小学开设和加强武术课的问题,为武术教育改革吹响了号角,指明了方向,为进一步提升武术的民族文化传承作用创造了平台。

中华民族是一个具有优良传统的民族,中华五千年历史孕育了许多优秀的传统美德,如尊师重道、讲礼守信、勇敢仗义、坚韧笃实、刻苦求进等,具有民族传统特色的武术蕴含较多的中华优秀传统美德内容,有的体现在习练之中,有的融入教学和师生互动之中,青少年在言传身授的武术教育中受到文化的熏陶和育化。因此,在青少年中推广普及武术,大力弘扬其所载的文化价值和功能,对于当代武术教育显得十分必要和格外迫切。

### 二、武术文化传承是时代的需要

乔晓光认为:"一种文化的兴衰,往往依赖于拥有这种文化的人数。"[1]青少年是民族文化的传承者,是民族精神的继承者,是中国梦的践行者。21世纪成长起来的中国青少年是以独生子女为主体的一代,他们具有比较优越的生存发展环境,是接受大量西方文化的一代,是身体和心理素质较单薄的一代。培育堪当实现中华民族伟大复兴中国梦重任的青少年是新时代发展的重中之重。如何加强青少年思想道德建设、如何在青少年中弘扬民族精神、如何开展青少年的爱国主义教育、如何实施青少年的传统文化传承等相关的问题是当今中国特色社会主义发展急需解决的。武术文化是历经了千百年的中国文化的凝结,其所蕴含的文化要义可以使青少年武术习练者获得对中国传统文化的启迪和感悟。因此,无论从文化角度、战略角度还是教育角度,都必须认清武术文化传承是时代的需求。

### 三、武术文化的实践教学能提高学生的身心素质

习武的过程中随着武德精神的逐步形成,武术由一门"制人"之术逐渐发展成为一门"治己"之术。武术不再是用于攻击,而是用于防卫,竞争并不是把对手置于死地,而是让其心悦诚服,这是习武者对武德的核心思想

---

[1] 乔晓光.活态文化[M].太原:山西人民出版社,2004.

的高度升华。

在武术文化的实践教学中,通过武术技术的基本动作学习不仅可以提高青少年的协调性、灵敏性等各项身体素质,而且可以认知、探究武术技术中所蕴含的文化内容。中国武术习练过程中既注重筋骨的锻炼,又强调心神意气的结合,这种内外兼修的运动形式,对青少年精神、情感上的调节以及心理健康都具有特殊的作用。

### 四、武术文化的理论教学能培养青少年的思想道德素质

武术文化理论教学的重要内容之一就是武德教育。武术本身具备攻防格斗技击功能,这种技能既可以用来保家卫国、防身自卫、除暴安良、匡扶正义,也可用来逞强斗狠、欺压百姓、伤害无辜、行凶作恶。因此,对习武人的道德约束是需要通过武德来实现的。武德与武技融合共同反映了武术的本质特征,在武术教育中,青少年通过对武术文化的理论学习,在强身健体、防身自卫的同时,可以强化民族精神,培养尊师爱友的品质和乐于助人的思想等。青少年的思想道德教育主要体现在对武德修养的强化上,进行武德教育的目的是使习练武术的青少年通过学习和遵循武术的道德规范,以及与之相适应的道德观念、情操和品质,来培养和塑造自身高尚的思想道德素质。武德教育集中反映了习武之人通过武术的修行来修身,培养自我人格的特点。

### 五、武术文化的体悟能提高学生的文化素质

作为文化强国的栋梁力量,青年学生群体更应当注重自身文化素质的提升。中华武术作为中华传统文化的优秀代表,凝聚了历代劳动人民的无尽智慧,浸透着传统文化的睿智,体现了鲜明的民族特色,能够增强学生对中华文化的认同感与归属感。

此外,中华武术承载着厚重的历史文化内涵,蕴含着丰富的哲学文化思想。儒家思想所主张的仁、义、礼、智、信正是武德的主要内容,"修身、齐家、治国、平天下"的"中庸"之道浸润于武术发展的历史沿革之中。通过对传统武术的修习,学生能够以身悟道、明心见性,感悟内外兼修、刚柔并济的武术文化特质,凭借身体的直接体验与感受,从中了解和领悟武术文化

中蕴含的文化理念,提高自身的文化素质。

## 第三节 武术文化在青少年武术教育中的渗透

### 一、武术文化教育的核心——武德教育

文化是一种思维,中国文化表现了中国人特有的思维方式;文化需要载体(中国文化的载体如武术、中医、戏曲、书法等),离开了载体讲文化,都是空的。[①] 当今社会的永恒主题是和谐发展,构建和谐社会离不开道德的支撑,必须坚持以人为本,促进人的全面发展。武德是中华民族的一种优良的道德观念,具有广泛的社会性,即正义、公平、尊严、忠诚、节操、信义等。它弘扬民族的道德规范,使习武者"择其善者而从之,其不善者而改之",以其独特的社会控制功能弥补法制控制的空缺与不足。武以德立,武以德先,千百年来,武德教育着无数的习武者如何去遵循社会规范,并做一个深受社会尊重的人。习武之人只有做到正心思、习品行、讲文明、有礼貌、表里如一、举止庄重,动则功夫到家,静则修养有素,行则彬彬有礼,才会受到社会的尊重。而真正的武者往往是道德高尚,具有高度的社会责任感。习武者在习武之前必须使自己的品德行为符合社会的一般道德规范的要求后,方才开始习练武艺,并在习练的过程中不断地去提高和完善自我。王岗认为:中国武术注重身教言传与练悟的结合,属于一种实践性的教化,它通过技艺的感性形象对习武者的情感和意志实施影响。[②] 所以说,武术教育是一个修德塑人的过程,是一个培育人们健康体魄和高尚灵魂的过程。

---

[①] 马文国.心系武术情系教育——上海体院武术博导与上海闸北中学校长的对话[J].中华武术,2005(10):18-20.
[②] 王岗.中国武术:一种追求教化的文化[J].体育文化导刊,2007(3):29-31.

## 二、青少年武术文化传播的实践——学校武术改革中的武德教育

学校武术教育必须在武德这个内在机制的制约下发展。20世纪末，在市场经济作用下，国民经济得到了迅速发展，同时，在很大程度上也冲击着人们既有的道德价值观念。于武术而言，就是对武德的冲击，由此引发了许多学者对武德问题的探讨，是否还有必要提倡武德曾一度成为讨论的热点。高校武术院系和民间武馆武校的学生出现惹是生非的现象与社会大环境以及武术界一些学者和教师淡化武德教育理念有一定关系。这些都是武德教育松懈所导致的严重后果。

武德的实质和核心是对习武者的一种内在的制约机制，它从习武者的内心深处控制着其不滥用武力，不违法乱纪。升华了的武德是习武者通过习武过程的锤炼而达到的一种高尚的精神境界，是中国传统文化的基本精神在武术上的具体体现。在传承民族文化，弘扬民族精神的大潮中，武术教育要做一份贡献，或者借此东风而扬帆起航。在进行技术改革的同时，必须把武德建设放在突出的位置，这是使武术教育沿正确方向前行的有力保证，同时也是提高学生道德素养、传承民族文化、弘扬民族精神的具体实践。

中国传统文化与民族精神已经给武术打上了深深的烙印，武德已经由一个最初的制约机制发展成习武者提升精神境界的手段。学校武术改革只有把武德教育作为武术"传承民族文化，弘扬民族精神"的一个重要组成部分，把青少年学习武术的过程变成一个提升思想境界、锤炼道德品质、培育精神气质的过程，学校武术教育才能真正在新的时代背景和新的历史使命下大放光彩。

## 三、武术文化在青少年武术教育中的落实

青少年武术教育关系着民族文化的传承和国民的健康，对增强民族文化认同，实现民族文化复兴，全面提高国民素质，具有十分重要的战略意义。

### （一）学校武术教育须突出武德教育

中小学是武术教育起步阶段，必须把武德教育置于承前启后、薪火相

传、继往开来的位置。武德教育的具体实践可以从思想道德教育和行为规范两方面做起。一方面,通过思想道德教育使学生树立正确的武术观;另一方面,在技术传授中把武德教育贯穿始终,通过具体的武术礼仪来规范学生的行为。这要求教师从武术教学的第一堂课起就要使学生认识到武术不是用于攻击,而是用于防卫;课堂练习中陪练的同学不是竞争对手,而是为你辛勤付出的好伙伴;武术练习过程不是使人逐渐高傲自大、恃强凌弱的过程,而是一个锻炼品质、提升境界的过程;武术课不仅要培养学生敢于拼搏、勇敢顽强的精神,而且还要培养宽容、大度、礼让、尊重的高尚品质。如果通过上武术课,学生在"体悟"的同时,提高了学生品德修养,那肯定是学校和家长所乐见的。只有把思想工作放在首位,并加强武术礼仪教育,才能真正保证学校武术教育沿着正确的方向前行。

**(二)学校武术教育应注重传统文化教育**

武术具有传统文化的教育功能,具有在青少年中培育和弘扬民族精神的作用。武术教育是武术文化与现代教育的结合,武术具有文化、艺术和体育属性,进入教育领域,应注重其文化特色。在武术教学中,从哲学、伦理、养生等角度出发,使武术成为解读传统文化的、身心一体的教育课。在传承武术文化知识的过程中,传授传统文化的思维方式、方法、原则,形成对武术精神的崇高追求,以充分发挥武术作为一项民族传统文化项目的文化教育功能。让学生在了解武术的同时,身体力行地感受中国传统文化的博大精深、源远流长,从认知到共鸣,自然而然地产生民族自豪感、民族自信心和文化自信心,而不能仅仅停留在健身、娱乐、休闲的体育层面。青少年武术教育,要介于体育与文化之间,从而实现武术教育成为民族文化、民族艺术、民族体育多元教育的历史使命。

武术教育在今天先是民族文化的熏陶和教育,然后才是民族文化的学习和积累。只有站在中国传统文化的肩膀上,继承和学习民族的传统文化,把自己置身于历史文化的传统之中,躬身践行,才能深刻领悟中国传统文化的魅力和价值。在青少年中开展和加强武术文化教育对于培育一个人的心灵和精神境界有着深远的影响,具有重要的现实意义。

此外,武术文化的研究需要大批的武术工作者和关心武术的其他领域的专家学者共同努力,把武术文化的传播落实到操作层面上来。因此,在当代武术教育的体系中体现出武术文化的丰富内涵以及给予它更加完善的诠释,就需要武术工作者和教育工作者坚持不懈地、持之以恒地进行更深入的研究。

**(三)武术文化的传承途径**

传承武术文化的途径有很多,尤其应注重学校武术文化教育,但青少年传承武术文化的途径不能仅局限于校园,而应通过政府政策的引领,将青少年对武术文化的传承拓展到学校、家庭、同辈群体及整个社会,策动社会传媒、创立武术特色品牌,培育优秀武术教育人才等多种途径,多维度地对武术文化进行宣传,进而激发青少年传承武术文化的需求,实现中国武术文化在青少年中的薪火相传和继往开来。

1. 学校武术文化教育

学校武术文化教育是实现武术文化传承的主要途径之一。中小学武术文化教育和武术学校的武术文化教育的开展将直接影响武术文化教育发展的深度与广度,其意义重大,作用深远。武术文化教育必须从小抓起,通过教育活动使习武之人有良好的行为规范,从小就接受良好的传统文化、武术文化的熏陶,并通过武术文化教育实现传统文化的传播和民族精神的弘扬。在中小学武术文化教育和武术学校的武术文化教育中,融入武德、武术史等教育,使青少年在潜移默化中学习传统文化,让更多的青少年了解民族文化,喜欢武术运动,并参与到武术运动中来。

2. 家庭武术文化教育

家庭武术文化教育是传承武术文化的基础途径。家庭是以血缘关系与经济关系为基础的生活群体。对青少年而言,家庭是不可选择的,是一般情况下无法摆脱的生存环境。人一出生就生活在家庭中,度过他的婴儿期、童年期和少年期。家庭是一个小的初级群体,其成员之间面对面接触,因此青少年行动会得到密切的注视。在青少年社会化的诸方面中,最为重要的是价值观的社会化,青少年的价值观首先来自家庭。价值观的获得和内化能使青少年在社会化进程中更具主动性、积极性。青少年最初的学习是通过成人的奖励与惩罚、鼓励与禁止进行的,成人借助这些手段来培养具有合乎期望的意识和行为的后辈。有研究指出,家庭背景中的许多因素对学生品德方面有着不可忽视的影响,而且这些因素的影响具有相当程度的恒常性和固着性。中国社会深受儒家文化思想的影响,中国人相对西方而言家庭观念更强,家庭对青少年的影响更大。父母的生活方式、价值观都会对青少年产生重要的影响。现今,全民健身计划提出了家庭体育的口号,就是希望拓展家庭这个社会基础结构的体育参与。家庭武术文化教育就是希望整个社会倡导家庭传承武术文化,强调武术文化作为中国传统文化的载体,对中国传统文化传承的重要性,希望武术文化深入家庭文化、根植于家庭这片沃土,融入家庭的生活方式,尤其是体育锻炼方式,进一步促进青少年传承武术文化、传承中国传统文化。

3.大众传媒的宣教

纵观一生,人在成长期所受的影响是非常重要的。一般来说,家庭、邻里和学校被认为是对人的成长过程产生重大作用的因素,千百年来的实例也证明确实如此。但是,在科学技术发达的社会,影响人成长的因素又突现了一项重要内容,那就是社会的传播媒介。大众传媒指的是传到广大人群之中并对他们产生影响的传播媒介,尤其是指互联网、电子媒体、电视、报纸和杂志等。

大众传媒是当今人类精神生活不可或缺的手段和工具,是一种重要的文化载体,其功能是多方面的,教育功能是其中一个方面。在教育层面上,主要有寓教于德的教化功能,寓教于美的审美功能,寓教于新的信息功能,寓教于变的调整功能,寓教于乐的娱乐功能。影视媒体、图书、报刊、广播电视信息等都具有上述教育功能。大众传媒加快了信息的传播速度和扩大了信息的传播面,一定程度上提高了信息影响的广度和深度,其对青少年的影响大有超过家庭、邻里和学校的趋势,我们若想在全社会呼吁青少年传承武术文化就必须重视大众传媒的作用。

在信息时代,大众传媒的作用是巨大的。由于大众传媒强大的教育功能,其在武术的教育化发展过程中的作用不可或缺。武术要充分利用大众传媒的教育功能来传播与武术有关的自强不息、尊师重道、爱国爱民、见义勇为、文明礼貌等民族精神,从而在传播武术文化和弘扬民族精神方面发挥重要作用。电影《黄飞鸿》让人们懂得了"男儿当自强"的道理。《霍元甲》刻画了在民族危难关头的爱国主义和自强不息的民族精神。武术影视明星李小龙、成龙、李连杰、吴京等都是青少年心中的偶像,不仅因为他们演绎的角色武功高强,而且他们展现了高尚的品格、坚韧不屈的精神、国家有难匹夫有责的爱国胸怀。

大众传媒作为传播武术文化的新路径,应加大对武术文化的宣传力度,扩大武术文化的影响力,在此基础上加大武术文化的传承力度。对于青少年,我们希望他们接触到的不只是西方文化,而是西方文化与中国传统文化并举,在此基础上我们相信当代青少年会做出理性的判断,从理性的角度扛起中华民族文化的大旗。

4. 同辈群体之间的相互影响

同辈群体也是个人社会化的一个重要环境因素,它指处于同等社会地位的同代人组成的关系密切的小群体。群体的成员一般在家庭背景、年龄、爱好等方面比较接近,他们时常聚在一起,彼此之间有着很大的影响。在同辈群体中,青少年不仅能学到必要的知识、技术和技能,而且能得到团体生活的体验和锻炼,取得适应社会生活的能力,这个过程是社会化过程中不可缺少的一部分。心理学家观察发现,在同辈群体中即使没有共同和有意义的任务,也会自发地形成某种共同的目标行为。英国心理学家拜恩称此现象为"基本假定",主要通过依赖、争斗与逃逸等行为表现出来。因此,引导发挥同辈群体对青少年身心发展的积极作用,是家庭、学校、社会的共同责任。

对同辈群体,既要认识到它存在的客观必然性,又要注意研究青少年同辈群体形成的规律,及时地了解青少年中各种同辈群体的类型和性质,以充分引导同辈群体对青少年身心发展的积极作用。社会应重视对学校、社区等区域形成的一些文化、体育类社团以及一些松散的同辈群体的引导。

5. 武术品牌的创立

中国武术博大精深,其本身就是一种庞大的教育资源,其中的拳种、门派众多。据有关部门的统计,渊源有序的拳种就有129种之多。但是,在经济全球化的浪潮中,在西方文化的强势冲击下,近年来武术的发展出现瓶颈,如竞技武术未能进入夏季奥运会,传统武术也一直被边缘化,许多民间武术拳种面临消亡的危险,以及在武术传播中文化弱化等情况,武术发展局面不容乐观。随着我国经济的快速发展,以及文化市场、休闲体育市场的强劲需求,发展文化、建立品牌成为当前体育文化竞争的重要手段与措施。

中国传统武术的发展具有很强的民间性。虽然政府在挖掘和保护拳种方面做了不少工作,但拳种、门派的发展仍然要依赖民间的自发性和社会的力量。创立武术品牌,提升武术文化,将是各拳种、门派在其今后发展道路上的重要任务,也是中国武术发展的必由之路。因为拳种是中国武术价值的核心资源,是构成源远流长、博大精深的中国武术的基础和保障,也是传统文化的重要载体和集中展示。不同拳种代表着不同民族或地域的感情气质、心理素质,是民族精神和民族本源文化的活化石。只有重视传统拳种在中国武术教育体系中的地位,中国武术教育才能更加丰盈饱满。武术文化品牌的建立,将更加有利于武术文化的传播与传承,有利于武术教育的开展,是武术教育化发展的方向和未来,是武术教育化走上可持续发展道路的有力保障。

6.武术教育人才的培育

"国以才立,业以才兴。一个国家只有人才辈出、群英荟萃,才能兴旺发达、繁荣昌盛。"[1]武术教育发展的后续力量的延续就是要大力培育武术教育人才。各高等体育院校是培养武术教育人才的重要场所。当前体育院校武术专业人才的培养有两个方向:一是体育教育专业中的武术人才培养;二是民族传统体育专业中的武术人才培养。体育教育专业基本以培养体育教师为目的,毕业后以进入中小学从事武术教学为主。民族传统体育专业基本属非师范类专业,毕业去向以从事武术教育和武术文化的传播活动为主。因此,体育院校的武术教育要培育高质量的武术人才,使其不仅能传授武术,还能很好地传播武术文化和弘扬民族精神。所以,我们应"加

---

[1] 李昆明,王缅.大国策:通向大国之路的中国文化发展战略[M].北京:人民日报出版社,2009.

强队伍建设,培养一流的武术传播人才"①,从而致力于武术的长远发展和武术文化的世代传承。

武术作为中华优秀传统文化和民族精神的重要载体,其在发展过程中汲取了许多中华民族优秀文化的精髓,承载着爱国主义、尊师重教、仁爱宽厚、习礼守法、自强不息、尚武崇文的民族精神,理应肩负起传承民族文化、弘扬民族精神的重任。近年来,为了适应时代发展的需要,针对武术教育长期存在的问题,许多专家、学者呼吁必须大力改革武术教育。武术教育改革,不仅关系到武术自身的发展,更关系到民族文化的传承、民族精神的弘扬,也是加强青少年思想道德建设的需要。武术教育不能仅停留在技击层面的传承,更应该关注精神层面的文化传播。只有将武术文化教育真正纳入武术教育中,武术才能更好地发挥其弘扬民族精神的载体作用,使武术教育得到健康、全面的发展。

青少年是民族的希望,国家的未来。在社会各界的共同努力下,青少年武术教育改革已取得突破性进展,让我们在习近平新时代中国特色社会主义思想的指导下,以创新的精神,迎接青少年武术教育发展的春天。

---

① 杨冰,王春来.经济文化全球化背景下中国武术国际传播策略研究[R].上海:国家体育总局武术研究院,中国体育科学学会武术分会,2010.

# 第三章 青少年武术的发展

青少年是中国武术得以发展的后备力量和中华优秀传统文化的继承人。以培养青少年武术兴趣为主的学校和青少年宫及以培养青少年武术后备人才为主的体育运动学校和武术学校,是青少年进行武术习练的主要场所。本章以社会生态模型为设计问卷的依据,通过对浙江、上海、山东、江苏、安徽、福建(华东地区),广东、广西(华南地区),湖北、河南(华中地区),北京、山西(华北地区),云南、重庆(西南地区),以及吉林、宁夏等全国16个省份,近50所从事武术训练、教学的中小学、青少年宫、武术学校和体育运动学校的3006名武术习练者和373名武术教师,进行武术内容、武术技击功能、武术竞赛、武术教学、武术政策等的认知和影响武术发展因素等方面的问卷调查,运用SPSS统计分析软件进行描述性统计和因子分析,采用逻辑分析法对不同机构的武术习练者和教师进行纵向和横向的比较,运用社会生态模型分析影响青少年武术发展过程中存在的问题,为之后策略的提出提供依据。

问卷的效度检验:为确保设计问卷能够反映研究内容,问卷经本研究领域的5名专家学者(教授3人、副教授1人、讲师1人)对问卷设计内容进行审核,并根据专家意见对问卷进行修改与补充,最后运用专家问卷调查结果检验问卷的效度。对问卷的总体设计和内容设计分为很合适、比较合适、合适、不太合适、不合适5个等级。对问卷设计的总体评价,其中有2名专家认为很合适,3名专家认为合适。对问卷设计的内容评价,其中1名专家认为很合适,3名专家认为合适,1名专家认为比较合适。

问卷的信度检验:为了保证问卷调查的可靠度,本问卷采用重测法。对问卷进行信度检验,两次测验的时间间距为15天,对30名武术教师进行重测,测试结果为:$r=0.823,p<0.010$。对40名武术习练者进行重测,

测试结果为：$r=0.804, p<0.010$。两次测试结果表明,调查问卷具有良好的信度。

在此之前,我们需要厘清相关概念。一是动机,其是人们指向某一目标的,激发或抑制某个行为的愿望或意向,是推动个体从事某种活动的内部心理动因。然而个体的行为动机好比汽车的发动机和方向盘,既给人以活动的动力,同时又把握着活动的方向。一般来说,青少年不会无缘无故去进行武术运动,当他们从事武术时,说明他们内心一定产生了想要习武的愿望。当这个愿望达到一定水平时,就会成为推动行动的心理动力。①二是认知,"认"是感觉器官接收信息的过程。"知"是感知,是对信息进行加工形成概念的过程。认知也被称为认识,是指人认识外界事物的过程,或者说是对作用于人的感觉器官的外界事物进行信息加工的过程。

本研究通过对中小学武术习练者的武术内容、武术动作、武术规则的认知展开调查,并对调查结果进行分析和讨论。

## 第一节　中小学武术的发展

### 一、中小学武术教育的发展历程

2004年11月,中共中央宣传部、教育部颁布了《中小学开展弘扬和培育民族精神教育实施纲要》,其中将中小学的武术教学作为培育和弘扬民族精神的途径之一。2010年,教育部、国家体育总局共同创编的《全国中小学生系列武术健身操》在全国普通中小学中推广实施,并多次举办武术健身操的教师培训。在阳光体育运动热潮的推动下,武术运动进校园也相继得到了积极的响应和推进。2010年9月1日起,由教育部、国家体育总局共同创编的《全国中小学生系列武术健身操》②在全国普通中小学(含特

---

① 季浏,殷恒婵,颜军.体育心理学[M].北京:高等教育出版社,2010.
② 教育部,国家体育总局.教体艺厅〔2010〕8号文件(关于推广实施《全国中小学生系列武术健身操》的通知)[R].教育部办公厅,2010.

殊教育学校)、中等职业学校中推广实施。武术段位制也相继在学校全面推广实施。2013年12月10日国家体育总局武术运动管理中心主任、中国武术协会主席高小军在北京体育大学召开的全国武术段位制年度工作会议上表示,"武术段位制进校园,最早可以在2014年在全国开展。武术段位制将纳入全国各类中小学和高校教育体系"①。

据2008年"关于学校武术教育改革和发展研究"课题组对全国30个省、自治区、直辖市选取的270所普通中小学武术开展情况的调研结果显示,作为国粹及民族传统文化结晶的中华武术,在中小学开展的情况很不乐观,学校武术教育形式化严重,大多有纲无本。各类武术教育纲要与武术教学实践效果形成强烈的反差是当今中小学武术教育最真实的写照。调查结果表明,我国中小学有70.3%的学校没有开设武术课程,而在一些设有武术课程的学校不仅没有增加武术内容反而削减了武术内容,增加了跆拳道、柔道等域外武技项目。在仝茂花研究的《新形势下普通中小学开展武术竞赛的瓶颈与发展对策》一文中,通过问卷等相关研究方法得出:在河南省普通中小学开展武术教学的学校有21所,占44.7%,仍有一半以上的学校未将武术纳入体育课的教学内容,这些未开设武术教学的学校大多是农村的中小学;而开展武术竞赛的中小学仅有5所,占10.6%。②

早在1915年,武术就已正式被纳入学校的体育课程,在不同时期又不断地被编入大纲、列入课程,并制定了武术教材。然而100多年过去了,在大力提倡素质教育的今天,在国家扶植政策不断出台的新时期,武术在中小学的普及与发展仍不甚理想,武术健身操并没能替代广播体操走入学生的日常锻炼中,武术比赛也未能进入大多数中小学的校园里。

---

① 季建成.高校,推进武术段位制的重要平台[N].中国体育报(天下武术),2013-10-10.

② 仝茂花.新形势下普通中小学开展武术竞赛的瓶颈与发展对策[J].搏击·武术科学,2009(10):36-37.

## (一)中小学武术现状

### 1.中小学武术习练者基本信息

本研究调查了关于中小学武术习练者对武术的认知及武术教师对武术的认知、武术开展的因素等问题,被调查对象的基本信息见表3-1。

表3-1 中小学青少年武术习练者的基本信息($N=1028$)

| 变量 |  | 频数 | 占比/% |
|---|---|---|---|
| 性别 | 男 | 585 | 56.9 |
|  | 女 | 443 | 43.1 |
| 年龄 | 7—12岁 | 481 | 46.8 |
|  | 13—15岁 | 288 | 28.0 |
|  | 16—18岁 | 210 | 20.4 |
|  | 19岁及以上 | 49 | 4.8 |
| 年级 | 小学1—3年级 | 230 | 22.4 |
|  | 小学4—6年级 | 334 | 32.5 |
|  | 初中 | 259 | 25.2 |
|  | 高中 | 180 | 17.5 |
|  | 高等院校 | 25 | 2.4 |
| 习武年限 | 0年<$A$≤3年 | 734 | 71.4 |
|  | 3年<$A$≤6年 | 229 | 22.3 |
|  | 6年<$A$≤9年 | 46 | 4.4 |
|  | 9年<$A$≤12年 | 16 | 1.6 |
|  | $A$>12年 | 3 | 0.3 |
| 习武次数/周 | 1次 | 194 | 18.9 |
|  | 2次 | 399 | 38.8 |
|  | 3次 | 211 | 20.5 |
|  | 4次 | 124 | 12.1 |
|  | 5次及以上 | 100 | 9.7 |

续表

| 变量 | | 频数 | 占比/% |
| --- | --- | --- | --- |
| 习武时间/次 | 1时以下 | 410 | 39.9 |
| | 1时 | 154 | 15.0 |
| | 1.5时 | 144 | 14.0 |
| | 2时 | 163 | 15.8 |
| | 2.5时及以上 | 157 | 15.3 |

从表3-1可以看出,本研究在中小学共调查学生1028人,其中男生585人,女生443人,被调查的学生年龄主要集中在7—12岁,占总人数的46.8%;小学4—6年级的学生最多,占32.5%,其次是初中学生,占25.2%,再次是小学1—3年级学生,占22.4%;习武年限主要集中在0年<A≤3年阶段,占71.4%;每周练习武术的次数大多是2次,占38.8%;学生每次练习的时间基本在1小时以下。

2.中小学武术教师基本信息

本研究以中小学武术教师为调查对象,共调查了16个省份81名在教学第一线的武术教师,所调查教师的学校都是当地武术教学和训练开展较好的中小学,其中男教师42人,女教师39人。调查结果为(见表3-2):21—30岁的武术教师最多,占总人数的59.3%,其次是31—40岁的武术教师,占28.4%。其中,大学本科毕业的有54人,武术专业毕业的占27.2%,体育教育专业毕业的占33.3%,体育院系毕业后任教的占38.3%,另外有13.6%为外聘教练,说明有一部分学校是没有武术教学的在编教师,这在一定程度上会影响学校武术教学的开展。在教师自身的运动经历的调查中发现,中小学的武术教师基本来自市级体育运动学校,无运动等级运动员和二级运动员占总人数的64.2%;在教师的职称方面,一级教师职称以下的占59.2%;武术教师的教龄主要集中在5年以下。教师评聘的要求与教师的年龄和学历有密切的关系,一般来讲,本科毕业后1年自然升为二级,5年以后符合要求者可晋升一级,10年以后符合要求者可晋升高级。

表 3-2 中小学武术教师的基本信息（N=81）

| 变量 | | 频数 | 占比/% |
| --- | --- | --- | --- |
| 性别 | 男 | 42 | 51.9 |
| | 女 | 39 | 48.1 |
| 年龄 | 21—30 岁 | 48 | 59.3 |
| | 31—40 岁 | 23 | 28.4 |
| | 41—50 岁 | 8 | 9.8 |
| | 51—60 岁 | 2 | 2.5 |
| 教龄 | $B \leq 5$ 年 | 51 | 63.0 |
| | 5 年 $< B \leq 10$ 年 | 12 | 14.8 |
| | 10 年 $< B \leq 15$ 年 | 7 | 8.6 |
| | 15 年 $< B \leq 20$ 年 | 5 | 6.2 |
| | $B > 20$ 年 | 6 | 7.4 |
| 学历 | 硕士研究生 | 19 | 23.5 |
| | 大学本科 | 54 | 66.7 |
| | 大专 | 7 | 8.6 |
| | 中专及以下 | 1 | 1.2 |
| 修读专业 | 武术专业 | 22 | 27.2 |
| | 体育教育专业 | 27 | 33.3 |
| | 运动训练专业 | 14 | 17.3 |
| | 非武术专业 | 18 | 22.2 |
| 执教背景 | 运动员退役后任教 | 10 | 12.3 |
| | 体育院系毕业后任教 | 31 | 38.3 |
| | 运动员退役到体育院系学习后任教 | 9 | 11.1 |
| | 外聘教练 | 11 | 13.6 |
| | 其他 | 20 | 24.7 |
| 运动等级 | 运动健将级及以上 | 6 | 7.4 |
| | 一级 | 15 | 18.5 |
| | 二级 | 25 | 30.9 |
| | 三级 | 8 | 9.9 |
| | 无运动等级 | 27 | 33.3 |

续表

| 变量 | | 频数 | 占比/% |
|---|---|---|---|
| 教师职称 | 特级 | 3 | 3.7 |
| | 高级 | 7 | 8.7 |
| | 一级 | 23 | 28.4 |
| | 二级 | 21 | 25.9 |
| | 三级 | 4 | 4.9 |
| | 无职称 | 23 | 28.4 |

从教师的基本信息可以得知,武术教师队伍还处于年轻阶段,无论是他们自身的业务水平,还是职业素养都还需要不断地提高。武术进入学校教学大纲的历史虽然非常悠久,但在西方体育运动占据优势的时代背景下,武术要在学校体育教育中有所作为就需要与这些年轻的武术教师共同成长。

### (二)中小学武术开展形式分析

自全国上下阳光体育运动开展以来,各级各类教育部门和中小学都积极响应,并采取各种形式确保实现每天活动1小时的目标,其中大课间体育活动是各级学校广泛利用的手段之一。为了丰富学生的校园生活,各个学校还开展了丰富多彩的社团活动。社团是具有某些共同特征的人相聚而成的互益组织。学生社团是指学生为了实现会员的共同意愿和满足个人兴趣爱好的需求,自愿组成的、按照其章程开展活动的群众性学生组织。

从对中小学武术教师的访谈中得出:中小学的体育教学大纲要求每个年级都要开展武术教学,从问卷调查的数据结果来看,武术在学校的开展形式主要还是立足于体育课,其次是武术课(见表3-3)。在普通中小学中有54.2%的学生了解武术的途径是学校体育课,其次是通过多媒体了解武术(见表3-4)。随着5G时代的到来,多媒体的发展日趋迅猛,也许将来多媒体是青少年认识世界的主要窗口。武术应该在这个窗口找到自己的位置,传承武术技术,传播武术文化。

表 3-3　中小学武术教学形式调查（多项选择）（N=81）

| 指标 | 武术社团 | 大课间 | 体育课 | 武术课 | 俱乐部 |
|---|---|---|---|---|---|
| 频数 | 31 | 29 | 43 | 37 | 16 |
| 占比/% | 38.3 | 35.8 | 53.1 | 45.7 | 19.8 |

表 3-4　中小学习武者对武术的认知渠道（多项选择）（N=1028）

| 指标 | 多媒体 | 家庭成员 | 朋友 | 学校体育课 | 报刊 | 武侠小说 | 比赛或大型活动 | 其他 |
|---|---|---|---|---|---|---|---|---|
| 频数 | 284 | 187 | 169 | 557 | 43 | 107 | 88 | 31 |
| 占比/% | 27.6 | 18.2 | 16.4 | 54.2 | 4.2 | 10.4 | 8.6 | 3.0 |

## （三）中小学开展武术教学的原因分析

本研究从学校开展武术教学的原因（见表3-5）、学生参加武术学习的原因（见表3-6），以及学校开展武术学习的收费情况（见表3-7）着手，分析目前中小学开展武术教学的原因。

表 3-5　学校开展武术教学的原因（多项选择）（N=81）

| 指标 | 学校要求 | 教师自身兴趣 | 学生要求 | 家长要求 | 教学大纲 |
|---|---|---|---|---|---|
| 频数 | 45 | 43 | 28 | 14 | 25 |
| 占比/% | 55.6 | 53.1 | 34.6 | 17.3 | 30.9 |

表 3-6　学生参加武术学习的原因（多项选择）（N=81）

| 指标 | 特长生 | 中考加分 | 学生兴趣 | 参加比赛 | 完成课程 |
|---|---|---|---|---|---|
| 频数 | 30 | 22 | 51 | 31 | 28 |
| 占比/% | 37.0 | 27.2 | 63.0 | 38.3 | 34.6 |

表 3-7　学校开展武术学习的收费情况（多项选择）（N=81）

| 指标 | 200元以下 | 201元—400元 | 401元—600元 | 601元—800元 | 801元—1000元 | 1000元以上 | 不收费 | 初级收费 | 有成绩不收费 |
|---|---|---|---|---|---|---|---|---|---|
| 频数 | 5 | 4 | 10 | 19 | 11 | 4 | 42 | 2 | 1 |
| 占比/% | 6.2 | 4.9 | 12.3 | 23.5 | 13.6 | 4.9 | 51.9 | 2.5 | 1.2 |

根据问卷调查结果的数据分析,从学校要求、教学大纲两个武术教学的内部因素和教师自身兴趣、学生要求、家长要求三个外部因素来看,目前学校开展武术教学主要取决于教师、学生和家长的要求(见表3-5),学生兴趣是学生学习武术的主要原因(见表3-6),以及武术练习基本是以收费的形式(见表3-7)。

从学校武术开展形式来看,目前学校武术的开展情况主要取决于学生的个体水平和学生的人际关系(即教师、家长、朋友等周边人际关系),学校课程的安排在学校武术的开展中并没有起到积极的作用。

## 二、中小学武术习练者的现状分析

### (一)中小学武术习练者的习武动机

本研究采用多项选择的形式对中小学武术习练者的习武动机进行调查,调查结果见表3-8。

表3-8 中小学武术习练者的习武动机(多项选择)($N=1028$)

| 指标 | 强身健体 | 防身自卫 | 获得比赛成绩 | 娱乐玩耍 | 成为武打明星 | 学习中国文化 | 出人头地 | 继承技艺 | 受家庭影响 | 其他 |
|---|---|---|---|---|---|---|---|---|---|---|
| 频数 | 600 | 484 | 124 | 82 | 108 | 348 | 110 | 48 | 22 | 39 |
| 占比/% | 58.4 | 47.1 | 12.1 | 8.0 | 10.5 | 33.9 | 10.7 | 4.7 | 2.1 | 3.8 |

从统计数据来看,中小学武术习练者的习武动机主要集中在强身健体,其次为防身自卫。这与中小学生了解武术的途径是电视、网络、影视、学校体育课有很大的关系,因为目前电视、网络、影视等宣传的武术价值功能主要体现在这两个方面。武术的强身健体功能与其他西方体育项目的功能有相似之处,然而武术获取技能的速度又不如西方体育项目那样快,因此学生容易中断武术练习行为。

## (二)中小学武术习练者对武术的认知

### 1.中小学武术习练者对武术内容的认知

从武术包含的内容来看(见表3-9),绝大多数学生的认知是准确的,但是问卷调查结果也发现有30.4%的学生认为跆拳道是属于武术的内容,有22.9%的学生认为拳击是武术内容,还有10.4%的学生不知道武术的内容。由此也证明武术在其宣传及传授过程中,对其内容的传播是存在较大不足的。

表3-9 中小学武术习练者对武术内容的认知(多项选择)($N=1028$)

| 指标 | 拳术 | 散打 | 集体项目 | 器械 | 跆拳道 | 拳击 | 对练 | 不知道 |
|---|---|---|---|---|---|---|---|---|
| 频数 | 669 | 417 | 277 | 444 | 313 | 235 | 309 | 107 |
| 占比/% | 65.1 | 40.6 | 26.9 | 43.2 | 30.4 | 22.9 | 30.1 | 10.4 |

为继承、弘扬中华优秀传统文化,丰富大课间体育活动内容,教育部、国家体育总局从2010年起共同创编了4套《全国中小学生系列武术健身操》,即小学生武术健身操《旭日东升》《雏鹰展翅》和中学生武术健身操《英雄少年》《功夫青春》,并于2010年9月1日起在全国普通中小学(含特殊教育学校)、中等职业学校中推广实施。在中小学武术习练者当前习练的武术内容调查中(见表3-10),练习武术健身操的人数最多,占38.0%;然而在中小学武术习练者对武术健身操的认知调查中(见表3-11),可以看到有46.5%的学生还不知道武术健身操,这说明武术健身操的基层推广和实施还没有完全落实到学生。

表3-10 中小学武术习练者当前习练的武术内容(多项选择)($N=1028$)

| 指标 | 传统套路 | 武术健身操 | 段位制套路 | 国际规定套路 | 散打 | 自选套路 | 不知道 | 其他 |
|---|---|---|---|---|---|---|---|---|
| 频数 | 289 | 391 | 65 | 175 | 65 | 174 | 112 | 43 |
| 占比/% | 28.1 | 38.0 | 6.3 | 17.0 | 6.3 | 16.9 | 10.9 | 4.2 |

表 3-11　中小学武术习练者对武术健身操的认知（$N=1028$）

| 指标 | 4 套 | 3 套 | 2 套 | 1 套 | 不知道 |
| --- | --- | --- | --- | --- | --- |
| 频数 | 58 | 121 | 282 | 89 | 478 |
| 占比/% | 5.6 | 11.8 | 27.4 | 8.7 | 46.5 |

### 2.中小学武术习练者对武术动作的认知

本研究对1028名中小学生进行武术动作认知五级量表的问卷调查，以了解武术动作在学习过程中存在的难学、难教的现状。

调查结果显示，大部分学生认为武术动作容易学习（见表3-12），并且有趣（见表3-13），在练习过程中动作也不危险（见表3-14），有58.9%的学生认为武术动作是美观的，有15.0%的学生认为武术动作非常美观（见表3-15）。鉴于大部分学生认为武术动作容易、有趣、不危险等，研究认为目前中小学所教学的武术动作并没有实质影响到青少年武术的发展，中小学所教学的武术动作仍然处于兴趣及普及阶段。

表 3-12　中小学武术习练者对武术学习难易程度的认知（$N=1028$）

| 指标 | 非常容易 | 容易 | 不知道 | 困难 | 非常困难 |
| --- | --- | --- | --- | --- | --- |
| 频数 | 56 | 459 | 223 | 246 | 44 |
| 占比/% | 5.5 | 44.6 | 21.7 | 23.9 | 4.3 |

表 3-13　中小学武术习练者对学习武术动作的主观感觉（$N=1028$）

| 指标 | 非常枯燥 | 枯燥 | 不知道 | 有趣 | 非常有趣 |
| --- | --- | --- | --- | --- | --- |
| 频数 | 36 | 146 | 194 | 530 | 122 |
| 占比/% | 3.4 | 14.2 | 18.9 | 51.6 | 11.9 |

表 3-14　中小学武术习练者对武术动作危险程度的认知（$N=1028$）

| 指标 | 非常危险 | 危险 | 不知道 | 不危险 | 完全不危险 |
| --- | --- | --- | --- | --- | --- |
| 频数 | 34 | 258 | 187 | 448 | 101 |
| 占比/% | 3.3 | 25.1 | 18.2 | 43.6 | 9.8 |

表 3-15　中小学武术习练者对武术动作美观程度的认知（N=1028）

| 指标 | 非常美观 | 美观 | 不知道 | 不美观 | 非常不美观 |
| --- | --- | --- | --- | --- | --- |
| 频数 | 154 | 606 | 174 | 80 | 14 |
| 占比/% | 15.0 | 58.9 | 16.9 | 7.8 | 1.4 |

3.中小学武术习练者对武术功能的认知

功能是对象能够满足某种需求的一种属性。武术具有健身、防身自卫、教育、自娱、表演等功能。目前随着武术开展形式的多样化，其功能也逐渐增多，以满足现代人对武术不同的需求。中小学武术习练者对武术功能的认知调查主要采用多项选择题的形式。

从调查的结果来看（见表 3-16），多数学生对武术功能的认知仍然停留在强身健体和防身自卫上，学生对宣传武术文化、弘扬民族精神的武术功能的认知相对较弱，这与目前武术提倡教育功能和文化功能的大背景不太相符。因此，武术教师在武术技术教学过程中应注重武术礼仪，向学生讲述武术英雄的故事，使学生潜移默化地感受到武术文化和武术精神的精髓。

表 3-16　中小学武术习练者对武术功能的认知（多项选择）（N=1028）

| 指标 | 强身健体 | 防身自卫 | 打抱不平 | 宣传武术文化 | 娱乐表演 | 弘扬民族精神 | 尊师重道 |
| --- | --- | --- | --- | --- | --- | --- | --- |
| 频数 | 783 | 663 | 162 | 495 | 214 | 483 | 273 |
| 占比/% | 76.2 | 64.5 | 15.8 | 48.2 | 20.8 | 47.0 | 26.6 |

4.中小学武术习练者对武术属性的认知

武术是以技击为主要内容，以套路、搏斗和功法为主要运动形式，注重内外兼修的中国传统体育项目。从这一定义出发，武术首先是中国传统的技击术，其次是体育项目，最后是优秀的民族文化。因此，从广义上认识武术，武术不仅是运动项目，而且是一项民族体育，是中国人民长期积累起来的宝贵文化遗产。

本研究采用问卷的形式对中小学武术习练者对武术属性的认知进行调查，结果显示（见表 3-17），在被调查的 1028 名中小学武术习练者中，有

68.4%的学生认为武术是一项体育运动。虽然武术在发展过程中与中国的传统文化、古典哲学等都有密切的联系,但现代武术教学基本与体育课联系在一起,多作为一种体育锻炼的手段,因此学生将武术看作一项体育运动是自然而然的现象。

表 3-17　中小学武术习练者对武术属性的认知(多项选择)($N=1028$)

| 指标 | 一项体育运动 | 一种文化 | 一门学科 | 一门艺术 | 一种哲学 | 一种宗教 | 不知道 |
|---|---|---|---|---|---|---|---|
| 频数 | 703 | 569 | 124 | 395 | 101 | 83 | 72 |
| 占比/% | 68.4 | 55.4 | 12.1 | 38.4 | 9.8 | 8.1 | 7.0 |

5. 中小学武术习练者对武术抱拳礼的认知

对中小学武术习练者初习的武术内容的调查结果显示(见表3-18),有61.5%的学生在习武的初期最主要练习武术基本功,有35.9%的学生先开始学习抱拳礼。从"未曾习武先学礼,未曾习武先习德"的武德要求来看,武术的教学首先要通过抱拳礼的学习,感受做人的道理,习武的标准,其次再进行武术其他动作的学习。

表 3-18　中小学武术习练者初习的武术内容(多项选择)($N=1028$)

| 指标 | 组合动作 | 抱拳礼 | 基本功 | 拳术套路 | 格斗动作 | 器械套路 | 其他 |
|---|---|---|---|---|---|---|---|
| 频数 | 238 | 369 | 632 | 148 | 55 | 47 | 68 |
| 占比/% | 23.2 | 35.9 | 61.5 | 14.4 | 5.4 | 4.6 | 6.6 |

调查结果显示(见表3-19),中小学武术习练者认为抱拳礼首先是一种尊重对手、点到为止的武德体现,其次是一种中国礼仪,最后是武术的象征。

表 3-19　中小学武术习练者对武术抱拳礼含义的认知(多项选择)($N=1028$)

| 指标 | 侠义气派的体现 | 武术的象征 | 尊重对手、点到为止的武德体现 | 一种中国礼仪 | 不知道 | 其他 |
|---|---|---|---|---|---|---|
| 频数 | 132 | 216 | 516 | 333 | 70 | 13 |
| 占比/% | 12.8 | 21.0 | 50.2 | 32.4 | 6.8 | 1.3 |

### 6. 中小学武术习练者对武术段位制的认知

中国武术段位制是为增强人民体质，推动武术运动的发展，提高武术技术和理论水平，建立规范的全民武术体系而特别制定的。段位分：段前级（1级、2级、3级）；初段位（1段、2段、3段）；中段位（4段、5段、6段）；高段位（7段、8段、9段）。国家体委武术运动管理中心在1998年就全面启动中国武术段位制，到2011年再次重新编写段位制系列教程，2014年则召开了一系列推广武术段位制、段位制进学校的会议。

从中小学武术习练者对武术最高段位的认知调查结果可以看出（见表3-20），学生认为武术最高段位为9段的只有22.4%，不知道武术最高段位的学生竟然达53.1%。可见，武术段位制的宣传和实施过程还有待进一步完善。

表3-20 中小学武术习练者对武术最高段位的认知（$N=1028$）

| 指标 | 6段 | 7段 | 8段 | 9段 | 10段 | 不知道 |
|---|---|---|---|---|---|---|
| 频数 | 39 | 29 | 54 | 230 | 130 | 546 |
| 占比/% | 3.8 | 2.8 | 5.3 | 22.4 | 12.6 | 53.1 |

### 7. 中小学武术习练者对武术竞赛的认知

从1958年第一本武术套路竞赛规则的问世，至今已经修改出版了9本武术竞赛规则。自1959年武术成为全国运动会的正式比赛项目后，基本每年都举办全国性的武术锦标赛、冠军赛，1987年武术成为全国运动会的正式比赛项目，2003年武术成为第五届全国城市运动会的比赛项目，2001年7月第一届亚洲青少年武术锦标赛在越南河内举行，2006年8月首届世界青少年武术锦标赛在马来西亚首都吉隆坡举行，2010年8月首届青少年奥运会武术比赛在新加坡举行。

为了解青少年对武术套路竞赛的认知程度，本研究对中小学武术习练者对武术套路竞赛满分、评分裁判人数及最高级别武术套路竞赛的认知进行问卷调查。结果发现，多数习武者不了解武术套路的竞赛规则。对武术套路竞赛满分不知道的学生占33.9%（见表3-21），对评分裁判人数不知道的学生占45.6%（见表3-22），对最高级别武术套路竞赛不知道的学生有34.4%，有26.2%的学生认为世界青少年锦标赛是最高级别的武术套路竞赛(见表3-23)。这可能是因为中小学武术习练者主要关注健身及武术推广,在武术套路竞赛方面的关注较少。

表3-21 中小学武术习练者对武术套路竞赛满分的认知(N=1028)

| 指标 | 5分 | 10分 | 100分 | 没有限制 | 不知道 |
|---|---|---|---|---|---|
| 频数 | 24 | 558 | 58 | 40 | 348 |
| 占比/% | 2.3 | 54.3 | 5.6 | 3.9 | 33.9 |

表3-22 中小学武术习练者对武术套路竞赛评分裁判人数的认知(N=1028)

| 指标 | 5人 | 10人 | 15人 | 20人 | 不知道 |
|---|---|---|---|---|---|
| 频数 | 266 | 167 | 95 | 31 | 469 |
| 占比/% | 25.9 | 16.2 | 9.2 | 3.1 | 45.6 |

表3-23 中小学武术习练者对青少年最高级别武术套路竞赛的认知(N=1028)

| 指标 | 地市级比赛 | 省级比赛 | 全国青少年锦标赛 | 亚洲青少年锦标赛 | 世界青少年锦标赛 | 青年奥林匹克运动会 | 不知道 |
|---|---|---|---|---|---|---|---|
| 频数 | 29 | 45 | 172 | 40 | 269 | 119 | 354 |
| 占比/% | 2.8 | 4.4 | 16.7 | 3.9 | 26.2 | 11.6 | 34.4 |

### (三)武术在中小学受欢迎的程度

本研究通过五级量表对中小学教师进行问卷调查,旨在了解武术在中小学受欢迎的程度。

从量表调查的结果来看(见表3-24),武术在中小学生中还是比较受欢迎的。因此,武术进学校的计划从学生的角度分析是可以实施的。

表3-24 武术在中小学生中的受欢迎程度(N=81)

| 指标 | 非常受欢迎 | 受欢迎 | 一般 | 不受欢迎 | 非常不受欢迎 |
|---|---|---|---|---|---|
| 频数 | 5 | 35 | 31 | 9 | 1 |
| 占比/% | 6.2 | 43.2 | 38.3 | 11.1 | 1.2 |

### (四)影响中小学武术习练者练习武术的因素分析

从中小学武术习练者的习武经历出发,本研究通过对11个影响因素的调查,以期了解武术在中小学开展过程中影响习武者继续参加武术练习的因素。

调查显示(见表3-25),"文化学习繁重,没有时间"和"比赛成绩不理想"这两个因素对学生的影响较大。从教师和家长的因素指标对比来看,教师对学生能否参加武术练习有一定的影响,教师对武术的认知程度从某种意义上来讲会影响学生对武术的认识。因此本研究将进一步了解教师对武术的认知情况,以期深入剖析影响中小学武术发展的主要原因。

表 3-25　影响中小学武术习练者练习武术的因素($N=1028$)

| 影响因素 | 非常影响 频数 | 占比/% | 影响 频数 | 占比/% | 不知道 频数 | 占比/% | 影响不大 频数 | 占比/% | 非常不影响 频数 | 占比/% |
| --- | --- | --- | --- | --- | --- | --- | --- | --- | --- | --- |
| 没有好的老师 | 191 | 18.6 | 273 | 26.5 | 182 | 17.7 | 218 | 21.2 | 164 | 16.0 |
| 老师教得不好 | 171 | 16.6 | 291 | 28.3 | 207 | 20.1 | 204 | 19.8 | 155 | 15.2 |
| 老师不关注我 | 165 | 16.1 | 253 | 24.6 | 198 | 19.3 | 263 | 25.6 | 149 | 14.4 |
| 比赛成绩不理想 | 123 | 12.0 | 357 | 34.7 | 168 | 16.3 | 242 | 23.5 | 138 | 13.5 |
| 文化学习繁重,没有时间 | 186 | 18.1 | 302 | 29.4 | 140 | 13.6 | 240 | 23.3 | 160 | 15.6 |
| 父母不支持 | 203 | 19.7 | 201 | 19.6 | 189 | 18.4 | 208 | 20.2 | 227 | 22.1 |
| 没能参加比赛 | 101 | 9.8 | 231 | 22.5 | 182 | 17.7 | 335 | 32.6 | 179 | 17.4 |
| 武术动作缺乏对抗性 | 79 | 7.7 | 240 | 23.3 | 232 | 22.6 | 304 | 29.6 | 173 | 16.8 |
| 武术内容太难 | 68 | 6.6 | 190 | 18.5 | 179 | 17.4 | 410 | 39.9 | 181 | 17.6 |
| 与影视上的武术相差甚远 | 63 | 6.1 | 170 | 16.5 | 187 | 18.2 | 335 | 32.6 | 273 | 26.6 |
| 武术练习太累 | 57 | 5.5 | 147 | 14.3 | 162 | 15.8 | 459 | 44.6 | 203 | 19.8 |

## 三、中小学武术教师现状分析

### (一)中小学武术教师对武术的认知

1. 中小学武术教师对武术内容的认知

通过问卷调查 81 名中小学武术教师对武术内容的认知,问卷采用多项选择的方式,调查结果见表 3-26。

表 3-26 中小学武术教师对武术内容的认知(多项选择)($N=81$)

| 指标 | 拳术 | 散打 | 集体项目 | 器械 | 跆拳道 | 拳击 | 对练 | 不知道 |
|------|------|------|----------|------|--------|------|------|--------|
| 频数 | 60 | 58 | 43 | 53 | 14 | 16 | 54 | 2 |
| 占比/% | 74.1 | 71.6 | 53.1 | 65.4 | 17.3 | 19.8 | 66.7 | 2.5 |

从数据统计的结果来看(见表 3-26),中小学武术教师对武术内容的认知虽然总体比较准确,但还有小部分教师仍将跆拳道和拳击列入武术内容之中。分析教师对武术内容认知的数据和学生对武术内容认知的数据不难看出,教师与学生的武术认知是正相关的,也就是教师对武术认知度的偏差,影响到学生对武术内容的认知。

武术健身操共创编了 4 套,其中中学 2 套,小学 2 套,表 3-27 的调查数据显示,武术健身操的推广不容乐观,在被调查的 81 名教师中有 90.1%无法正确回答武术健身操的创编数量。

表 3-27 中小学武术教师对武术健身操的认知($N=81$)

| 指标 | 4 套 | 3 套 | 2 套 | 1 套 | 不知道 |
|------|------|------|------|------|--------|
| 频数 | 8 | 12 | 27 | 18 | 16 |
| 占比/% | 9.9 | 14.8 | 33.3 | 22.2 | 19.8 |

2. 中小学武术教师对武术动作的认知

本研究运用五级量表的问卷形式对教师的武术动作认识情况进行调查,具体见表 3-28 至表 3-32。

表3-28 中小学武术教师对武术动作内涵的认知(N=81)

| 指标 | 非常清楚 | 清楚 | 不知道 | 不清楚 | 非常不清楚 |
|---|---|---|---|---|---|
| 频数 | 6 | 53 | 9 | 11 | 2 |
| 占比/% | 7.4 | 65.4 | 11.1 | 13.6 | 2.5 |

表3-29 中小学武术教师对武术动作教学的难易程度的认知(N=81)

| 指标 | 非常容易 | 容易 | 不知道 | 困难 | 非常困难 |
|---|---|---|---|---|---|
| 频数 | 4 | 29 | 5 | 37 | 6 |
| 占比/% | 4.9 | 35.8 | 6.2 | 45.7 | 7.4 |

表3-30 中小学武术教师对武术动作教学的主观感觉(N=81)

| 指标 | 非常枯燥 | 枯燥 | 不知道 | 有趣 | 非常有趣 |
|---|---|---|---|---|---|
| 频数 | 1 | 21 | 9 | 48 | 2 |
| 占比/% | 1.2 | 25.9 | 11.1 | 59.3 | 2.5 |

表3-31 中小学武术教师对武术动作美观的认知(N=81)

| 指标 | 非常美观 | 美观 | 不知道 | 不美观 | 非常不美观 |
|---|---|---|---|---|---|
| 频数 | 11 | 54 | 12 | 3 | 1 |
| 占比/% | 13.6 | 66.7 | 14.8 | 3.7 | 1.2 |

表3-32 中小学武术教师对武术动作危险程度的认知(N=81)

| 指标 | 非常危险 | 危险 | 不知道 | 不危险 | 非常不危险 |
|---|---|---|---|---|---|
| 频数 | 3 | 27 | 13 | 36 | 2 |
| 占比/% | 3.7 | 33.3 | 16.0 | 44.5 | 2.5 |

问卷数据中有72.8%的教师表示对武术动作内涵是清楚和非常清楚的(见表3-28),51.1%的教师认为武术动作教学困难和非常困难(见表3-29),61.8%的教师认为武术动作教学有趣和非常有趣(见表3-30),80.3%的教师认为武术动作美观和非常美观(见表3-31),在武术动作教学是否存在危险这一栏中有47.0%的教师认为不危险和非常不危险(见表3-32)。说明武术教学虽然比较困难,但是教师会将武术教学设计得非常有趣,尽量迎合学生的需求。然而教师和学生对武术教学和训练手段上的认知具

有偏差,当学生学习武术到一定程度后,随着武术技术难度的不断提升就会使教师存在学习武术有一定危险的认知。这需要教师进一步理解武术技术的发展,把握青少年不同阶段的生理特点,遵循武术训练的规律,从而减少武术教学训练的危险性。

3. 中小学武术教师对武术功能的认知

研究采用问卷的形式调查中小学武术教师对武术功能的认知,调查结果见表3-33。

表3-33　中小学武术教师对武术功能的认知(多项选择)($N=81$)

| 指标 | 强身健体 | 防身自卫 | 打抱不平 | 宣传武术文化 | 表演 | 弘扬民族精神 | 尊师重道 |
|---|---|---|---|---|---|---|---|
| 频数 | 74 | 64 | 22 | 67 | 43 | 67 | 56 |
| 占比/% | 91.4 | 79.0 | 27.2 | 82.7 | 53.1 | 82.7 | 69.1 |

从表3-33中得出中小学武术教师对武术功能的认知依次是强身健体、宣传武术文化和弘扬民族精神,与当下武术的发展趋势较为相符。

4. 中小学武术教师对武术属性的认知

中小学武术教师对武术属性的认知将会直接影响中小学武术习练者对武术的认知,因此研究采用问卷的形式,调查中小学武术教师对武术属性的认知(见表3-34)。

表3-34　中小学武术教师对武术属性的认知(多项选择)($N=81$)

| 指标 | 一项体育运动 | 一种文化 | 一门学科 | 一门艺术 | 一种哲学 | 一种宗教 | 不知道 |
|---|---|---|---|---|---|---|---|
| 频数 | 67 | 69 | 28 | 44 | 22 | 6 | 4 |
| 占比/% | 82.7 | 85.2 | 34.6 | 54.3 | 27.2 | 7.4 | 4.9 |

从调查结果可看出,武术是一种文化是中小学武术教师认可度最高的选项,其次中小学武术教师认为武术是一项体育运动。但从武术的定义来看,武术首先是中华民族传统的技击术,其次是体育项目,最后是优秀的民族文化。因此,中小学武术教师能从广义上认识武术,认为武术不仅是一项体育运动项目,还是一项民族体育,是中华民族长期积淀的宝贵的文化遗产。

### 5. 中小学武术教师对武术抱拳礼的认知

抱拳礼是武术教师对学生实施武德教育的一个很好的形式，武术教师对抱拳礼的认识，将为学生树立正确的武德启蒙奠定基础。通过问卷的形式，研究得出中小学武术教师对武术抱拳礼的认知（见表3-35）。

表3-35　中小学武术教师对武术抱拳礼的认知（多项选择）（$N=81$）

| 指标 | 侠义气派的体现 | 武术象征 | 尊重对手、点到为止的武德体现 | 一种中国的礼仪 | 不知道 | 其他 |
|---|---|---|---|---|---|---|
| 频数 | 6 | 30 | 37 | 38 | 2 | 2 |
| 占比/% | 7.4 | 37.0 | 45.7 | 46.9 | 2.5 | 2.5 |

调查结果显示，中小学武术教师首先认为抱拳礼是一种中国礼仪，其次认为是尊重对手、点到为止的武德体现，最后是武术的象征。

### 6. 中小学武术教师对武术段位制的认知

武术段位制分为初段位、中段位、高段位，其中最高段位为9段，本研究对81名中小学武术教师的武术段位制认知进行问卷调查，调查结果见表3-36。

表3-36　中小学武术教师对武术最高段位的认知（$N=81$）

| 指标 | 6段 | 7段 | 8段 | 9段 | 10段 | 不知道 |
|---|---|---|---|---|---|---|
| 频数 | 2 | 2 | 6 | 47 | 12 | 12 |
| 占比/% | 2.5 | 2.5 | 7.4 | 58.0 | 14.8 | 14.8 |

武术段位制是规范全民武术锻炼体系而建立的，中小学生是武术全民锻炼的重要人群，作为中小学生武术指导的教师对武术段位制的认知程度对武术的规范化、标准化推广有较大的影响。然而调查结果是不容乐观的，所调查的81名中小学武术教师中只有58.0%的教师知道武术的最高段位为9段，从而说明段位制体系在中小学武术教师群体中的宣传是不到位的。

### 7. 中小学武术教师对武术竞赛的认知

本研究通过五级量表和开放性问卷调查中小学武术教师对武术套路竞赛规则的认知情况，问卷回收后的数据统计见表3-37。

表 3-37　中小学武术教师对武术规则的认知（N=81）

| 指标 | 非常了解 | 了解 | 不知道 | 不了解 | 完全不了解 |
|---|---|---|---|---|---|
| 频数 | 6 | 48 | 10 | 9 | 8 |
| 占比/% | 7.4 | 59.3 | 12.3 | 11.1 | 9.9 |

调查结果显示（见表 3-37），中小学武术教师了解武术套路竞赛规则的占 59.3%，通过访谈也发现武术套路竞赛规则在中小学武术教师队伍中的认知度仍有待提高。

虽然武术已经成为青年奥林匹克运动会的正式项目，但了解该信息的中小学武术教师只占 17.3%（见表 3-38）。此外，每两年举行一次的世界青少年锦标赛自 2006 年开赛以来已经举办了 8 届，但中小学武术教师中知道此类赛事的只占 35.8%。这一方面说明中小学武术教师对武术竞赛方面的认知还有所欠缺，另一方面说明武术的宣传还需要更全面、更深入。

表 3-38　中小学武术教师对青少年最高级别武术竞赛的认知（N=81）

| 指标 | 地市级比赛 | 省级比赛 | 全国青少年锦标赛 | 亚洲青少年锦标赛 | 世界青少年锦标赛 | 青年奥林匹克运动会 | 不知道 |
|---|---|---|---|---|---|---|---|
| 频数 | 4 | 3 | 16 | 8 | 29 | 14 | 7 |
| 占比/% | 4.9 | 3.7 | 19.8 | 9.9 | 35.8 | 17.3 | 8.6 |

### （二）中小学武术教学现状

本研究采用问卷的形式，对武术教学过程和武术教学内容进行调查，结果见表 3-39。

表 3-39　中小学武术教学的重点（多项选择）（N=81）

| 指标 | 防身克敌 | 武术的精、气、神 | 健身功能 | 武术竞赛的要求 | 民族瑰宝 | 意志品质 | 做人做事的道理 | 武术难度动作 | 武术动作美观 | 其他 |
|---|---|---|---|---|---|---|---|---|---|---|
| 频数 | 11 | 58 | 29 | 14 | 11 | 24 | 28 | 11 | 15 | 2 |
| 占比/% | 13.6 | 71.6 | 35.8 | 17.3 | 13.6 | 29.6 | 34.6 | 13.6 | 18.5 | 2.5 |

从表 3-39 数据中可知，中小学武术教师在武术教学过程中主要强调

武术的精、气、神,随后是武术的健身功能和做人做事的道理,比较符合学校开展武术教育的目的。

观察表3-40的数据发现,中小学武术教师教授的武术内容并不完全是教学大纲,而是沿用以往的武术训练的方法从基本功抓起,然后进行武术套路的练习。对于以推广武术为目的的学校武术教学却不以教学大纲为准则,可以说明现行的教学大纲已经不符合学校武术教学的需要,制定适合当下中小学武术教学的大纲,是在学校更好推广武术的重中之重。

表3-40 中小学武术的教学内容(多项选择)(N=81)

| 指标 | 组合动作 | 抱拳礼 | 基本功 | 拳术套路 | 防身术 | 器械套路 | 传统套路 | 武术健身操 | 武术段位制套路 | 国际规定套路 | 自选套路 | 教学大纲 | 对抗项目 | 其他 |
|---|---|---|---|---|---|---|---|---|---|---|---|---|---|---|
| 频数 | 40 | 50 | 60 | 52 | 22 | 27 | 28 | 35 | 16 | 14 | 16 | 6 | 1 | 4 |
| 占比/% | 49.4 | 61.7 | 74.1 | 64.2 | 27.2 | 33.3 | 34.6 | 43.2 | 19.8 | 17.3 | 19.8 | 7.4 | 1.2 | 4.9 |

### (三)中小学武术教师培训情况调查

教师培训是提高教师专业技能的重要途径,研究通过问卷的形式对武术教师的培训情况进行了调查(见表3-41)。

表3-41 中小学武术教师的培训情况(多项选择)(N=81)

| 指标 | 裁判培训 | 教师技能培训 | 武术健身操培训 | 没参加过 |
|---|---|---|---|---|
| 频数 | 42 | 40 | 31 | 17 |
| 占比/% | 51.9 | 49.4 | 38.3 | 21.0 |

中小学武术教师参加的培训主要是通过体育局举办的裁判培训和教育局举办的教师技能培训,有38.3%的中小学武术教师表示已经培训过武术健身操(见表3-41),说明武术健身操正逐步走进学校。但其中值得注意的是,有21.0%的中小学武术教师没有参加过任何有关武术的教师培训,这在一定程度上会影响中小学武术教师的专业技能的提高。

武术进入中小学需要具体的部门进行实施,研究通过问卷的形式,调查在教学第一线的中小学武术教师参加不同等级的培训情况,分析在武术进入学校的过程中不同部门开展培训的重要程度,其结果见表3-42。

表 3-42　武术进入学校的相关部门培训的重要程度（$N=81$）

| 指标 | 教育部组织的培训 | 省市教育局组织的培训 | 区教育局组织的培训 | 学校组织的培训 | 国家体育总局组织的培训 | 省市体育局组织的培训 | 其他 |
|---|---|---|---|---|---|---|---|
| 频数 | 24 | 14 | 9 | 8 | 9 | 12 | 5 |
| 占比/% | 29.6 | 17.3 | 11.1 | 9.9 | 11.1 | 14.8 | 6.2 |

从表 3-42 数据中可知,各级教育部门组织的培训在武术进入学校中起主要作用的占 58.0%,各级体育局组织的培训占 25.9%,说明武术要进入中小学,各级体育部门必须要与各级教育部门联合,共同携手推广。

教师在工作中会参加各种各样的培训,而能取得学校认可,并能报销费用的培训是有规定的。研究通过问卷的形式,调查中小学认可的中小学武术教师培训部门,其结果见表 3-43。

表 3-43　学校认可的中小学武术教师培训部门（多项选择）（$N=81$）

| 指标 | 教育部组织的培训 | 省市教育局组织的培训 | 区教育局组织的培训 | 学校组织的培训 | 国家体育总局组织的培训 | 省市体育局组织的培训 | 其他 |
|---|---|---|---|---|---|---|---|
| 频数 | 34 | 30 | 24 | 11 | 13 | 25 | 4 |
| 占比/% | 42.0 | 37.0 | 29.6 | 13.6 | 16.0 | 30.9 | 4.9 |

从调查结果可得出,中小学普遍认可各级教育部门组织的教师技能培训,对体育部门组织的培训相对认可的是在省市一级体育局组织的培训基层的体育培训。

## 四、影响中小学武术发展的因素分析

### (一)影响因素指标的筛选与确立

本研究在选取了相关指标的基础上,通过问卷发放,回收数据,采用因子分析所获得的数据,得出中小学武术开展的影响因素,并分析各因子中所包含的条目。在对中小学武术开展及影响因素的研究中,通过查阅文献资料、咨询专家以及较深入的研究之后,选取了 46 个指标进行调查分析(见表 3-44)。

表 3-44　中小学武术发展的影响因素指标

| 影响因素指标 | 影响因素指标 |
| --- | --- |
| $X_1$ 学生对武术内容的认知 | $X_{24}$ 竞技体育运动学校武术的开展情况 |
| $X_2$ 学生对武术文化的认知 | $X_{25}$ 武术表演的开展情况 |
| $X_3$ 学生对武术技击功能的认知 | $X_{26}$ 影视武术的宣传 |
| $X_4$ 学生的参赛机会 | $X_{27}$ 武术的宣传途径 |
| $X_5$ 学生参加比赛的成绩 | $X_{28}$ 武术的宣传内容 |
| $X_6$ 学生学习武术的动机 | $X_{29}$ 武术训练场地设施的情况 |
| $X_7$ 学生的受伤情况 | $X_{30}$ 武术器材设施情况 |
| $X_8$ 武术教学内容的选择 | $X_{31}$ 学校领导的重视程度 |
| $X_9$ 武术教学方法的选择 | $X_{32}$ 体育课的课时数 |
| $X_{10}$ 教师对武术内容的认知 | $X_{33}$ 教学大纲武术的安排 |
| $X_{11}$ 教师对武术文化的认知 | $X_{34}$ 教师的考核制度 |
| $X_{12}$ 教师对武术技击功能的认知 | $X_{35}$ 学生体育课的考核制度 |
| $X_{13}$ 教师对武德的认知 | $X_{36}$ 升学的优惠政策 |
| $X_{14}$ 教师的武术指导水平 | $X_{37}$ 武术特长生政策 |
| $X_{15}$ 教师对学生的重视程度 | $X_{38}$ 上级单位对学校的考核 |
| $X_{16}$ 教师自身的武术水平 | $X_{39}$ 区级武术比赛的组织 |
| $X_{17}$ 教师对武术教学内容的选择 | $X_{40}$ 市级武术比赛的组织 |
| $X_{18}$ 教师对武术教学手段的选择 | $X_{41}$ 省级武术比赛的组织 |
| $X_{19}$ 教师对武术教学方法的选择 | $X_{42}$ 省市级教育机构的武术培训 |
| $X_{20}$ 家长的动机 | $X_{43}$ 区级教育机构的武术培训 |
| $X_{21}$ 家长的支持程度 | $X_{44}$ 省市体育局的武术培训 |
| $X_{22}$ 亲戚的支持程度 | $X_{45}$ 武术训练的费用情况 |
| $X_{23}$ 朋友的支持程度 | $X_{46}$ 升学压力 |

1.因子分析的操作步骤

因子分析中,变量应该有较高的相关度,降维的效果更好,因此变量间偏相关度的 KMO 统计量至少要在 0.6 以上才适合做因子分析,如果小于 0.6,说明变量间相关性不强,因子分析效果不会太好。本研究对样本做 KMO 和 Bartlett 样本检验(见表 3-45),得出样本量适度值为 0.722,可以认为,本研究的样本量满足研究需要;Bartlett 球形检验 $p=0.00$,小于 0.05,球形检验显著,两个条件都满足,变量间相关度大,适合做因子分析。

表 3-45 KMO 和 Bartlett 的检验

| 检验方式 | Sig. | 检验结果 |
|---|---|---|
| KMO 样本量适度检验 |  | 0.722 |
| Bartlett 球形检验 | 0.000 | 0.000 |

指定因子提取方法为主成分法:指定提取时只保留特征值大于 1 的因子,迭代次数要求不超过 25;旋转方法为最大方差法;旋转次数要求不超过 25。

2.影响因素主因子个数的确定

根据中小学武术开展及影响因素部分的评价计分结果,对 46 个原始变量进行因子分析,得到特征值、贡献率、累计贡献率等数据。采用主成分提取方法,提取特征值大于 1.0 的 12 个主因子,累计贡献率达到 79.194%,基本可以反映总体信息量(见表 3-46)。

表 3-46 解释的总方差

| 原始变量 | 初始特征值 合计 | 方差/% | 累计贡献率/% | 提取平方和载入 合计 | 方差/% | 累计贡献率/% | 旋转平方和载入 合计 | 方差/% | 累计贡献率/% |
|---|---|---|---|---|---|---|---|---|---|
| $X_1$ | 16.097 | 34.994 | 34.994 | 16.097 | 34.994 | 34.994 | 6.440 | 14.000 | 14.000 |
| $X_2$ | 3.925 | 8.532 | 43.526 | 3.925 | 8.532 | 43.526 | 3.771 | 8.197 | 22.197 |
| $X_3$ | 3.022 | 6.570 | 50.096 | 3.022 | 6.570 | 50.096 | 3.747 | 8.146 | 30.343 |
| $X_4$ | 2.258 | 4.909 | 55.005 | 2.258 | 4.909 | 55.005 | 3.228 | 7.018 | 37.361 |
| $X_5$ | 2.152 | 4.678 | 59.683 | 2.152 | 4.678 | 59.683 | 3.128 | 6.800 | 44.161 |
| $X_6$ | 1.696 | 3.688 | 63.371 | 1.696 | 3.688 | 63.371 | 2.936 | 6.383 | 50.544 |
| $X_7$ | 1.482 | 3.221 | 66.592 | 1.482 | 3.221 | 66.592 | 2.781 | 6.045 | 56.589 |
| $X_8$ | 1.332 | 2.895 | 69.488 | 1.332 | 2.895 | 69.488 | 2.397 | 5.211 | 61.800 |
| $X_9$ | 1.270 | 2.760 | 72.248 | 1.270 | 2.760 | 72.248 | 2.147 | 4.667 | 66.467 |
| $X_{10}$ | 1.124 | 2.444 | 74.692 | 1.124 | 2.444 | 74.692 | 2.119 | 4.607 | 71.075 |

续表

| 原始变量 | 初始特征值 合计 | 方差/% | 累计贡献率/% | 提取平方和载入 合计 | 方差/% | 累计贡献率/% | 旋转平方和载入 合计 | 方差/% | 累计贡献率/% |
|---|---|---|---|---|---|---|---|---|---|
| $X_{11}$ | 1.052 | 2.286 | 76.979 | 1.052 | 2.286 | 76.979 | 2.091 | 4.547 | 75.621 |
| $X_{12}$ | 1.019 | 2.215 | 79.194 | 1.019 | 2.215 | 79.194 | 1.643 | 3.573 | 79.194 |
| $X_{13}$ | 0.878 | 1.908 | 81.102 | | | | | | |
| $X_{14}$ | 0.802 | 1.744 | 82.846 | | | | | | |
| $X_{15}$ | 0.752 | 1.634 | 84.480 | | | | | | |
| $X_{16}$ | 0.657 | 1.429 | 85.908 | | | | | | |
| $X_{17}$ | 0.599 | 1.303 | 87.212 | | | | | | |
| $X_{18}$ | 0.577 | 1.255 | 88.467 | | | | | | |
| $X_{19}$ | 0.554 | 1.205 | 89.672 | | | | | | |
| $X_{20}$ | 0.499 | 1.085 | 90.757 | | | | | | |
| $X_{21}$ | 0.431 | 0.938 | 91.695 | | | | | | |
| $X_{22}$ | 0.411 | 0.894 | 92.589 | | | | | | |
| $X_{23}$ | 0.366 | 0.795 | 93.384 | | | | | | |
| $X_{24}$ | 0.350 | 0.761 | 94.145 | | | | | | |
| $X_{25}$ | 0.294 | 0.639 | 94.784 | | | | | | |
| $X_{26}$ | 0.283 | 0.616 | 95.400 | | | | | | |
| $X_{27}$ | 0.221 | 0.481 | 95.881 | | | | | | |
| $X_{28}$ | 0.213 | 0.463 | 96.344 | | | | | | |
| $X_{29}$ | 0.199 | 0.432 | 96.777 | | | | | | |
| $X_{30}$ | 0.193 | 0.419 | 97.196 | | | | | | |
| $X_{31}$ | 0.172 | 0.374 | 97.570 | | | | | | |
| $X_{32}$ | 0.146 | 0.317 | 97.886 | | | | | | |
| $X_{33}$ | 0.138 | 0.300 | 98.186 | | | | | | |
| $X_{34}$ | 0.127 | 0.277 | 98.463 | | | | | | |
| $X_{35}$ | 0.120 | 0.261 | 98.724 | | | | | | |
| $X_{36}$ | 0.095 | 0.206 | 98.930 | | | | | | |
| $X_{37}$ | 0.089 | 0.193 | 99.123 | | | | | | |

续表

| 原始变量 | 初始特征值 合计 | 初始特征值 方差/% | 初始特征值 累计贡献率/% | 提取平方和载入 合计 | 提取平方和载入 方差/% | 提取平方和载入 累计贡献率/% | 旋转平方和载入 合计 | 旋转平方和载入 方差/% | 旋转平方和载入 累计贡献率/% |
|---|---|---|---|---|---|---|---|---|---|
| $X_{38}$ | 0.078 | 0.170 | 99.292 | | | | | | |
| $X_{39}$ | 0.070 | 0.153 | 99.445 | | | | | | |
| $X_{40}$ | 0.067 | 0.145 | 99.590 | | | | | | |
| $X_{41}$ | 0.052 | 0.112 | 99.702 | | | | | | |
| $X_{42}$ | 0.044 | 0.095 | 99.798 | | | | | | |
| $X_{43}$ | 0.034 | 0.073 | 99.871 | | | | | | |
| $X_{44}$ | 0.025 | 0.055 | 99.926 | | | | | | |
| $X_{45}$ | 0.020 | 0.044 | 99.970 | | | | | | |
| $X_{46}$ | 0.014 | 0.030 | 100.000 | | | | | | |

3.影响因素群的确定

在确定了主因子的基础上,根据因子分析理论,研究对46个原始变量进行归类。但为了避免原始变量在不同的主因子上载荷量相差无几,应对初始因子矩阵进行方差极大正交旋转,以使每个变量的载荷量尽可能地趋向两极(见表3-47)。

初始因子矩阵经过极大正交旋转后,大部分指标只在某一个主因子的载荷量大,在其余主因子上的载荷量小。因此,取因子载荷量大于0.4水平以上的进行归类,把46个原始变量归纳在12个主因子上,由表3-47可知,所提取的12个因子构成如下:

(1)因子1:由$X_{31}$学校领导的重视程度、$X_{32}$体育课的课时数、$X_{33}$教学大纲武术的安排、$X_{34}$教师的考核制度、$X_{35}$学生体育课的考核制度、$X_{36}$升学的优惠政策、$X_{37}$武术特长生政策、$X_{38}$上级单位对学校的考核、$X_{39}$区级武术比赛的组织、$X_{40}$市级武术比赛的组织构成。

(2)因子2:由$X_{26}$影视武术的宣传、$X_{27}$武术的宣传途径、$X_{28}$武术的宣传内容构成。

第三章 青少年武术的发展

表3-47 旋转成分矩阵

| 原始变量 | 1 | 2 | 3 | 4 | 5 | 6 | 7 | 8 | 9 | 10 | 11 | 12 |
|---|---|---|---|---|---|---|---|---|---|---|---|---|
| $X_1$学生对武术内容的认知 | 0.259 | 0.002 | −0.018 | 0.206 | 0.245 | 0.181 | 0.242 | 0.053 | 0.067 | −0.080 | 0.766 | −0.062 |
| $X_2$学生对武术文化的认知 | 0.006 | 0.038 | 0.107 | 0.210 | 0.094 | 0.010 | 0.155 | −0.008 | 0.026 | 0.192 | 0.881 | 0.158 |
| $X_3$学生对武术技击功能的认知 | 0.059 | 0.017 | 0.055 | 0.146 | 0.693 | 0.268 | 0.175 | 0.012 | 0.028 | 0.022 | 0.390 | 0.024 |
| $X_4$学生的参赛机会 | 0.037 | 0.091 | 0.099 | 0.205 | −0.007 | −0.025 | 0.577 | 0.180 | 0.239 | −0.313 | 0.282 | 0.255 |
| $X_5$学生参加比赛的成绩 | 0.121 | 0.069 | 0.083 | 0.108 | 0.186 | 0.235 | 0.766 | 0.130 | 0.079 | 0.027 | 0.052 | −0.069 |
| $X_6$学生学习武术的动机 | 0.126 | −0.019 | 0.115 | 0.184 | 0.106 | −0.026 | 0.770 | −0.062 | 0.031 | 0.068 | 0.213 | 0.045 |
| $X_7$学生的受伤情况 | 0.133 | −0.001 | 0.135 | 0.179 | 0.182 | 0.231 | 0.294 | 0.645 | −0.220 | −0.077 | 0.086 | −0.023 |
| $X_8$武术教学内容的选择 | 0.415 | 0.054 | 0.061 | 0.291 | 0.344 | 0.095 | 0.042 | 0.123 | −0.300 | 0.019 | 0.194 | 0.495 |
| $X_9$武术教学方法的选择 | 0.515 | 0.025 | 0.058 | 0.232 | 0.613 | 0.015 | 0.243 | −0.040 | −0.050 | −0.010 | 0.147 | 0.208 |
| $X_{10}$教师对武术内容的认知 | 0.158 | −0.082 | 0.042 | 0.738 | 0.147 | 0.056 | 0.322 | −0.063 | 0.013 | 0.262 | 0.173 | 0.169 |
| $X_{11}$教师对武术文化的认知 | −0.011 | 0.116 | 0.116 | 0.824 | 0.124 | 0.105 | 0.375 | 0.140 | 0.121 | 0.076 | 0.237 | 0.125 |
| $X_{12}$教师对武术技击功能的认知 | 0.192 | 0.279 | 0.078 | 0.616 | 0.324 | 0.343 | 0.129 | 0.043 | −0.125 | 0.131 | 0.064 | 0.041 |
| $X_{13}$教师对武德的认知 | 0.140 | 0.415 | 0.254 | 0.583 | 0.233 | 0.067 | 0.193 | 0.126 | 0.144 | −0.150 | 0.115 | −0.056 |
| $X_{14}$教师的武术指导水平 | 0.136 | 0.137 | 0.263 | 0.326 | 0.517 | 0.062 | 0.303 | 0.128 | 0.167 | 0.423 | 0.067 | −0.189 |
| $X_{15}$教师对武术重视程度 | 0.119 | 0.323 | 0.086 | 0.295 | 0.265 | −0.113 | 0.265 | 0.328 | 0.387 | 0.375 | 0.061 | 0.164 |
| $X_{16}$教师自身的武术水平 | −0.024 | 0.334 | 0.124 | 0.177 | 0.313 | 0.022 | 0.257 | 0.405 | 0.066 | 0.533 | 0.081 | 0.027 |
| $X_{17}$教师对武术教学内容的选择 | 0.060 | 0.328 | 0.111 | 0.314 | 0.228 | −0.008 | 0.192 | 0.112 | 0.063 | 0.171 | 0.104 | 0.652 |
| $X_{18}$教师对武术教学手段的选择 | 0.083 | 0.312 | 0.241 | 0.209 | 0.684 | −0.020 | 0.030 | 0.258 | 0.071 | 0.104 | 0.028 | 0.194 |

· 51 ·

续表

| 原始变量 | 1 | 2 | 3 | 4 | 5 | 6 | 7 | 8 | 9 | 10 | 11 | 12 |
|---|---|---|---|---|---|---|---|---|---|---|---|---|
| $X_{19}$ 教师对武术教学方法的选择 | 0.191 | 0.441 | 0.064 | 0.212 | 0.540 | −0.066 | 0.242 | 0.189 | 0.306 | −0.043 | −0.019 | 0.218 |
| $X_{20}$ 家长的动机 | 0.089 | 0.116 | −0.069 | 0.048 | −0.101 | 0.608 | 0.378 | 0.001 | 0.486 | 0.171 | 0.003 | 0.102 |
| $X_{21}$ 家长的支持程度 | 0.110 | 0.045 | 0.037 | 0.159 | −0.015 | 0.441 | 0.287 | 0.009 | 0.689 | 0.156 | 0.091 | −0.115 |
| $X_{22}$ 亲戚的支持程度 | 0.069 | 0.258 | 0.051 | 0.067 | 0.085 | 0.829 | 0.043 | 0.065 | 0.107 | 0.007 | 0.025 | −0.041 |
| $X_{23}$ 朋友的支持程度 | 0.014 | 0.206 | 0.129 | 0.141 | 0.094 | 0.831 | 0.007 | 0.142 | −0.034 | 0.109 | 0.123 | 0.078 |
| $X_{24}$ 竞技体育运动学校武术的开展情况 | 0.387 | 0.295 | 0.285 | 0.013 | 0.131 | 0.284 | −0.225 | 0.288 | 0.135 | 0.099 | −0.010 | 0.415 |
| $X_{25}$ 武术表演的开展情况 | 0.393 | 0.406 | 0.141 | 0.003 | 0.259 | 0.255 | −0.036 | −0.161 | 0.069 | 0.330 | 0.096 | 0.335 |
| $X_{26}$ 影视武术的宣传 | 0.208 | 0.796 | 0.108 | 0.066 | 0.168 | 0.223 | 0.040 | −0.075 | 0.066 | −0.014 | −0.050 | 0.215 |
| $X_{27}$ 武术的宣传途径 | 0.249 | 0.793 | 0.192 | 0.052 | 0.060 | 0.238 | 0.005 | 0.150 | 0.017 | 0.186 | 0.003 | 0.075 |
| $X_{28}$ 武术的宣传内容 | 0.200 | 0.753 | 0.212 | 0.182 | 0.055 | 0.277 | 0.032 | 0.087 | 0.074 | 0.235 | 0.077 | −0.057 |
| $X_{29}$ 武术训练场地设施的情况 | 0.197 | 0.231 | 0.167 | 0.167 | −0.072 | 0.333 | −0.104 | 0.009 | 0.132 | 0.637 | 0.162 | 0.210 |
| $X_{30}$ 武术器材设施情况 | 0.149 | 0.228 | 0.316 | 0.280 | 0.115 | 0.248 | −0.067 | 0.255 | 0.300 | 0.468 | 0.018 | .069 |
| $X_{31}$ 学校领导重视程度 | 0.414 | 0.148 | 0.291 | −0.004 | 0.255 | 0.011 | 0.015 | 0.091 | 0.656 | 0.036 | 0.061 | 0.078 |
| $X_{32}$ 体育课的课时数 | 0.668 | 0.106 | 0.251 | −0.021 | 0.344 | 0.076 | 0.010 | 0.162 | 0.238 | 0.101 | −0.013 | −0.088 |
| $X_{33}$ 教学大纲武术的安排 | 0.659 | 0.366 | 0.177 | 0.246 | 0.010 | 0.109 | −0.034 | 0.185 | 0.121 | −0.150 | 0.098 | 0.130 |
| $X_{34}$ 教师的考核制度 | 0.697 | 0.248 | 0.077 | 0.162 | 0.018 | 0.176 | 0.021 | 0.275 | −0.185 | 0.091 | 0.240 | −0.184 |
| $X_{35}$ 学生体育课的考核制度 | 0.751 | 0.362 | 0.078 | 0.041 | 0.063 | 0.085 | 0.008 | 0.017 | 0.066 | 0.140 | 0.230 | −0.051 |
| $X_{36}$ 升学的优惠政策 | 0.862 | −0.011 | 0.045 | 0.125 | 0.100 | −0.051 | 0.081 | 0.144 | 0.211 | 0.021 | −0.011 | 0.033 |

第三章　青少年武术的发展

续表

| 原始变量 | 1 | 2 | 3 | 4 | 5 | 6 | 7 | 8 | 9 | 10 | 11 | 12 |
|---|---|---|---|---|---|---|---|---|---|---|---|---|
| $X_{37}$ 武术特长生政策 | 0.700 | 0.038 | 0.121 | −0.007 | −0.100 | −0.076 | 0.407 | 0.120 | 0.106 | 0.150 | −0.189 | 0.207 |
| $X_{38}$ 上级单位对学校的考核 | 0.687 | 0.027 | 0.390 | −0.037 | −0.015 | 0.069 | 0.090 | 0.108 | 0.011 | 0.064 | 0.074 | 0.239 |
| $X_{39}$ 区级武术比赛的组织 | 0.685 | 0.245 | 0.366 | −0.040 | 0.296 | 0.043 | 0.167 | −0.032 | −0.076 | 0.082 | 0.013 | 0.038 |
| $X_{40}$ 市级武术比赛的组织 | 0.559 | 0.114 | 0.491 | 0.279 | 0.159 | 0.135 | 0.134 | 0.135 | 0.123 | −0.286 | −0.027 | 0.038 |
| $X_{41}$ 省级武术比赛的组织 | 0.412 | 0.131 | 0.592 | 0.318 | −0.007 | 0.065 | 0.183 | 0.203 | 0.046 | −0.030 | 0.006 | 0.109 |
| $X_{42}$ 省市级教育机构的武术培训 | 0.301 | 0.117 | 0.799 | 0.073 | 0.037 | 0.017 | 0.260 | 0.084 | 0.193 | 0.083 | 0.108 | 0.024 |
| $X_{43}$ 区级教育机构的武术培训 | 0.243 | 0.071 | 0.711 | 0.028 | 0.249 | 0.076 | 0.364 | 0.112 | −0.082 | 0.294 | −0.022 | 0.072 |
| $X_{44}$ 省市体育局的武术培训 | 0.099 | 0.237 | 0.801 | 0.089 | 0.076 | 0.067 | 0.382 | 0.221 | 0.028 | 0.018 | 0.049 | 0.017 |
| $X_{45}$ 武术训练的费用情况 | 0.346 | 0.063 | 0.340 | −0.048 | 0.087 | 0.038 | −0.054 | 0.671 | 0.247 | 0.152 | 0.014 | 0.054 |
| $X_{46}$ 升学压力 | 0.381 | 0.079 | 0.299 | 0.077 | 0.014 | 0.081 | −0.003 | 0.677 | 0.108 | 0.107 | −0.051 | 0.144 |

(3)因子3：由$X_{41}$省级武术比赛的组织、$X_{42}$省市级教育机构的武术培训、$X_{43}$区级教育机构的武术培训、$X_{44}$省市体育局的武术培训构成。

(4)因子4：由$X_{10}$教师对武术内容的认知、$X_{11}$教师对武术文化的认知、$X_{12}$教师对武术技击功能的认知、$X_{13}$教师对武德的认知构成。

(5)因子5：由$X_3$学生对武术技击功能的认知、$X_9$武术教学方法的选择、$X_{14}$教师的武术指导水平、$X_{18}$教师对武术教学手段的选择、$X_{19}$教师对武术教学方法的选择构成。

(6)因子6：由$X_{20}$家长的动机、$X_{22}$亲戚的支持程度、$X_{23}$朋友的支持程度构成。

(7)因子8：由$X_7$学生的受伤情况、$X_{45}$武术训练的费用情况、$X_{46}$升学压力构成。

(8)因子10：由$X_{16}$教师自身的武术水平、$X_{29}$武术训练场地设施的情况、$X_{30}$武术器材设施情况构成。

(9)因子12：由$X_8$武术教学内容的选择、$X_{17}$教师对武术教学内容的选择、$X_{24}$竞技体育运动学校武术的开展情况构成。

其中，因子7、因子9、因子11所包含的因子数量低于两个，根据经验、研究内容及因子的贡献率，研究者把这些因子剔除。这些因子被剔除的原因如下：

因子7所包含的$X_4$学生的参赛机会、$X_5$学生参加比赛的成绩，此二者在中小学开展武术中不作为一个很重要的指标，因为中小学开展武术教学是针对提高体质而言的。同时，二者指标内容也可以在$X_{36}$升学的优惠政策、$X_{37}$武术特长生政策、$X_{39}$区级武术比赛的组织、$X_{40}$市级武术比赛的组织中得到体现。

因子9所包含的$X_{21}$家长的支持程度一项，在研究中可以理解为由$X_{20}$家长的动机、$X_{22}$亲戚的支持程度、$X_{23}$朋友的支持程度三个条目体现出来。

因子11包含$X_1$学生对武术内容的认知、$X_2$学生对武术文化的认知。分析发现，中小学在开展武术运动时主要的影响因素是中小学武术教师对武术内容的认知。而$X_3$学生对武术技击功能的认知也可以理解为学生对武术内容和武术文化的认知。因为当中小学武术教师对武术内容的阐述准确后，学生也能较为正确地理解武术内容。同时当学生对武术技击功能有一定的认知后，间接性地也能体现学生对武术文化的认知。

因此,在对因子 7、因子 9 及因子 11 进行解释剔除的基础上,本研究仅对剩余的 9 个因子进行命名与分析。

**(二)影响中小学武术发展的因子命名及分析**

影响中小学武术发展的因子共有 9 个:因子 1 命名为组织因子;因子 2 命名为宣传因子;因子 3 命名为培训因子;因子 4 命名为教师认知因子;因子 5 命名为教学因子;因子 6 命名为支持因子;因子 8 命名为学生因子;因子 10 命名为设备因子;因子 12 命名为内容因子。

1. 组织因子

组织因子贡献率在所有主因子中最大(见表 3-48)。该因子作为体育教学组织的政策性相关措施,对中小学武术运动开展起着重要的指导作用。学校领导的重视程度决定了中小学体育课的课时、教学大纲、教师考核、课程考核、升学优惠、特长生政策等。同时,升学优惠作为该因子中载荷量最大的条目,是中小学的体育教师所受到的激励措施。中小学的学生可通过区级比赛、市级比赛获得比赛成绩,从而为升学提供优惠帮助。而上级单位对学校的考核又促进了中小学开展武术的热情和动力。因此,该因子所包含的各条目对中小学开展武术教育具有较大的影响。

2. 宣传因子

宣传因子的贡献率是 8.197%(见表 3-49),说明武术的宣传内容及方式在武术进学校的过程中较为重要。因此在武术影视作品的开发中既要有效地体现武术的技击功能,同时更应该注重武德的宣传,使青少年对武术的认识不局限于好勇斗狠,更应该知道武术是传统文化的象征。其次,武术宣传的内容应该丰富多彩。如武术有 129 种拳种,而只有太极拳、长拳、咏春等是青少年较为熟知的拳种。在制定中小学武术教学大纲时要充分考虑拳种的地域特点,充分体现地域特色,提高地域文化契合度,提高学校、教师、家长及群众的接受度,而不能千篇一律。拓宽武术宣传的途径,在最广为人知的影视宣传基础上,增加武术表演宣传、赛事宣传、名人宣传等。武术宣传内容、途径的正确和准确对中小学开展武术起到举足轻重的作用。

表 3-48 第一因子指标命名、序号、内容、载荷量、贡献率、累计贡献率

| 命名 | 序号 | 内容 | 载荷量 | 贡献率/% | 累计贡献率/% |
|---|---|---|---|---|---|
| 组织因子 | $X_{31}$ | 学校领导的重视程度 | 0.414 | 14.000 | 14.000 |
| | $X_{32}$ | 体育课的课时数 | 0.668 | | |
| | $X_{33}$ | 教学大纲武术的安排 | 0.659 | | |
| | $X_{34}$ | 教师的考核制度 | 0.697 | | |
| | $X_{35}$ | 学生体育课的考核制度 | 0.751 | | |
| | $X_{36}$ | 升学的优惠政策 | 0.862 | | |
| | $X_{37}$ | 武术特长生政策 | 0.700 | | |
| | $X_{38}$ | 上级单位对学校的考核 | 0.687 | | |
| | $X_{39}$ | 区级武术比赛的组织 | 0.685 | | |
| | $X_{40}$ | 市级武术比赛的组织 | 0.559 | | |

表 3-49 第二因子指标命名、序号、内容、载荷量、贡献率、累计贡献率

| 命名 | 序号 | 内容 | 载荷量 | 贡献率/% | 累计贡献率/% |
|---|---|---|---|---|---|
| 宣传因子 | $X_{26}$ | 影视武术的宣传 | 0.796 | 8.197 | 22.197 |
| | $X_{27}$ | 武术的宣传途径 | 0.793 | | |
| | $X_{28}$ | 武术的宣传内容 | 0.753 | | |

3. 培训因子

培训因子在青少年武术发展中的贡献率为 8.146%(见表 3-50),说明省级武术比赛的组织、省市级教育机构的武术培训、区级教育机构的武术培训、省市体育局的武术培训等因素都会影响武术在中小学的开展。省级武术比赛的组织将会为学生提供展示技艺的机会,为武术教师提供积累教学的经验。通过参加教育局、体育局等有关部门组织的武术培训,将会帮助武术教师提升教学技能和拓宽教学思路。

4. 教师认知因子

教不严,师之惰。学生没有把动作学标准,对动作理解不够,责任在教师。因此,教师对武术内容、武术文化、武术技击功能、武德的认知直接影响到学生对武术的认知(见表 3-51)。学生只有在对武术内容、武术文化、武术技击功能有了一定的认知后,才能够更加有效、正确地展现每一个武

术动作。

表 3-50　第三因子指标命名、序号、内容、载荷量、贡献率、累计贡献率

| 命名 | 序号 | 内容 | 载荷量 | 贡献率/% | 累计贡献率/% |
|---|---|---|---|---|---|
| 培训因子 | $X_{41}$ | 省级武术比赛的组织 | 0.592 | 8.146 | 30.343 |
| | $X_{42}$ | 省市级教育机构的武术培训 | 0.799 | | |
| | $X_{43}$ | 区级教育机构的武术培训 | 0.711 | | |
| | $X_{44}$ | 省市体育局的武术培训 | 0.801 | | |

表 3-51　第四因子指标命名、序号、内容、载荷量、贡献率、累计贡献率

| 命名 | 序号 | 内容 | 载荷量 | 贡献率/% | 累计贡献率/% |
|---|---|---|---|---|---|
| 教师认知因子 | $X_{10}$ | 教师对武术内容的认知 | 0.738 | 7.018 | 37.361 |
| | $X_{11}$ | 教师对武术文化的认知 | 0.824 | | |
| | $X_{12}$ | 教师对武术技击功能的认知 | 0.616 | | |
| | $X_{13}$ | 教师对武德的认知 | 0.583 | | |

5.教学因子

教师对武术教学方法和教学手段的选择情况，教师在武术实践中的指导水平皆影响着学生对武术内容的认识，同时也间接影响学生对武术技击功能的认知（见表 3-52）。如教师的教学较多地采用对练的形式进行，学生对武术技击功能的认识自然会更通晓。此外，教师对武术教学方法、手段及其指导水平的高低也影响到中小学武术运动的开展，优秀的指导水平和趣味的教学方法与手段能够为学生带来乐趣，从而扩大武术的受众面和提高中小学生对武术的可接受度。

表 3-52　第五因子指标命名、序号、内容、载荷量、贡献率、累计贡献率

| 命名 | 序号 | 内容 | 载荷量 | 贡献率/% | 累计贡献率/% |
|---|---|---|---|---|---|
| 教学因子 | $X_3$ | 学生对武术技击功能的认知 | 0.693 | 6.800 | 44.161 |
| | $X_9$ | 武术教学方法的选择 | 0.613 | | |
| | $X_{14}$ | 教师的武术指导水平 | 0.517 | | |
| | $X_{18}$ | 教师对武术教学手段的选择 | 0.684 | | |
| | $X_{19}$ | 教师对武术教学方法的选择 | 0.540 | | |

### 6.支持因子

家长是孩子的第一任老师,家长对武术的认知以及家长的动机直接影响学生对武术的认知和对习武的兴趣(见表3-53)。因此,让家长正确认知武术,确立正确的武术习练动机,是有效开展中小学武术的前提。中小学生对身边事物的兴趣很容易受到小伙伴们或同学们的影响,因此,在中小学开展武术,要考虑到学生的朋友、家长和亲戚等周边人际关系的影响和促进作用。

表3-53 第六因子指标命名、序号、内容、载荷量、贡献率、累计贡献率

| 命名 | 序号 | 内容 | 载荷量 | 贡献率/% | 累计贡献率/% |
|---|---|---|---|---|---|
| 支持因子 | $X_{20}$ | 家长的动机 | 0.608 | 6.383 | 50.544 |
| | $X_{22}$ | 亲戚的支持程度 | 0.829 | | |
| | $X_{23}$ | 朋友的支持程度 | 0.831 | | |

### 7.学生因子

学生因子包括学生的受伤情况、武术训练的费用情况、升学压力构成(见表3-54)。大部分中小学会承担学生的部分训练费用,少部分费用需要学生自筹。而除读书学习之外产生的额外费用会引起部分家长的反感。同时,由于升学压力或者性格好强,学生试图通过努力训练在武术比赛中获得优异的成绩,因此就会出现过度训练和"拔苗助长"的情况,此时如果教师不关注学生的训练过程学生就容易受伤。学生受伤就会导致家长因心疼孩子而反对孩子继续练习武术,此种情况在武术练习者中并不少见。因此,学生的受伤情况、武术训练的费用情况及升学压力影响着中小学开展武术教学。

表3-54 第八因子指标命名、序号、内容、载荷量、贡献率、累计贡献率

| 命名 | 序号 | 内容 | 载荷量 | 贡献率/% | 累计贡献率/% |
|---|---|---|---|---|---|
| 学生因子 | $X_7$ | 学生的受伤情况 | 0.645 | 5.211 | 61.800 |
| | $X_{45}$ | 武术训练的费用情况 | 0.671 | | |
| | $X_{46}$ | 升学压力 | 0.677 | | |

### 8.设备因子

武术训练场地设施情况和武术器材设施情况是学校武术教学的硬件条件,良好的训练场地设施,良好的武术器材设施,会最大程度调动学生学习武术的兴趣,同时也会促进学生武术技术水平的提高(见表3-55)。武术教师自身的武术技术水平是学校武术教学的软件条件,武术教师自身的武术技术水平高低会直接影响到教授示范动作的准确性和学生对武术动作的理解程度。

表3-55　第十因子指标命名、序号、内容、载荷量、贡献率、累计贡献率

| 命名 | 序号 | 内容 | 载荷量 | 贡献率/% | 累计贡献率/% |
| --- | --- | --- | --- | --- | --- |
| 设备因子 | $X_{10}$ | 教师自身的武术水平 | 0.533 | 4.607 | 71.075 |
|  | $X_{29}$ | 武术训练场地设施的情况 | 0.637 |  |  |
|  | $X_{30}$ | 武术器材设施情况 | 0.468 |  |  |

### 9.内容因子

学生对武术的兴趣通常来自武术教师对武术教学内容的选择(见表3-56)。教师如果选择了较难的武术动作,且教学方式枯燥乏味,学生便会逐渐对习练武术失去兴趣。

此外,竞技体育运动学校的武术开展情况可以看作某个地区青少年武术技术水平的代表和风向标,如果竞技体育运动学校的武术开展较好,就会引起地方体育主管部门的重视,在一定程度上也会对中小学武术发展产生积极的影响。

表3-56　第十二因子指标命名、序号、内容、载荷量、贡献率、累计贡献率

| 命名 | 序号 | 内容 | 载荷量 | 贡献率/% | 累计贡献率/% |
| --- | --- | --- | --- | --- | --- |
| 内容因子 | $X_8$ | 武术教学内容的选择 | 0.495 | 3.573 | 79.194 |
|  | $X_{17}$ | 教师对武术教学内容的选择 | 0.652 |  |  |
|  | $X_{24}$ | 竞技体育运动学校武术的开展情况 | 0.415 |  |  |

## 五、本节总结

本节主要通过对1028名中小学武术习练者和81名中小学武术教师

展开调查,调查结果如下。

(1)学生主要是通过学校体育课认识武术,在自身兴趣的引导下,参加武术社团活动。学生参加武术练习一般都要收费。

(2)中小学武术教师和学生对武术内容的认知基本一致。在对武术健身操的认知方面,调查中有46.5%的学生不知道武术健身操,绝大多数学生和教师认为武术健身操是两套,这可能与目前无论是全国青少年武术比赛还是基层武术比赛主要进行的是《旭日东升》和《英雄少年》两套武术健身操的比赛有关。

(3)在对武术动作容易程度的认知方面,所调查的中小学武术教师中有45.7%的武术教师认为武术教学是困难的,有35.8%认为是容易的;所调查的学生中有44.6%的武术习练者认为武术学习是容易的,有23.9%认为是困难的。因此在对武术动作容易程度的指标上,中小学学生和武术教师的认知是有差异的。

(4)在对武术动作的主观感觉、危险程度、美观程度方面,中小学武术教师和学生的调查结果基本一致,他们认为武术动作的学习和教学是有趣的,武术动作是没有危险的、美观的。

(5)在武术功能的认知方面,有91.4%的中小学武术教师和76.2%的学生认为强身健体是武术的功能,其次有82.7%的中小学武术教师认为宣传武术文化和弘扬民族精神是武术的功能,有79.0%中小学武术教师认为防身自卫是武术的功能;有64.5%的学生认为防身自卫是武术的功能,有47.0%的学生认为弘扬民族精神是武术的功能。因此从调查的数据比例排序可以得出,中小学学生和教师对武术功能的认知无太大差别。

(6)在武术属性的认知方面,中小学武术教师认为武术首先是一种文化,其次是一项体育运动,最后是一门艺术;学生认为武术首先是一项体育运动,其次是一种文化,最后是一门艺术。

(7)在对武术抱拳礼认知方面,中小学武术教师认为抱拳礼首先是一种中国礼仪,其次是尊重对手、点到为止的武德体现,最后是武术的象征;学生认为抱拳礼首先是尊重对手、点到为止的武德体现,其次是一种中国礼仪,最后是武术的象征。

(8)在对武术段位制认知方面,58.0%的中小学武术教师知道武术的最高段位是9段,在学生的调查结果中有53.1%的学生不知道武术的最高段位。可见,在大力倡导以段位制套路为推进武术进校园的主要手段的背景下,武术段位制的基本理论和技术还没有落到实处。

(9)在武术套路竞赛方面的认知,中小学武术教师对武术竞赛规则比较了解,对青少年武术最高级别的比赛认知集中在世界青少年武术比赛;中小学生对武术竞赛规则基本不了解,有34.4%的学生不知道青少年最高级别武术套路竞赛,相对认知度高的是世界青少年武术锦标赛。

(10)在教师培训方面,中小学武术教师培训主要以教育部门组织为主,对于体育部门组织的培训有较多中小学是不认可的。因此武术要进入学校,体育部门应联手教育部门共同举办武术的相关技术、教学的培训,以在提高中小学武术教师水平的同时,促进武术进入校园。

(11)根据中小学武术开展及影响因素部分的评价计分结果,本研究对46个原始变量进行因子分析,得到特征值、贡献率、累计贡献率等数据。采用主成分提取方法,提取特征值大于1.0的12个主因子,最终形成由组织因子、宣传因子、培训因子、教师认知因子、教学因子、支持因子、学生因子、设备因子、内容因子等影响中小学武术开展的9个因子,累计贡献率为79.194%。其中,影响中小学武术开展最重要、最直接的因子是组织因子,其次是宣传因子、培训因子、教师认知因子、教学因子、支持因子、学生因子、设备因子、内容因子。

## 第二节 青少年宫武术的发展

青少年宫是我国在学校以外对少年儿童进行思想品德教育和综合素养培养为核心要义,构建兴趣培训、职业体验、营地研学、国防教育、劳动实践、主题教育等综合性多维度开展集体文化活动的校外育人机构(目前基本改称青少年活动中心或青少年发展中心,本研究暂沿用旧称)。20世纪80年代,我国在各省、自治区、直辖市新建、扩建了一批青少年宫,如无锡、福州、青岛、长沙、合肥、大庆等地的青少年宫和兰州少年儿童科技中心等。

## 一、青少年宫武术的开展形式

青少年宫武术培训班,一般都是武术习练者根据自己的兴趣爱好进行自主报名和选择培训班时间。从所调查的青少年宫数据反馈来看,青少年宫一般每年会举办2—3期培训班,每期人数在40—1000人不等。此外,培训时间基本是利用武术习练者的业余时间,如晚上或双休日。青少年宫都是进行有偿培训的。绝大部分青少年宫都会组队参加省市级别的武术套路比赛。

调查数据显示(见表3-57),青少年宫武术培训收费还是存在很大差异的,其中收费在401元—600元/期的稍多,其次是201元—400元/期,总体来看收费在600元/期以下的占59.1%。

表3-57 青少年宫武术习练者进行武术学习的收费情况(多项选择)(N=44)

| 指标 | 200元以下 | 201元—400元 | 401元—600元 | 601元—800元 | 801元—1000元 | 1000元以上 | 不收费 | 初级收费 | 有成绩不收费 |
|---|---|---|---|---|---|---|---|---|---|
| 频数 | 8 | 8 | 10 | 6 | 7 | 5 | 0 | 4 | 2 |
| 占比/% | 18.2 | 18.2 | 22.7 | 13.6 | 15.9 | 11.4 | 0.0 | 9.1 | 4.5 |

## 二、青少年宫武术习练者现状

### (一)青少年宫武术习练者的基本信息

虽然全国各地市都有不同级别的青少年宫,但绝大部分青少年宫并没有开展武术的兴趣培训。另外,青少年宫教师队伍中专职教师的编制较少,多采用每个培训项目配备一名专职教师,然后聘用多名兼职教师的模式。在调查中还发现,不同地区青少年宫教师的直属管辖单位也有所不同,有些青少年宫是市、区教育部门直属单位,有些是团市委直属单位。

本研究将对青少年宫武术习练者武术认知相关而设计的25个问题和以专职武术教师为主(部分青少年宫没有专职教师就调查外聘兼职教师),对武术的认知、武术开展的因素相关而设计的75个问题展开调查。

从调查结果可以看出(见表3-58),青少年宫共调查武术习练者177

人,其中男生111人,女生66人;被调查的武术习练者的习武年龄主要集中在7—12岁,占总人数的58.8%;小学1—3年级的有61人,占总人数的34.5%,小学4—6年级的有47人,占总人数的26.6%,初中的有38人,占总人数的21.5%;习武年限在0年<$A$≤3年阶段的有129人,占总人数的72.9%;24.9%的学生每周练习武术的次数是2次,每次练习的时间基本为1小时。由于青少年宫以校外兴趣培训为主,因此参加体育项目培训的参与者具有年龄小、每周练习1—2次、每次练习1小时左右的特点。

表 3-58 青少年宫武术习练者的基本信息($N=177$)

| 变量 | 变量含义 | 频数 | 占比/% |
| --- | --- | --- | --- |
| 性别 | 男 | 111 | 62.7 |
|  | 女 | 66 | 37.3 |
| 年龄 | 7—12 岁 | 104 | 58.8 |
|  | 13—15 岁 | 40 | 22.6 |
|  | 16—18 岁 | 20 | 11.3 |
|  | 19 岁及以上 | 13 | 7.3 |
| 年级 | 小学 1—3 年级 | 61 | 34.5 |
|  | 小学 4—6 年级 | 47 | 26.6 |
|  | 初中 | 38 | 21.5 |
|  | 高中 | 21 | 11.8 |
|  | 高等院校 | 10 | 5.6 |
| 习武年限 | 0 年<$A$≤3 年 | 129 | 72.9 |
|  | 3 年<$A$≤6 年 | 39 | 22.0 |
|  | 6 年<$A$≤9 年 | 6 | 3.4 |
|  | 9 年<$A$≤12 年 | 3 | 1.7 |
|  | $A$>12 年 | 0 | 0.0 |

续表

| 变量 | 变量含义 | 频数 | 占比/% |
|---|---|---|---|
| 习武次数/周 | 1次 | 42 | 23.7 |
| | 2次 | 44 | 24.9 |
| | 3次 | 40 | 22.6 |
| | 4次 | 32 | 18.1 |
| | 5次及以上 | 19 | 10.7 |
| 习武时间/次 | 1时以下 | 19 | 10.7 |
| | 1时 | 74 | 41.8 |
| | 1.5时 | 41 | 23.2 |
| | 2时 | 30 | 16.9 |
| | 2.5时及以上 | 13 | 7.4 |

**(二)青少年宫武术习练者对武术的认知渠道**

青少年宫是以综合素养、兴趣培养为主的机构,因此学生参与其中基本出于自身的兴趣。为了解学生获悉武术的途径,本研究采用问卷的形式调查,结果如表 3-59。

表 3-59 青少年宫武术习练者对武术的认知渠道(多项选择)($N=177$)

| 指标 | 多媒体 | 家庭成员 | 朋友 | 学校体育课 | 报刊 | 武侠小说 | 比赛或大型活动 | 其他 |
|---|---|---|---|---|---|---|---|---|
| 频数 | 43 | 56 | 47 | 51 | 3 | 21 | 19 | 9 |
| 占比/% | 24.3 | 31.6 | 26.6 | 28.8 | 1.7 | 11.9 | 10.7 | 5.1 |

从表 3-59 的数据中可以得出青少年宫武术习练者主要通过家庭成员认知武术,其次是通过学校体育课认知武术。另外,从 8 个选项来看,有 58.2% 的青少年宫武术习练者是通过家庭成员和朋友来认知武术的。可见,青少年宫武术习练者对武术的认知主要受到外界环境的影响。

**(三)青少年宫武术习练者的习武动机**

研究采用多项选择的形式调查青少年宫武术习练者学习武术的动机,

调查结果见表3-60。

从表3-60数据可以得出,青少年宫武术习练者的习武动机主要是防身自卫,其次是强身健体。由于武术习练者获知武术主要通过家庭成员,而强身健体和防身自卫是武术在民间盛传的主要功能。

表3-60 青少年宫武术习练者的习武动机(多项选择)($N=177$)

| 指标 | 强身健体 | 防身自卫 | 获得比赛成绩 | 娱乐玩耍 | 成为武打明星 | 学习中国文化 | 出人头地 | 继承技艺 | 受家庭影响 | 其他 |
|---|---|---|---|---|---|---|---|---|---|---|
| 频数 | 100 | 101 | 35 | 14 | 20 | 70 | 15 | 18 | 3 | 3 |
| 占比/% | 56.5 | 57.1 | 19.8 | 7.9 | 11.3 | 39.5 | 8.5 | 10.2 | 1.7 | 1.7 |

## (四)青少年宫武术习练者对武术的认知

### 1.青少年宫武术习练者对武术内容的认知

武术习练者对武术的正确认知有利于武术的发展,本研究设计了8个选项,采用多项选择的形式,调查结果见表3-61。

表3-61 青少年宫武术习练者对武术内容的认知(多项选择)($N=177$)

| 指标 | 拳术 | 散打 | 集体项目 | 器械 | 跆拳道 | 拳击 | 对练 | 不知道 |
|---|---|---|---|---|---|---|---|---|
| 频数 | 125 | 70 | 65 | 86 | 36 | 48 | 84 | 13 |
| 占比/% | 70.6 | 39.5 | 36.7 | 48.6 | 20.3 | 27.1 | 47.5 | 7.3 |

在8个选项中,除了"跆拳道""拳击"和"不知道"选项,其他5个选项均属于武术内容,虽然这5个选项的比例较高,但是仍有部分武术习练者认为跆拳道、拳击属于武术,说明其对武术的内容认知是不清晰、不明确的。

对武术学习的内容进行调查发现(见表3-62),青少年宫的学生以传统套路和国际规定套路学习为主,其次是武术健身操,对于目前国家体育总局武术管理中心积极推广的段位制套路还没有完全开展。

表 3-62 青少年宫武术习练者当前习练的武术内容（多项选择）（N=177）

| 指标 | 传统套路 | 武术健身操 | 段位制套路 | 国际规定套路 | 散打 | 自选套路 | 不知道 | 其他 |
|------|------|------|------|------|------|------|------|------|
| 频数 | 66 | 48 | 28 | 51 | 17 | 18 | 16 | 7 |
| 占比/% | 37.3 | 27.1 | 15.8 | 28.8 | 9.6 | 10.2 | 9.0 | 4.0 |

从调查的数据来看（见表 3-63），虽然武术健身操推出已经十几年了，但是青少年宫武术习练者对武术健身操认知度并不太高。

表 3-63 青少年宫武术习练者对武术健身操的认知（N=177）

| 指标 | 4套 | 3套 | 2套 | 1套 | 不知道 |
|------|------|------|------|------|------|
| 频数 | 9 | 18 | 33 | 43 | 74 |
| 占比/% | 5.1 | 10.2 | 18.6 | 24.3 | 41.8 |

2.青少年宫武术习练者对武术动作的认知

研究从青少年宫武术习练者对武术学习的难易程度（见表 3-64）、主观感觉（见表 3-65）和武术动作的危险程度（见表 3-66）、美观程度（见表 3-67）4 个指标着手，利用五级量表的形式调查青少年宫武术习练者对武术动作的认知。

表 3-64 青少年宫武术习练者对武术学习难易程度的认知（N=177）

| 对指标 | 非常容易 | 容易 | 不知道 | 困难 | 非常困难 |
|------|------|------|------|------|------|
| 频数 | 12 | 79 | 26 | 54 | 6 |
| 占比/% | 6.8 | 44.6 | 14.7 | 30.5 | 3.4 |

表 3-65 青少年宫武术习练者对武术学习的主观感觉（N=177）

| 指标 | 非常枯燥 | 枯燥 | 不知道 | 有趣 | 非常有趣 |
|------|------|------|------|------|------|
| 频数 | 9 | 25 | 21 | 91 | 31 |
| 占比/% | 5.1 | 14.1 | 11.9 | 51.4 | 17.5 |

表 3-66 青少年宫武术习练者对武术动作危险程度的认知（N=177）

| 指标 | 非常危险 | 危险 | 不知道 | 不危险 | 完全不危险 |
|------|------|------|------|------|------|
| 频数 | 12 | 61 | 18 | 61 | 25 |
| 占比/% | 6.8 | 34.5 | 10.2 | 34.5 | 14.1 |

表3-67 青少年宫武术习练者对武术动作美观程度的认知（N=177）

| 指标 | 非常美观 | 美观 | 不知道 | 不美观 | 非常不美观 |
|---|---|---|---|---|---|
| 频数 | 59 | 85 | 25 | 7 | 1 |
| 占比/% | 33.3 | 48.0 | 14.1 | 4.0 | 0.6 |

从调查数据中可以得出，有半数以上的武术习练者认为学习武术动作是容易和非常容易的，有30.5%的武术习练者认为是困难的；有51.4%的武术习练者认为学习武术是有趣的；在对武术动作危险程度的评价中，有48.6%的武术习练者认为武术动作学习是不危险和完全不危险的，有41.3%的武术习练者认为是危险和非常危险的；在动作美观程度上绝大多数武术习练者认为武术动作是美观的。

3.青少年宫武术习练者对武术功能的认知

研究采用多项选择题的形式调查青少年宫武术习练者对武术功能的认识，其结果见表3-68。

表3-68 青少年宫武术习练者对武术功能的认知（多项选择）（N=177）

| 指标 | 强身健体 | 防身自卫 | 打抱不平 | 宣传武术文化 | 娱乐表演 | 弘扬民族精神 | 尊师重道 |
|---|---|---|---|---|---|---|---|
| 频数 | 127 | 124 | 23 | 84 | 58 | 90 | 62 |
| 占比/% | 71.8 | 70.1 | 13.0 | 47.5 | 32.8 | 50.8 | 35.0 |

表3-68的数据显示，青少年宫武术习练者对武术功能的认知与他们最初学习武术的动机如出一辙，认为武术的主要功能是强身健体、防身自卫。

4.青少年宫武术习练者对武术属性的认知

研究采用多项选择的形式调查青少年宫武术习练者对武术属性的认知，其结果见表3-69。

表3-69 青少年宫武术习练者对武术属性的认知（多项选择）（N=177）

| 指标 | 一项体育运动 | 一种文化 | 一门学科 | 一门艺术 | 一种哲学 | 一种宗教 | 不知道 |
|---|---|---|---|---|---|---|---|
| 频数 | 121 | 91 | 32 | 76 | 13 | 33 | 9 |
| 占比/% | 68.4 | 51.4 | 18.1 | 42.9 | 7.3 | 18.6 | 5.1 |

从统计的数据来看,青少年宫武术习练者对武术属性的认知相对比较集中,认为武术首先是一项体育运动,其次是一种文化,最后是一门艺术。

5.青少年宫武术习练者对武术抱拳礼的认知

研究通过调查青少年宫武术习练者最初学习武术的内容,以了解武术学习的步骤,判断武术教学的标准化程度以及教学内容选择的适合程度。

对青少年宫武术习练者初习武术内容的调查显示(见表3-70),有64.4%的武术习练者在习武的初期先练习武术基本功,有45.8%的武术习练者是先开始学习抱拳礼。对于武术初学者而言,应先通过抱拳礼的学习,感受武德熏陶下习武的道德要求。

表3-70 青少年宫武术习练者初习的武术内容(多项选择)(N=177)

| 指标 | 组合动作 | 抱拳礼 | 基本功 | 拳术套路 | 格斗动作 | 器械套路 | 其他 |
| --- | --- | --- | --- | --- | --- | --- | --- |
| 频数 | 45 | 81 | 114 | 29 | 12 | 17 | 4 |
| 占比/% | 25.4 | 45.8 | 64.4 | 16.4 | 6.8 | 9.6 | 2.3 |

调查结果显示(见表3-71),青少年宫武术习练者认为抱拳礼首先是一种中国礼仪,其次是尊重对手、点到为止的武德体现,最后是武术的象征。

表3-71 青少年宫武术习练者对武术抱拳礼含义的认知(多项选择)(N=177)

| 指标 | 侠义气派的体现 | 武术的象征 | 尊重对手、点到为止的武德体现 | 一种中国礼仪 | 不知道 | 其他 |
| --- | --- | --- | --- | --- | --- | --- |
| 频数 | 22 | 38 | 55 | 87 | 11 | 3 |
| 占比/% | 12.4 | 21.5 | 31.1 | 49.2 | 6.2 | 1.7 |

6.青少年宫武术习练者对武术段位制的认知

研究采用问卷调查的形式,对青少年宫武术习练者的武术段位制认知展开调查,结果见表3-72。

表 3-72　青少年宫武术习练者对武术最高段位的认知（$N=177$）

| 指标 | 6 段 | 7 段 | 8 段 | 9 段 | 10 段 | 不知道 |
|---|---|---|---|---|---|---|
| 频数 | 5 | 6 | 14 | 70 | 30 | 52 |
| 占比/% | 2.8 | 3.5 | 7.9 | 39.5 | 16.9 | 29.4 |

从青少年宫武术习练者对武术最高段位的认知调查结果（见表 3-72）可以看出，认为最高段位为 9 段的武术习练者只有 39.5%，不知道武术最高段位的达 29.4%，选择不正确的达 31.1%。由此可以得出青少年宫武术习练者对武术段位制认知的不清晰，武术段位制的宣传和实施还有待进一步完善。

7.青少年宫武术习练者对武术竞赛的认知

研究通过调查武术习练者对武术套路竞赛满分（见表 3-73）、评分裁判人数（见表 3-74）和青少年最高级别武术竞赛的认知（见表 3-75），了解青少年宫武术习练者对武术竞赛认知程度。

表 3-73　青少年宫武术习练者对武术套路竞赛满分的认知（$N=177$）

| 指标 | 5 分 | 10 分 | 100 分 | 没有限制 | 不知道 |
|---|---|---|---|---|---|
| 频数 | 2 | 105 | 26 | 7 | 37 |
| 占比/% | 1.1 | 59.3 | 14.7 | 4.0 | 20.9 |

表 3-74　青少年宫武术习练者对武术套路竞赛评分裁判人数的认知（$N=177$）

| 指标 | 5 人 | 10 人 | 15 人 | 20 人 | 不知道 |
|---|---|---|---|---|---|
| 频数 | 41 | 33 | 39 | 8 | 56 |
| 占比/% | 23.2 | 18.6 | 22.0 | 4.6 | 31.6 |

表 3-75　青少年宫武术习练者对青少年最高级别武术竞赛的认知（$N=177$）

| 指标 | 地市级比赛 | 省级比赛 | 全国青少年锦标赛 | 亚洲青少年锦标赛 | 世界青少年锦标赛 | 青年奥林匹克运动会 | 不知道 |
|---|---|---|---|---|---|---|---|
| 频数 | 5 | 13 | 17 | 13 | 48 | 40 | 41 |
| 占比/% | 2.8 | 7.4 | 9.6 | 7.3 | 27.1 | 22.6 | 23.2 |

武术套路竞赛的满分为 10 分，调查结果显示（见表 3-73），有 59.3%

的武术习练者知道武术套路竞赛的满分情况,但也发现有 20.9% 的武术习练者不知道武术套路竞赛的满分,以及有 19.8% 的武术习练者还不能准确认知武术套路竞赛的得分。

武术套路竞赛的评分裁判人数是 10 人,从表 3-74 的数据可以看出,武术习练者对武术竞赛的评分裁判人数的认知不清晰,从中也可以得出青少年宫武术习练者基本不熟悉武术竞赛。

从表 3-75 的数据中可以得出,青少年宫武术习练者对青少年最高级别的武术套路竞赛的认知主要集中在世界青少年锦标赛和青年奥林匹克运动会,即 27.1% 的学生认为最高级别武术套路竞赛为世界青少年锦标赛,23.2% 的学生不知道,22.6% 学生认为最高级别武术套路竞赛为青年奥林匹克运动会。

### (五)青少年宫武术习练者流失情况调查

青少年在习武过程中由于各种各样的原因会出现中断武术练习的情况,本研究试图通过了解青少年宫武术习练者中断学习武术时的习武年限和所处的年级,来了解青少年宫武术习练者中断武术练习的原因。

从训练年限来看(见表 3-76),通过青少年宫武术教师经验判断,有 25.0% 的教师认为没有固定的年限。在年级的选择(见表 3-77)上,有 40.9% 的教师认为 7—9 年级的武术习练者容易中断武术练习,因为这个年级的武术习练者处于初中阶段,在繁重的学业压力下,如果武术习练者在武术练习中没被认可或者比赛成绩不理想,都会导致武术习练者中断武术练习。

表 3-76 青少年宫武术习练者出现流失现象的训练年限调查(N=44)

| 指标 | 0.5 年≤C≤1 年 | 1 年<C≤2 年 | 2 年<C≤3 年 | 3 年<C≤4 年 | C>4 年 | 无固定的年限 |
| --- | --- | --- | --- | --- | --- | --- |
| 频数 | 7 | 7 | 8 | 3 | 8 | 11 |
| 占比/% | 15.9 | 15.9 | 18.2 | 6.8 | 18.2 | 25.0 |

表 3-77　青少年宫武术习练者出现流失现象的年级阶段（$N=44$）

| 指标 | 3 年级以下 | 4—6 年级 | 7—9 年级 | 9 年级以上 |
|---|---|---|---|---|
| 频数 | 6 | 10 | 18 | 10 |
| 占比/% | 13.7 | 22.7 | 40.9 | 22.7 |

### （六）影响青少年宫武术习练者练习武术的因素分析

本研究运用五级量表调查影响青少年宫武术习练者继续进行武术练习的因素，具体调查结果见表 3-78。

表 3-78　影响青少年宫武术习练者练习武术的因素（$N=177$）

| 影响因素 | 非常影响 频数 | 占比/% | 影响 频数 | 占比/% | 不知道 频数 | 占比/% | 影响不大 频数 | 占比/% | 非常不影响 频数 | 占比/% |
|---|---|---|---|---|---|---|---|---|---|---|
| 没有好的老师 | 38 | 21.5 | 49 | 27.7 | 27 | 15.3 | 25 | 14.0 | 38 | 21.5 |
| 老师教得不好 | 40 | 22.6 | 54 | 30.5 | 27 | 15.3 | 21 | 11.8 | 35 | 19.8 |
| 老师不关注我 | 28 | 15.8 | 53 | 29.9 | 26 | 14.7 | 35 | 19.8 | 35 | 19.8 |
| 比赛成绩不理想 | 19 | 10.7 | 55 | 31.1 | 28 | 15.8 | 40 | 22.6 | 35 | 19.8 |
| 文化学习繁重，没有时间 | 33 | 18.6 | 43 | 24.3 | 16 | 9.0 | 52 | 29.4 | 33 | 18.7 |
| 父母不支持 | 39 | 22.0 | 36 | 20.3 | 22 | 12.4 | 32 | 18.1 | 48 | 27.2 |
| 没能参加比赛 | 31 | 17.5 | 44 | 24.9 | 18 | 10.2 | 43 | 24.3 | 41 | 23.1 |
| 武术动作缺乏对抗性 | 8 | 4.5 | 31 | 17.5 | 36 | 20.3 | 51 | 28.8 | 51 | 28.9 |
| 武术内容太难 | 13 | 7.3 | 37 | 20.9 | 22 | 12.4 | 53 | 29.9 | 52 | 29.5 |
| 与影视上的武术相差甚远 | 14 | 7.9 | 23 | 13.0 | 25 | 14.1 | 53 | 29.9 | 62 | 35.1 |
| 武术练习太累 | 8 | 4.5 | 33 | 18.6 | 18 | 10.2 | 57 | 32.2 | 61 | 34.5 |

从统计数据来看，影响青少年宫武术习练者继续练习武术的因素依次是"老师教得不好""没有好的老师""老师不关注我"等。从中可以得出影响青少年宫武术习练者继续练习武术的主要因素是青少年宫武术教师，因此在青少年宫武术发展过程中，青少年宫的武术教师起到较为重要的作用。

## 三、青少年宫武术教师现状分析

### (一)青少年宫武术教师基本信息

本研究以青少年宫武术教师(以专职武术教师为主)为调查对象,共调查了16个省市44名在教学第一线的青少年宫武术教师。调查结果为(见表3-79):31—40岁从事青少年宫武术教学的教师最多,占总人数的40.9%,其次是21—30岁的武术教师,占38.6%;有36.4%的青少年宫武术教师教龄在5年及以下;学历方面,大学本科毕业的有25人,占56.8%;武术专业毕业的有10人,占22.7%,体育教育专业毕业的有15人,占34.1%;执教背景为体育院系毕业后任教的有17人,占38.6%,其他如武术学校毕业或者民间练习过武术的有10人,占22.8%,说明有一部分青少年宫武术教师的武术相关学习经历较少。在青少年宫武术教师自身运动经历的调查中发现,青少年宫的武术教师来自市级体育运动学校的居多,并且无运动等级和二级的运动员占总人数的59.0%。从青少年宫武术教师的基本信息可以得知,青少年宫武术教师队伍较为年轻,以体育专业本科毕业居多,多数青少年宫武术教师自身的运动经历来自体育运动学校,且运动员等级在二级以下为主。

表3-79 青少年宫武术教师的基本信息(N=44)

| 变量 | | 频数 | 占比/% |
|---|---|---|---|
| 性别 | 男 | 31 | 70.5 |
| | 女 | 13 | 29.5 |
| 年龄 | 20岁以下 | 1 | 2.4 |
| | 21—30岁 | 17 | 38.6 |
| | 31—40岁 | 18 | 40.9 |
| | 41—50岁 | 6 | 13.6 |
| | 51—60岁 | 2 | 4.5 |

续表

| 变量 | | 频数 | 占比/% |
|---|---|---|---|
| 教龄 | B≤5 年 | 16 | 36.4 |
| | 5 年＜B≤10 年 | 12 | 27.3 |
| | 10 年＜B≤15 年 | 10 | 22.7 |
| | 15 年＜B≤20 年 | 2 | 4.5 |
| | B＞20 年 | 4 | 9.1 |
| 学历 | 硕士研究生 | 12 | 27.3 |
| | 大学本科 | 25 | 56.8 |
| | 大专 | 6 | 13.6 |
| | 中专及以下 | 1 | 2.3 |
| 修读专业 | 武术专业 | 10 | 22.7 |
| | 体育教育专业 | 15 | 34.1 |
| | 运动训练专业 | 7 | 15.9 |
| | 非武术专业 | 12 | 27.3 |
| 运动等级 | 运动健将级及以上 | 2 | 4.6 |
| | 一级 | 15 | 34.1 |
| | 二级 | 13 | 29.5 |
| | 三级 | 1 | 2.3 |
| | 无运动等级 | 13 | 29.5 |
| 运动经历 | 国家队运动员 | 3 | 6.8 |
| | 省专业队运动员 | 11 | 25.0 |
| | 市级体育运动学校队员 | 16 | 36.4 |
| | 县级体育运动学校 | 3 | 6.8 |
| | 其他 | 11 | 25.0 |
| 执教背景 | 运动员退役后任教 | 6 | 13.6 |
| | 体育院系毕业后任教 | 17 | 38.6 |
| | 运动员退役到体育院系学习后任教 | 6 | 13.6 |
| | 外聘教练 | 5 | 11.4 |
| | 其他 | 10 | 22.8 |

## (二)青少年宫武术教师对武术的认知

### 1.青少年宫武术教师对武术内容的认知

教师对武术内容的正确认识,是有效开展武术教学的前提。本研究以多项选择的形式,通过问卷调查44名青少年宫武术教师,具体结果见表3-80。

表3-80 青少年宫武术教师对武术内容的认知(多项选择)(N=44)

| 指标 | 拳术 | 散打 | 集体项目 | 器械 | 跆拳道 | 拳击 | 对练 | 不知道 |
| --- | --- | --- | --- | --- | --- | --- | --- | --- |
| 频数 | 42 | 33 | 26 | 28 | 17 | 14 | 33 | 0 |
| 占比/% | 95.5 | 75.0 | 59.1 | 63.6 | 38.6 | 31.8 | 75.0 | 0.0 |

从问卷结果(见表3-80)得出,有95.5%的青少年宫武术教师认为拳术是属于武术内容之一,从数据统计的比例来看,散打、对练、器械、集体项目等属于武术内容的认知度比较高。同时也发现有部分教师认为跆拳道和拳击也属于武术的内容,显然对武术内容的认知还不够清晰。

青少年宫作为武术推广最基层的单位,其武术教师理应最了解武术健身操的套数和内容。但通过调查发现,只有4.5%的青少年宫武术教师是选择正确的,有6.8%的青少年宫武术教师完全不知道武术健身操,另外有88.7%的青少年宫武术教师对武术健身操的认知不准确(见表3-81)。武术健身操虽然已经举办了多次培训,但基层武术教师尤其是青少年宫的武术教师仍很难获得这方面的培训,从而造成基层推广的缺失,也造成认知上的断裂。

表3-81 青少年宫武术教师对武术健身操的认知(N=44)

| 指标 | 4套 | 3套 | 2套 | 1套 | 不知道 |
| --- | --- | --- | --- | --- | --- |
| 频数 | 2 | 11 | 21 | 7 | 3 |
| 占比/% | 4.5 | 25.0 | 47.8 | 15.9 | 6.8 |

### 2.青少年宫武术教师对武术动作的认知

本研究运用五级量表调查了青少年宫武术教师对武术动作内涵的认知(见表3-82)、武术动作教学的难易程度的认知(见表3-83)、武术动作的主观感觉(见表3-84)、武术动作的美观程度的认知(见表3-85)、武术动作的危险程度的认知(见表3-86)等指标。

表3-82 青少年宫武术教师对武术动作内涵的认知($N=44$)

| 指标 | 非常清楚 | 清楚 | 不知道 | 不清楚 | 完全不清楚 |
| --- | --- | --- | --- | --- | --- |
| 频数 | 7 | 31 | 3 | 3 | 0 |
| 占比/% | 15.9 | 70.5 | 6.8 | 6.8 | 0.0 |

表3-83 青少年宫武术教师对武术动作教学的难易程度的认知($N=44$)

| 指标 | 非常容易 | 容易 | 不知道 | 困难 | 非常困难 |
| --- | --- | --- | --- | --- | --- |
| 频数 | 2 | 29 | 1 | 12 | 0 |
| 占比/% | 4.5 | 65.9 | 2.3 | 27.3 | 0.0 |

表3-84 青少年宫武术教师对武术动作的主观感觉($N=44$)

| 指标 | 非常枯燥 | 枯燥 | 不知道 | 有趣 | 非常有趣 |
| --- | --- | --- | --- | --- | --- |
| 频数 | 2 | 10 | 1 | 29 | 2 |
| 占比/% | 4.5 | 22.8 | 2.3 | 65.9 | 4.5 |

表3-85 青少年宫武术教师对武术动作的美观程度的认知($N=44$)

| 指标 | 非常美观 | 美观 | 不知道 | 不美观 | 非常不美观 |
| --- | --- | --- | --- | --- | --- |
| 频数 | 10 | 31 | 2 | 1 | 0 |
| 占比/% | 22.7 | 70.5 | 4.5 | 2.3 | 0.0 |

表3-86 青少年宫武术教师对武术动作的危险程度的认知($N=44$)

| 指标 | 非常危险 | 危险 | 不知道 | 不危险 | 非常不危险 |
| --- | --- | --- | --- | --- | --- |
| 频数 | 2 | 22 | 6 | 14 | 0 |
| 占比/% | 4.5 | 50.0 | 13.7 | 31.8 | 0.0 |

被调查的44名青少年宫武术教师中,有70.5%的教师对武术动作的内涵是清楚的,超过半数的青少年宫武术教师认为武术动作教学是容易的、武术动作是有趣的和美观的,但也有半数的青少年宫武术教师认为武术教学中存在一定的危险性。

### 3.青少年宫武术教师对武术功能的认知

武术功能在武术的发展中逐渐地多元化,本研究通过多项选择的问卷形式,了解青少年宫武术教师对现代武术功能的认知(见表3-87)。

表3-87 青少年宫武术教师对武术功能的认知(多项选择)($N=44$)

| 指标 | 强身健体 | 防身自卫 | 打抱不平 | 宣传武术文化 | 娱乐表演 | 弘扬民族精神 | 尊师重道 |
|---|---|---|---|---|---|---|---|
| 频数 | 40 | 37 | 6 | 36 | 29 | 36 | 25 |
| 占比/% | 90.0 | 84.1 | 13.6 | 81.8 | 65.9 | 81.8 | 56.8 |

从青少年宫武术教师对7个功能选项的选择可以看出,武术打抱不平的功能不太被老师认可,其余6个功能的认可度还是比较高的,尤其是武术强身健体的功能被90.0%的青少年宫武术教师认可。

### 4.青少年宫武术教师对武术属性的认知

武术是一种体育项目,是中华民族传统文化的典型代表,随着国家对武术运动的日趋重视,武术也逐渐成为一个专业、一门学科。

从青少年宫武术教师对武术属性的认知调查可知(见表3-88),有93.2%的青少年宫武术教师认为武术是一项体育运动,有86.4%的青少年宫武术教师认为武术是一种文化,另外还有47.7%的青少年宫武术教师认为武术是一门艺术。虽然武术在发展过程中提出高、难、美、新的发展方向,但并非完全可以从艺术的角度来评判武术。

表3-88 青少年宫武术教师对武术属性的认知(多项选择)($N=44$)

| 指标 | 一项体育运动 | 一种文化 | 一门学科 | 一门艺术 | 一种哲学 | 一种宗教 | 不知道 |
|---|---|---|---|---|---|---|---|
| 频数 | 41 | 38 | 18 | 21 | 11 | 6 | 1 |
| 占比/% | 93.2 | 86.4 | 40.9 | 47.7 | 25.0 | 13.6 | 2.3 |

### 5.青少年宫武术教师对武术抱拳礼的认知

抱拳礼是武德的一种外在表现形式,是武德教育的主要手段。本研究采用问卷调查的形式,得出青少年宫武术教师对武术抱拳礼的认知情况。

调查数据显示(见表3-89),有56.8%的青少年宫武术教师认为抱拳礼是尊重对手、点到为止的武德体现。其次也发现有50.0%的青少年宫武术教师认为抱拳礼是一种中国礼仪,这说明青少年宫武术教师对抱拳礼的内涵还是有所了解的,对武德教育在武术教学中的重要性是有一定认知的。

表3-89 青少年宫武术教师对武术抱拳礼的认知(多项选择)($N=44$)

| 指标 | 侠义气派 | 武术象征 | 尊重对手、点到为止的武德体现 | 一种中国礼仪 | 不知道 | 其他 |
| --- | --- | --- | --- | --- | --- | --- |
| 频数 | 7 | 18 | 25 | 22 | 0 | 0 |
| 占比/% | 15.9 | 40.9 | 56.8 | 50.0 | 0.0 | 0.0 |

6. 青少年宫武术教师对武术段位制的认知

青少年宫是青少年武术发展主战场,通过调查青少年宫武术教师对段位制的认知程度,无疑可以从侧面看出武术段位制的推广状况。

调查数据显示(见表3-90),有75.0%的青少年宫武术教师知道武术最高段位是9段,说明青少年宫武术教师对段位制是有普遍认知的。

表3-90 青少年宫武术教师对武术最高段位的认知($N=44$)

| 指标 | 6段 | 7段 | 8段 | 9段 | 10段 | 不知道 |
| --- | --- | --- | --- | --- | --- | --- |
| 频数 | 1 | 2 | 3 | 33 | 2 | 3 |
| 占比/% | 2.4 | 4.5 | 6.8 | 75.0 | 4.5 | 6.8 |

7. 青少年宫武术教师对武术竞赛的认知

在青少年宫武术教师对武术竞赛规则的认识方面,有84.1%的青少年宫武术教师认为自身是了解和非常了解武术竞赛规则的(见表3-91)。在青少年宫武术教师对青少年最高级别武术竞赛的认知方面,青少年宫武术教师中只有18.2%的教师知道青少年最高级别武术竞赛是青年奥林匹克运动会的武术比赛(见表3-92)。

表 3-91　青少年宫武术教师对武术竞赛规则的认知（$N=44$）

| 指标 | 非常了解 | 了解 | 不知道 | 不了解 |
|---|---|---|---|---|
| 频数 | 9 | 28 | 3 | 4 |
| 占比/% | 20.5 | 63.6 | 6.8 | 9.1 |

表 3-92　青少年宫武术教师对青少年最高级别武术竞赛的认知（$N=44$）

| 指标 | 地市级比赛 | 省级比赛 | 全国青少年锦标赛 | 亚洲青少年锦标赛 | 世界青少年锦标赛 | 青年奥林匹克运动会 | 不知道 |
|---|---|---|---|---|---|---|---|
| 频数 | 4 | 3 | 6 | 2 | 18 | 8 | 3 |
| 占比/% | 9.1 | 6.8 | 13.6 | 4.5 | 41.0 | 18.2 | 6.8 |

### （三）青少年宫武术教学内容及方法的运用现状

青少年宫武术教师在教学内容的选择以及教学方法的运用上是否合理，在一定程度上影响着青少年宫武术习练者的习武认知以及武术技术水平的提高，甚至在很大程度上决定了青少年宫武术习练者的习武持续时间。

表 3-93 的数据显示，除了段位制套路、教学大纲、武术对抗类项目的选择较少，基本功教学是青少年宫武术教学的主要内容，占 86.4%。通过对青少年宫武术教师进行访谈得出有 27 位青少年宫武术教师将抱拳礼作为武术教学中首先教学的内容，其次再进行基本功和组合动作的教学。对于套路教学，每个地区有其鲜明的地域特点。另外，作为武术运动形式之一的散打，在众多青少年宫的培训中基本没有，然而同样作为对抗性项目的跆拳道却开展得如火如荼，这是值得武术人深思的。在大力推广武术套路的同时兼顾武术散打的教学，这需要青少年宫武术教师对武术具有更深层次的理解和把握。

表 3-93　青少年宫武术教师对武术教学内容安排（多项选择）（$N=44$）

| 指标 | 组合动作 | 抱拳礼 | 基本功 | 拳术套路 | 防身术 | 器械套路 | 传统套路 | 武术健身操 | 段位制套路 | 国际套路 | 自编自选套路 | 教学大纲 | 武术对抗类项目 | 其他 |
|---|---|---|---|---|---|---|---|---|---|---|---|---|---|---|
| 频数 | 36 | 35 | 38 | 32 | 17 | 20 | 25 | 19 | 7 | 14 | 13 | 3 | 9 | 0 |
| 占比/% | 81.8 | 79.5 | 86.4 | 72.7 | 38.6 | 45.5 | 56.8 | 43.2 | 15.9 | 31.8 | 29.5 | 6.8 | 20.5 | 0.0 |

青少年宫武术教师在教学过程中所重点强调的内容,在一定程度上影响着青少年宫武术习练者对武术的认知。数据显示,有79.5%的青少年宫武术教师将精、气、神作为武术教学中着重强调的内容(见表3-94)。精、气、神是武术的内在表现形式,是武术的精髓所在。

表3-94 青少年宫武术教师在教学中特别强调的武术教学重点(多项选择)(N=44)

| 指标 | 防身克敌 | 精、气、神 | 健身功能 | 竞赛要求 | 民族瑰宝 | 意志品质 | 做人做事道理 | 难度动作 | 动作美观 | 其他 |
|---|---|---|---|---|---|---|---|---|---|---|
| 频数 | 13 | 35 | 15 | 9 | 2 | 16 | 11 | 3 | 7 | 1 |
| 占比/% | 29.5 | 79.5 | 34.1 | 20.5 | 4.5 | 36.4 | 25.0 | 6.8 | 15.9 | 2.3 |

武术教学过程采用多种教学方法穿插使用的形式,有利于保持和促进习练者的习练动力和热情。通过数据以及访谈的形式得出(见表3-95),有21位青少年宫武术教师在教学过程中首先选择灌输式教学,然后进入引导式教学,再进入激励式教学阶段。但在教学过程中教学方法的采用并不是单一进行的,在以某一种方法为主的情况下会有所交叉。比如,激励式教学方法,实际在每个教学阶段都会采用,所以有93.2%的青少年宫武术教师选择了此方法。

表3-95 青少年宫武术教师教学中采用的教学方式(多项选择)(N=44)

| 指标 | 灌输式 | 填鸭式 | 引导式 | 激励式 | 游戏贯穿 | 其他 |
|---|---|---|---|---|---|---|
| 频数 | 32 | 16 | 36 | 41 | 22 | 3 |
| 占比/% | 72.7 | 36.4 | 81.8 | 93.2 | 50.0 | 6.8 |

**(四)青少年宫武术教师培训情况调查**

进修培训为教师在工作中提高教学技能、掌握先进教学理念和教学方法提供了机会。青少年宫武术教师进修的频率、进修的内容直接影响青少年宫武术教师教学水平的提升。

从表3-96的数据可以看出,近三年有77.3%的青少年宫武术教师参加过培训,其中参加过1—2次培训的占比最大,占40.9%;有22.7%的青少年宫武术教师从来没有参加过培训。

表 3-96　近三年青少年宫武术教师参加培训的次数（$N=44$）

| 指标 | 没有 | 1—2 次 | 3—4 次 | 5 次以上 |
| --- | --- | --- | --- | --- |
| 频数 | 10 | 18 | 13 | 3 |
| 占比/% | 22.7 | 40.9 | 29.6 | 6.8 |

从调查结果可以得出（见表 3-97），近三年青少年宫武术教师培训课程的武术内容在逐渐增多，可见武术教学受到各方面的重视，武术教师对武术的认知也在日趋提升。

表 3-97　青少年宫武术教师培训课程中的武术内容（$N=44$）

| 指标 | 有固定的课时 | 武术课时近几年逐渐增多 | 有内容无课时安排 | 没有涉及 |
| --- | --- | --- | --- | --- |
| 频数 | 9 | 15 | 7 | 13 |
| 占比/% | 20.5 | 34.1 | 15.9 | 29.5 |

### （五）青少年宫对武术教学的投入情况

青少年宫武术教师对青少年宫的教学需求和经费的投入表示满足和完全满足的分别达 61.3% 和 45.4%，说明武术是受到青少年宫管理层重视的（见表 3-98、表 3-99）。

表 3-98　青少年宫武术教师对青少年宫教学需求的满意度调查（$N=44$）

| 指标 | 完全满足 | 满足 | 一般 | 不满足 | 完全不满足 |
| --- | --- | --- | --- | --- | --- |
| 频数 | 3 | 24 | 11 | 6 | 0 |
| 占比/% | 6.8 | 54.5 | 25.0 | 13.7 | 0.0 |

表 3-99　青少年宫武术教师对青少年宫经费投入的满意度调查（$N=44$）

| 指标 | 完全满足 | 满足 | 一般 | 不满足 | 完全不满足 |
| --- | --- | --- | --- | --- | --- |
| 频数 | 2 | 18 | 17 | 6 | 1 |
| 占比/% | 4.5 | 40.9 | 38.6 | 13.7 | 2.3 |

### 四、影响青少年宫武术发展的因素分析

为了解青少年宫武术发展的情况及影响中小学生武术开展的各项指

标情况,本研究共设计了 28 个变量,分别从非常影响、较大影响、一般、较小影响和没有影响的五级量表来体现。

### (一)武术习练者自身影响因素分析

调查结果显示(见表 3-100),青少年宫武术教师普遍认为武术习练者对武术内容、武术文化的认识会很大程度上影响中小学生武术的开展。但是,习练者对武术技击功能的认识对中小学生武术开展的影响并不明显。

表 3-100 青少年宫武术教师分析武术习练者的武术认识对中小学生武术开展的影响($N=44$)

| 影响程度 | 习练者对武术内容的认识 ||习练者对武术文化的认识||习练者对武术技击功能的认识||
|---|---|---|---|---|---|---|
| | 频数 | 占比/% | 频数 | 占比/% | 频数 | 占比/% |
| 非常影响 | 14 | 31.8 | 7 | 15.9 | 3 | 6.8 |
| 较大影响 | 16 | 36.4 | 18 | 40.9 | 15 | 34.1 |
| 一般 | 12 | 27.3 | 12 | 27.3 | 15 | 34.1 |
| 较小影响 | 2 | 4.5 | 7 | 15.9 | 11 | 25.0 |
| 没有影响 | 0 | 0.0 | 0 | 0.0 | 0 | 0.0 |

调查结果显示(见表 3-101),青少年宫武术教师认为武术习练者的参赛机会、参加比赛的成绩及学习武术的动机都会影响中小学生武术的开展,武术习练者的习武动机不再只是从前的基础性的培养兴趣爱好,武术习练者开始希望参与各类比赛,并希望能够通过比赛获得成绩。参赛机会的增加和比赛成绩的取得都能够促进中小学生武术的开展。

表 3-101 青少年宫武术教师分析武术习练者的参赛和学习情况对中小学生武术开展的影响($N=44$)

| 影响程度 | 习练者的参赛机会 || 习练者参加比赛的成绩 || 习练者学习武术的动机 ||
|---|---|---|---|---|---|---|
| | 频数 | 占比/% | 频数 | 占比/% | 频数 | 占比/% |
| 非常影响 | 7 | 15.9 | 8 | 18.2 | 9 | 20.4 |
| 较大影响 | 16 | 36.4 | 18 | 40.9 | 16 | 36.4 |

续表

| 影响程度 | 习练者的参赛机会 频数 | 占比/% | 习练者参加比赛的成绩 频数 | 占比/% | 习练者学习武术的动机 频数 | 占比/% |
|---|---|---|---|---|---|---|
| 一般 | 14 | 31.8 | 11 | 25.0 | 14 | 31.8 |
| 较小影响 | 7 | 15.9 | 6 | 13.6 | 5 | 11.4 |
| 没有影响 | 0 | 0.0 | 1 | 2.3 | 0 | 0.0 |

**(二)武术内部影响因素的分析**

调查结果显示(见表3-102),武术若在中小学生中顺利地开展,有关部门应该因地制宜地制定武术教学大纲的内容,开发适合中小学生特点的武术教学方法,设计武术动作教学的标准化、统一性及规范性既可以使中小学生加深对武术的正确认识,又有利于中小学生武术的开展。

表3-102 青少年宫武术教师分析武术教学内容、方法、动作标准化对中小学生武术开展的影响($N=44$)

| 影响程度 | 武术教学内容的选择 频数 | 占比/% | 武术教学方法的选择 频数 | 占比/% | 武术动作的标准化程度 频数 | 占比/% |
|---|---|---|---|---|---|---|
| 非常影响 | 4 | 9.1 | 11 | 25.0 | 8 | 18.2 |
| 较大影响 | 26 | 59.1 | 20 | 45.5 | 18 | 40.9 |
| 一般 | 9 | 20.5 | 8 | 18.2 | 14 | 31.8 |
| 较小影响 | 5 | 11.3 | 4 | 9.1 | 4 | 9.1 |
| 没有影响 | 0 | 0.0 | 1 | 2.2 | 0 | 0.0 |

**(三)社会支持因素影响的分析**

师者,传道授业解惑也。作为一名武术教师,其对武术内容、武术文化、武术技击功能、武德等方面的认知程度直接关系到该教师培养出来的学生的水平和素养(见表3-103)。从事青少年基础、启蒙、兴趣培养的武术教师本身若对武术各方面的认知不到位,必将会影响中小学生武术的开展。

调查结果显示(见表 3-104),青少年宫武术教师的理论素养、指导水平、武术技术水平以及教师对学生的重视程度,都会影响中小学生武术的开展。教师较高的武术技术水平在一定程度上会使学生获得高质量的武术指导,从而提高学生对武术的学习兴趣,也为学生在比赛中取得优异的成绩奠定基础。

表 3-103　青少年宫武术教师分析教师对武术的认知对中小学生武术开展的影响($N=44$)

| 影响程度 | 教师对武术内容的认知 ||教师对武术文化的认知||教师对武术技击功能的认知||教师对武德的认知||
|---|---|---|---|---|---|---|---|---|
| | 频数 | 占比/% | 频数 | 占比/% | 频数 | 占比/% | 频数 | 占比/% |
| 非常影响 | 13 | 29.5 | 13 | 29.5 | 11 | 25.0 | 17 | 38.6 |
| 较大影响 | 18 | 41.0 | 14 | 31.8 | 15 | 34.1 | 19 | 43.2 |
| 一般 | 13 | 29.5 | 15 | 34.1 | 17 | 38.6 | 7 | 15.9 |
| 较小影响 | 0 | 0.0 | 1 | 2.3 | 1 | 2.3 | 1 | 2.3 |
| 没有影响 | 0 | 0.0 | 1 | 2.3 | 0 | 0.0 | 0 | 0.0 |

表 3-104　青少年宫武术教师分析教师的武术指导水平、自身水平、对学生重视程度对中小学生武术开展的影响($N=44$)

| 影响程度 | 教师的武术指导水平 ||教师自身的武术水平||教师对学生的重视程度||
|---|---|---|---|---|---|---|
| | 频数 | 占比/% | 频数 | 占比/% | 频数 | 占比/% |
| 非常影响 | 12 | 27.3 | 13 | 29.5 | 15 | 34.0 |
| 较大影响 | 26 | 59.1 | 23 | 52.3 | 23 | 52.3 |
| 一般 | 6 | 13.6 | 7 | 15.9 | 5 | 11.4 |
| 较小影响 | 0 | 0.0 | 1 | 2.3 | 0 | 0.0 |
| 没有影响 | 0 | 0.0 | 0 | 0.0 | 1 | 2.3 |

教师对武术教学内容、手段、方法的正确选择不仅能够增强学生对武术的兴趣,而且能够高效率地提高学生的水平。青少年宫的武术教师均表达了教师对武术教学内容、手段、方法选择的重要性。从调查结果可以看出(见表 3-105),教师认为武术教学内容和教学方法会影响中小学生武术开展的占比均达 80.0% 以上,而教师认为武术教学手段会影响中小学生

武术开展的占比达75%。由此可见,教师应着重注意在武术教学内容、教学手段、教学方法上的选择。

表3-105 青少年宫武术教师分析教师对武术教学内容、手段、方法的选择对中小学生武术开展的影响(N=44)

| 影响程度 | 教师对武术教学内容的选择 ||教师对武术教学手段的选择||教师对武术教学方法的选择||
|---|---|---|---|---|---|---|
| | 频数 | 占比/% | 频数 | 占比/% | 频数 | 占比/% |
| 非常影响 | 13 | 29.5 | 13 | 29.5 | 14 | 31.8 |
| 较大影响 | 23 | 52.3 | 20 | 45.5 | 22 | 50.0 |
| 一般 | 5 | 11.4 | 8 | 18.2 | 4 | 9.1 |
| 较小影响 | 3 | 6.8 | 3 | 6.8 | 3 | 6.8 |
| 没有影响 | 0 | 0.0 | 0 | 0.0 | 1 | 2.3 |

有的家长希望培养孩子的武术兴趣,有的家长则希望增强孩子的体质,所以让孩子来到青少年宫学习武术。当然,也有中小学生是受身边亲朋好友的影响而报名参加青少年宫武术培训的。从数据调查中可以看出,家长的动机和支持程度是影响中小学生武术开展的决定性因素(见表3-106)。

表3-106 青少年宫武术教师分析家长的动机、家长与亲戚朋友的支持对中小学生武术开展的影响(N=44)

| 影响程度 | 家长的动机 || 家长的支持程度 || 亲戚的支持程度 || 朋友的支持程度 ||
|---|---|---|---|---|---|---|---|---|
| | 频数 | 占比/% | 频数 | 占比/% | 频数 | 占比/% | 频数 | 占比/% |
| 非常影响 | 12 | 27.3 | 17 | 38.6 | 12 | 27.3 | 9 | 20.5 |
| 较大影响 | 16 | 36.4 | 21 | 47.8 | 10 | 22.7 | 10 | 22.7 |
| 一般 | 14 | 31.8 | 3 | 6.8 | 15 | 34.1 | 14 | 31.8 |
| 较小影响 | 2 | 4.5 | 3 | 6.8 | 7 | 15.9 | 10 | 22.7 |
| 没有影响 | 0 | 0.0 | 0 | 0.0 | 0 | 0.0 | 1 | 2.3 |

### (四)外部硬件环境因子的影响因素分析

中小学生武术广泛开展的决定因素众多,如上级领导的重视程度、武术的宣传情况、学生的升学优惠等。调查结果显示(见表3-107),青少年宫的武术教师普遍认为竞技体育运动学校武术的开展情况较大程度地影响了中小学生武术的开展。竞技体育运动学校作为青少年运动员的培养基地,其开展情况在一定程度上影响着青少年武术发展。

表3-107 青少年宫武术教师分析竞技体育运动学校武术的开展对青少年武术发展的影响($N=44$)

| 影响程度 | 频数 | 占比/% |
| --- | --- | --- |
| 非常影响 | 11 | 25.0 |
| 较大影响 | 17 | 38.6 |
| 一般 | 12 | 27.3 |
| 较小影响 | 4 | 9.1 |
| 没有影响 | 0 | 0.0 |

调查结果显示,青少年宫武术教师认为影视武术的宣传非常影响青少年武术发展的占11.4%,较大影响的占34.1%,影响一般的占31.8%,较小影响的占22.7%(见表3-108)。可见青少年宫的武术教师普遍认为影视武术的宣传在一定程度上影响了青少年武术发展。

表3-108 青少年宫武术教师分析影视武术的宣传和武术的宣传途径、内容及表演的开展对青少年武术发展的影响($N=44$)

| 影响程度 | 影视武术的宣传 | | 武术的宣传途径 | | 武术的宣传内容 | | 武术表演的开展情况 | |
| --- | --- | --- | --- | --- | --- | --- | --- | --- |
| | 频数 | 占比/% | 频数 | 占比/% | 频数 | 占比/% | 频数 | 占比/% |
| 非常影响 | 5 | 11.4 | 5 | 11.4 | 13 | 29.5 | 4 | 9.1 |
| 较大影响 | 15 | 34.1 | 15 | 34.1 | 18 | 40.9 | 21 | 47.7 |
| 一般 | 14 | 31.8 | 14 | 31.8 | 8 | 18.2 | 16 | 36.4 |
| 较小影响 | 10 | 22.7 | 10 | 22.7 | 5 | 11.4 | 3 | 6.8 |
| 没有影响 | 0 | 0.0 | 0 | 0.0 | 0 | 0.0 | 0 | 0.0 |

青少年宫武术教师认为武术的宣传途径非常影响青少年武术发展的占11.4%,较大影响的占34.1%,影响一般的占31.8%,较小影响的占22.7%。可见青少年宫的武术教师普遍认为武术的宣传途径在一定程度上影响了青少年武术发展。

青少年宫武术教师认为武术的宣传内容非常影响青少年武术发展的占29.5%,较大影响的占40.9%,影响一般的占18.2%,较小影响的占11.4%。可见青少年宫的武术教师普遍认为武术的宣传内容在较大程度上影响了青少年武术发展。

青少年宫武术教师认为武术表演的开展情况非常影响青少年武术发展的占9.1%,较大影响的占47.7%,影响一般的占36.4%,较小影响的占6.8%。可见青少年宫的武术教师普遍认为武术表演的开展情况较大程度上影响了青少年武术发展。

武术运动虽逐渐普及,但其在人们心目中的认识程度仍显不足。因此,武术的宣传显得尤为重要。武术宣传途径和内容多种多样,绘画、文学、表演、影视、网络等,其中最为广泛的当数影视传媒,人们通过电影、电视剧或网络视频加深了对武术的了解,为青少年武术发展提供发挥的空间和扎实的群众基础。同时,武术表演的开展,不仅能传达武术精神,而且拓宽了民族传统文化展现的渠道。

良好的训练场地、器材设施不仅可以减少学生学习武术时的受伤概率,提高学生学习武术的积极性,还可以使不同的武术教学内容和方法得到很好的贯彻。调查结果显示(表3-109),青少年宫的武术教师普遍认为武术训练场地、器材设施的状况在一定程度上会影响青少年武术发展。

表3-109 青少年宫武术教师分析武术训练场地、器材设施对青少年武术发展的影响($N=44$)

| 影响程度 | 武术训练场地设施的情况 ||武术器材设施情况||
|---|---|---|---|---|
| | 频数 | 占比/% | 频数 | 占比/% |
| 非常影响 | 12 | 27.3 | 11 | 25.0 |
| 较大影响 | 14 | 31.8 | 16 | 36.4 |
| 一般 | 13 | 29.5 | 14 | 31.8 |
| 较小影响 | 5 | 11.4 | 2 | 4.5 |
| 没有影响 | 0 | 0.0 | 1 | 2.3 |

表3-110的调查结果显示,单位领导的重视程度非常影响青少年武术发展的占40.9%,较大影响的占31.8%,影响一般的占20.5%,较小影响的占4.5%,没有影响的占2.3%。青少年宫武术教师认为教师的考核制

度非常影响青少年武术发展的占 20.5%,影响较大的占 29.5%,影响一般的占 43.2%,影响较小的占 4.5%,没有影响的占 2.3%。

表 3-110 青少年宫武术教师分析单位领导的重视程度和教师考核制度对青少年武术发展的影响($N=44$)

| 影响程度 | 单位领导的重视程度 ||教师的考核制度||
|---|---|---|---|---|
| | 频数 | 占比/% | 频数 | 占比/% |
| 非常影响 | 18 | 40.9 | 9 | 20.5 |
| 较大影响 | 14 | 31.8 | 13 | 29.5 |
| 一般 | 9 | 20.5 | 19 | 43.2 |
| 较小影响 | 2 | 4.5 | 2 | 4.5 |
| 没有影响 | 1 | 2.3 | 1 | 2.3 |

中小学生在武术比赛中获得的成绩能使其在升学时获得加分,或作为武术特长生被特招进重点学校,这些优惠政策在一定程度上是中小学生学习武术的动力,同时也是家长支持孩子练习武术的动机之一。表 3-111 的调查结果也验证了升学的优惠政策和武术特长生政策较大程度地影响了青少年武术发展。

表 3-111 青少年宫武术教师分析升学优惠政策、武术特长生政策对青少年武术发展的影响($N=44$)

| 影响程度 | 升学的优惠政策 || 武术特长生政策 ||
|---|---|---|---|---|
| | 频数 | 占比/% | 频数 | 占比/% |
| 非常影响 | 14 | 31.8 | 17 | 38.6 |
| 较大影响 | 22 | 50.0 | 15 | 34.1 |
| 一般 | 8 | 18.2 | 12 | 27.3 |
| 较小影响 | 0 | 0.0 | 0 | 0.0 |
| 没有影响 | 0 | 0.0 | 0 | 0.0 |

青少年宫是校外教学机构,因此学生参与武术学习是以有偿培训为主的。青少年宫的武术教师作为有偿培训的一线教师应该非常了解收费培训以及费用高低情况对武术开展的影响。表 3-112 的调查结果显示,青少年宫武术教师认为参加武术练习的费用非常影响青少年武术发展的占

18.2%,较大影响的占 40.9%,影响一般的占 29.5%,较小影响的占 11.4%。通过与青少年宫的武术教师访谈了解到,随着家长逐渐提升体育培训意识,家长可以接受适当的培训费用,但是过高的武术培训费用会影响青少年武术发展。

表 3-112 青少年宫武术教师分析参加武术练习的费用对青少年武术发展的影响($N=44$)

| 影响程度 | 频数 | 占比/% |
| --- | --- | --- |
| 非常影响 | 8 | 18.2 |
| 较大影响 | 18 | 40.9 |
| 一般 | 13 | 29.5 |
| 较小影响 | 5 | 11.4 |
| 没有影响 | 0 | 0 |

在青少年宫学习武术的学生都是利用业余、课余时间,在不影响学业的情况下进行的,因此武术各级别的比赛时间的安排也应该符合学生学习武术的时间特点,才能吸引更多的学生参与。表3-113的调查结果显示,青少年宫武术教师认为武术比赛的赛制安排非常影响青少年武术发展的占22.7%,较大影响的占 34.1%,影响一般的占 31.8%,较小影响的占9.1%,没有影响的占 2.3%。

表 3-113 青少年宫武术教师分析武术比赛的赛制安排对中小学生武术开展的影响($N=44$)

| 影响程度 | 频数 | 占比/% |
| --- | --- | --- |
| 非常影响 | 10 | 22.7 |
| 较大影响 | 15 | 34.1 |
| 一般 | 14 | 31.8 |
| 较小影响 | 4 | 9.1 |
| 没有影响 | 1 | 2.3 |

表 3-114 调查结果显示,青少年宫武术教师认为区级武术比赛对青少年武术发展非常影响的占 27.3%,较大影响的占 36.4%;市级武术比赛对青少年武术发展非常影响的占 11.4%,较大影响的占 50.0%;省级武术比

赛对青少年武术发展非常影响的占20.5%,较大影响的占40.9%。从调查的数据来看,区级的武术比赛在非常影响和较大影响的占比为63.7%,因此区级比赛更能影响中小学生对武术的参与度。由于区级比赛是政府组织的最基础、最普及、区内影响最大的赛事,限制条件少,涉及面广,认可度及竞争尚可,基本可覆盖区内所有中小学,一定程度上成为初级武术习练者展示武术锻炼成果,获取武术锻炼成绩,展示自我,满足荣誉感和成就感的重要和首选舞台,所以区级武术比赛的组织和成功举办,是促进青少年武术发展的重要手段。

表3-114　青少年宫武术教师分析区级、市级、省级武术比赛的组织对青少年武术发展的影响($N=44$)

| 影响程度 | 区级武术比赛的组织 || 市级武术比赛的组织 || 省级武术比赛的组织 ||
|---|---|---|---|---|---|---|
| | 频数 | 占比/% | 频数 | 占比/% | 频数 | 占比/% |
| 非常影响 | 12 | 27.3 | 5 | 11.4 | 9 | 20.5 |
| 较大影响 | 16 | 36.4 | 22 | 50.0 | 18 | 40.9 |
| 一般 | 12 | 27.2 | 12 | 27.2 | 14 | 31.8 |
| 较小影响 | 4 | 9.1 | 5 | 11.4 | 2 | 4.5 |
| 没有影响 | 0 | 0.0 | 0 | 0.0 | 1 | 2.3 |

## 五、本节小结

本节通过问卷的形式对177名青少年宫武术习练者和44名青少年宫武术教师进行调查。调查结果如下。

(1)青少年宫武术习练者认识武术主要受到家庭成员的影响,在家庭成员的帮助下,报名参加青少年宫武术培训,并需要支付1000元以下不等的培训费用。

(2)青少年宫武术教师和青少年宫武术习练者对武术内容的认知基本一致,其对拳术、器械、对练的认知度都非常高。在对武术健身操的认知方面,有41.8%的青少年宫武术习练者不知道武术健身操;有47.7%的青少年宫武术教师和18.4%的青少年宫武术习练者认为武术健身操总共只有两套,说明青少年宫武术教师和青少年宫武术习练者对武术健身操不太了解的。这可能与目前无论是全国青少年武术比赛还是基层武术比赛,主要是进行《旭日东升》和《英雄少年》两套武术健身操的比赛有关。

(3)在对武术动作的教和学方面,青少年宫武术教师和青少年宫武术习练者一致认为武术动作教学和学习是容易的。在主观感觉和美观度方面,青少年宫武术教师和青少年宫武术习练者的调查结果基本一致,他们认为武术动作的学习和教学是有趣的、武术动作是美观的。

(4)在对武术动作的危险程度的认知方面,青少年宫武术教师认为武术教学具有一定危险性,而青少年宫武术习练者中少部分人认为武术学习危险,较多人认为武术学习是不危险的。

(5)从调查的数据中可以得出青少年宫武术习练者和青少年宫武术教师对武术功能的认知无太大差别,依次为强身健体、防身自卫、弘扬民族精神、宣传武术文化。

(6)在武术属性的认知方面,青少年宫武术教师与青少年宫武术习练者的认知是一样的,武术首先是一项体育运动,其次是一种文化,最后是一门艺术。

(7)在对武术抱拳礼的认知方面,青少年宫武术教师认为抱拳礼首先是尊重对手、点到为止的武德体现,其次是一种中国礼仪,最后是武术的象征;青少年宫武术习练者认为抱拳礼首先是一种中国礼仪,其次是尊重对手、点到为止的武德体现,最后是武术的象征。师生对于抱拳礼的认知存在一定的差异。

(8)在对武术段位制的认知方面,青少年宫武术教师中,有75.0%的教师知道武术的最高段位是9段,其对武术段位制的认知明显高于青少年宫武术习练者,也高于中小学武术教师。在青少年宫武术习练者的调查结果中,只有39.5%的青少年宫武术习练者知道武术的最高段位是9段,有29.4%的青少年宫武术习练者不知道段位制,还有近一半的青少年宫武术习练者的认知是模糊的。

(9)在对武术竞赛的认知方面,青少年宫武术教师对武术竞赛规则比较了解,有40.9%的教师认为青少年武术最高级别的赛事是世界青少年武术锦标赛,对其他选项的选择都相对离散。青少年宫武术习练者对武术竞赛规则基本不了解,对青少年武术最高级别的比赛认知比较分散,有27.1%的武术习练者认为最高级别的比赛是世界青少年武术锦标赛,有

23.2%的武术习练者不知道,有22.6%的认为最高级别的比赛是青年奥林匹克运动会。

(10)在教师培训方面,有77.2%的青少年宫武术教师参加过教师培训,并且在培训内容上武术内容在逐年增加,有时还有单独的培训课时。

(11)在影响青少年武术发展因素的分析中,有40.9%的青少年宫武术教师认为单位领导的重视程度会非常影响中小学武术的发展,有50%以上的青少年宫武术教师认为教师对学生的重视程度、武术教学内容的选择、武术教学方法的选择,武术动作标准化程度,武术教师的指导水平,家长的支持程度以及武术的加分政策等对青少年武术的发展有影响。

## 第三节 武术学校武术的发展

### 一、武术学校的发展经历

早先的武术传播以"家族传承""师徒传承"为主,这种"言传身教"的私学传授可以说是现代武术学校的前身。在民国时期,民间开始出现拳社、武士会、体育会等武术组织。如1910年成立的"精武体育会",1918年成立的"中华武士会",1926年成立的"致柔拳社""武当太极拳社""尚武国术研究社",最值得一提的是1928年国民政府在南京成立的中央国术馆。据不完全统计,截至1933年底,共有24个省立国术馆和300多个县级国术馆。这些武术团体,对武术的弘扬和发展起到了很大的推动作用。到20世纪70年代末,现代武术学校在民间开始出现并得到迅速的发展。这主要源于几次大型会议的召开,如1982年国家体委在北京召开了第一次全国武术工作会议,此次会议决定了允许民间开办武术学校授拳传艺的政策。1983年《国家体委关于进一步开创体育新局面的请示》中提到,要从武术特点出发,运用武术研究院、馆、站等形式开展活动,并激励私人开办拳社。从此,全国各地的各类武术馆、校、社、辅导站等应运而生。

对于武术学校的概念,公安部、教育部、国家体育总局在2000年7月下发的《关于加强各类武术学校及习武场所管理的通知》一文中指出:武术学校是指经县级以上教育行政部门按照学校设置标准设立,实施武术理论教学,进行武术技术训练,具备颁发学历文凭资格的各级学校。

### (一)武术学校办学性质与规模

1. 办学层次

武术学校以小学和初中为主要的办学层次,基本是小学、初中联办,单纯小学或初中的武术学校则极少。高中和职业中专层次的招生以学生个人的志愿和家庭经济基础为主。一般来说,学生若有志进一步深造,并能交一定数量的学习费用,均可被对应的高中或职业中专的武术学校录取。

2. 办学形式

武术学校的经营活动的所有权与支配权决定了其办学形式,一般以民间私有为主。研究表明,我国武术学校中是个体经营的武术学校达85%,是集资联办的占9%,是公办的(体委部门自办)占6%。这一现状说明,我国的武术学校绝大部分由个体经营,即使是集资联办和公办的武术学校,也均以承包的形式由个体在经营。

3. 武术学校的办学规模

武术学校按照办学规模可分为大、中、小三类。根据调查,大型规模的武术学校固定资产在数千万元以上,学员达数千人之多;中等规模的武术学校其资产在百万元左右,学员人数在200—500人之间;而小规模的武术学校仅几十人,投资甚少。其中学员人数在50—100人和200—500人的中小规模武术学校居多,分别占47%和30%。学员人数在1000人左右的武术学校,占15%;2000人以上的武术学校,占8%。

文献和实地调查研究表明,各地武术学校规模的大小之所以不同,不仅是因为其在教学训练的质量与效果及育人环境上存在较大的差异,而且与其所在区域武术学校的数量有密切的关系。不同规模的武术学校也从另一个方面反映了其办学的业绩和水平。规模在中等以上的武术学校多属集资联办或资本雄厚的个体经营者,经济实力较强,故师资、场地、器材等软硬件设施相对较完善,管理、运作较规范,表现出相对较好的办学效果和育人环境,培养出来的学生文化素养相对较高,同时武术技能也相对较高,武术学校在社会上有良好的声誉,社会效益较好。而小规模的武术学校多为资金较少的承包者或经济条件相对较差的个体所有。由于各方面条件的限制,无论是教学训练质量与效果,还是学员的整体素质都不能与大中规模的武术学校相比。

**(二)武术学校竞赛的发展**

为扶持和服务武术学校的发展,国家每年都会举办全国武术学校武术套路和散打比赛,截至2019年已经举办了19届。根据新修订的运动员技术等级标准,获得全国武术学校武术比赛前三名的运动员可以申报一级运动员,获得第四至六名的运动员可以申报二级运动员,具备相应级别的运动员就可以获取参加高等体育专业院校或普通院校高水平运动队的考试资格,如果是一级运动员还可以获得降分等优惠政策,因此,参加全国武术学校武术比赛的武术学校也逐年增多,比赛的竞争也越来越激烈,武术学校学生的武术技术也日趋提高。

2022年,国家体育总局武术管理中心对全国武术学校参赛单位进行了注册工作,共有137所学校通过审核,并获得了参加全国武术学校比赛的资格。在2019年的第十九届全国武术学校比赛中,参加套路比赛的学校有89所,参加散打比赛的学校有60所。截至2019年的武术学校比赛,套路比赛的参赛单位及人数在逐年递增,散打比赛的参赛单位和人数变化较大。

## 二、武术学校的发展现状

**(一)武术学校学生的现状分析**

1.武术学校的基本信息

本研究调查了武术学校914名学生,其中男生746人,女生168人,年龄在13—15岁的学生较多,其次是7—12岁,再次是16—18岁;习武年限6年以下、每周训练5次以上、每次训练1.5小时—2.5小时不等的学生居多(见表3-115)。

表 3-115　武术学校被调查学生的基本信息（$N=914$）

| 变量 | | 频数 | 占比/% |
|---|---|---|---|
| 性别 | 男 | 746 | 81.6 |
| | 女 | 168 | 18.4 |
| 年龄 | 7—12 岁 | 252 | 27.6 |
| | 13—15 岁 | 373 | 40.8 |
| | 16—18 岁 | 243 | 26.6 |
| | 19 岁及以上 | 46 | 5.0 |
| 年级 | 小学 1—3 年级 | 119 | 13.0 |
| | 小学 4—6 年级 | 277 | 30.3 |
| | 初中 | 343 | 37.5 |
| | 高中 | 159 | 17.4 |
| | 高等院校 | 16 | 1.8 |
| 习武年限 | 0 年<$A$≤3 年 | 540 | 59.1 |
| | 3 年<$A$≤6 年 | 276 | 30.2 |
| | 6 年<$A$≤9 年 | 74 | 8.1 |
| | 9 年<$A$≤12 年 | 23 | 2.5 |
| | $A$>12 年 | 1 | 0.1 |
| 习武次数/周 | 1 次 | 22 | 2.4 |
| | 2 次 | 98 | 10.7 |
| | 3 次 | 101 | 11.1 |
| | 4 次 | 55 | 6.0 |
| | 5 次及以上 | 638 | 69.8 |
| 习武时间/次 | 1 时以下 | 35 | 3.8 |
| | 1 时 | 73 | 8.0 |
| | 1.5 时 | 209 | 22.9 |
| | 2 时 | 397 | 43.4 |
| | 2.5 时及以上 | 200 | 21.9 |

2.武术学校学生认知武术的途径

本研究通过发放问卷,以多项选择的形式调查武术学校学生认知武术的渠道,调查结果见表 3-116。

表 3-116　武术学校学生对武术的认知渠道(多项选择)($N=914$)

| 指标 | 多媒体 | 家庭成员 | 朋友 | 学校体育课 | 报刊 | 武侠小说 | 比赛或大型活动 | 其他 |
|---|---|---|---|---|---|---|---|---|
| 频数 | 217 | 236 | 211 | 171 | 48 | 77 | 137 | 46 |
| 占比/% | 23.7 | 25.8 | 23.1 | 18.7 | 5.3 | 8.4 | 15.0 | 5.0 |

从表 3-116 的数据可以得出,有 25.8% 的学生是通过家庭成员认知武术的,有 23.7% 的学生是通过多媒体的宣传认识武术,有 23.1% 的学生是通过朋友获知的。可见,武术学校学生身边的家庭成员、朋友是他们认知武术的主要渠道。

3.武术学校学生的习武动机

习武动机决定着学生习武的延续时间,因此本研究试图通过多项选择的形式了解武术学校学生习武的动机。

根据调查结果得出(见表 3-117),强身健体、防身自卫是武术学校学生学习武术的最主要的两个动机,其次为学习中国文化、获得比赛成绩、出人头地等。

表 3-117　武术学校学生的习武动机(多项选择)($N=914$)

| 指标 | 强身健体 | 防身自卫 | 获得比赛成绩 | 娱乐玩耍 | 成为武打明星 | 学习中国文化 | 出人头地 | 继承技艺 | 受家庭影响 | 其他 |
|---|---|---|---|---|---|---|---|---|---|---|
| 频数 | 626 | 488 | 201 | 42 | 73 | 258 | 125 | 81 | 27 | 13 |
| 占比/% | 68.5 | 53.4 | 22.0 | 4.6 | 8.0 | 28.2 | 13.7 | 8.9 | 3.0 | 1.4 |

4.武术学校学生对武术的认知

从专家访谈结果得出,武术学校的武术教学或者武术训练都是没有相应的大纲和要求的,一般都是根据学校自身情况的需求或武术教练的擅长领域进行教学和训练。了解学生对武术的认知有助于教育主管部门进一步制定和规范武术学校的武术教学和训练大纲,从而帮助武术学校的发展趋于规范化。

(1)武术学校学生对武术内容的认知

调查结果显示(见表3-118),武术学校的学生大多数知道拳术、散打、集体项目器械、对练等是武术的内容,但部分学生对武术内容的认识是较为模糊的甚至还有不知道武术的具体内容的学生。

表3-118 武术学校学生对武术内容的认知(多项选择)(N=914)

| 指标 | 拳术 | 散打 | 集体项目 | 器械 | 跆拳道 | 拳击 | 对练 | 不知道 |
|---|---|---|---|---|---|---|---|---|
| 频数 | 630 | 480 | 301 | 521 | 219 | 231 | 377 | 47 |
| 占比/% | 68.9 | 52.5 | 32.9 | 57.0 | 24.0 | 25.3 | 41.2 | 5.1 |

由于武术学校的办学特点,以及全国武术学校套路比赛规程中项目的制定,44.2%的武术学校学生是以学习传统套路为主,22.6%的学生练习自选的套路,20.9%的学生练习国际规定套路(见表3-119)。武术健身操作为全国武术学校比赛的项目已有很多年,但从数据来看,练习武术健身操的人数并不多,只有16.3%。

表3-119 武术学校学生当前习练的武术内容(多项选择)(N=914)

| 指标 | 传统套路 | 武术健身操 | 段位制套路 | 国际规定套路 | 散打 | 自选套路 | 不知道 | 其他 |
|---|---|---|---|---|---|---|---|---|
| 频数 | 404 | 149 | 101 | 191 | 169 | 206 | 42 | 26 |
| 占比/% | 44.2 | 16.3 | 11.1 | 20.9 | 18.5 | 22.5 | 4.6 | 2.8 |

表3-120中的数据显示,有49.5%的武术学校学生不知道武术健身操,只有9.5%的学生知道有4套武术健身操。此调查数据与表3-119中16.3%的武术学校学生了解武术健身操是武术内容的结果,印证了武术学校学生对武术健身操的认知是不够的。

表3-120 武术学校学生对武术健身操的认知(N=914)

| 指标 | 4套 | 3套 | 2套 | 1套 | 不知道 |
|---|---|---|---|---|---|
| 频数 | 87 | 163 | 143 | 69 | 452 |
| 占比/% | 9.5 | 17.8 | 15.6 | 7.5 | 49.5 |

(2)武术学校学生对武术动作的认知

本研究通过武术学校学生对武术动作学习的难易程度的认知(见表3-121)、主观感觉(见表3-122)、危险程度的认知(见表3-123)、美观程度的认知(见表3-124),了解武术学校学生对武术动作的认知情况。

表3-121 武术学校学生对武术动作学习的难易程度的认知($N=914$)

| 指标 | 非常容易 | 容易 | 不知道 | 困难 | 非常困难 |
| --- | --- | --- | --- | --- | --- |
| 频数 | 29 | 366 | 132 | 349 | 38 |
| 占比/% | 3.2 | 40.0 | 14.4 | 38.2 | 4.2 |

表3-122 武术学校学生对武术动作学习的主观感觉($N=914$)

| 指标 | 非常枯燥 | 枯燥 | 不知道 | 有趣 | 非常有趣 |
| --- | --- | --- | --- | --- | --- |
| 频数 | 15 | 117 | 114 | 538 | 130 |
| 占比/% | 1.6 | 12.8 | 12.5 | 58.9 | 14.2 |

表3-123 武术学校学生对武术动作危险程度的认知($N=914$)

| 指标 | 非常危险 | 危险 | 不知道 | 不危险 | 完全不危险 |
| --- | --- | --- | --- | --- | --- |
| 频数 | 21 | 339 | 144 | 376 | 34 |
| 占比/% | 2.3 | 37.1 | 15.8 | 41.1 | 3.7 |

表3-124 武术学校学生对武术动作美观程度的认知($N=914$)

| 指标 | 非常美观 | 美观 | 不知道 | 不美观 | 非常不美观 |
| --- | --- | --- | --- | --- | --- |
| 频数 | 164 | 599 | 96 | 40 | 15 |
| 占比/% | 18.0 | 65.5 | 10.5 | 4.4 | 1.6 |

从表3-121、表3-122、表3-123、表3-124的数据可以看出,武术学校学生对武术动作学习的难易程度认知上相差不多,认为容易和非常容易的占43.2%,认为困难和非常困难的占42.4%;在对武术动作学习的主观感觉的调查中,有73.1%的武术学校学生认为学习武术动作是有趣和非常有趣的;在对武术动作危险程度的调查中,武术学校学生的认知比例不相上下;在对武术动作美观程度的调查中,有83.5%的武术学校学生认为武术动作是美观和非常美观的。

(3)武术学校学生对武术功能的认知

武术学校学生对武术功能的认知就如其学习武术的动机。表 3-125 的数据显示,武术学校的学生普遍认为强身健体是武术的主要功能,其次是防身自卫、弘扬民族精神、宣传武术文化的功能。

表 3-125　武术学校学生对武术功能的认知(多项选择)($N=914$)

| 指标 | 强身健体 | 防身自卫 | 打抱不平 | 宣传武术文化 | 娱乐表演 | 弘扬民族精神 | 尊师重道 |
| --- | --- | --- | --- | --- | --- | --- | --- |
| 频数 | 695 | 639 | 144 | 371 | 199 | 421 | 259 |
| 占比/% | 76.0 | 69.9 | 15.8 | 40.6 | 21.8 | 46.1 | 28.3 |

(4)武术学校学生对武术属性的认知

从表 3-126 的数据中可以得出,武术学校的学生普遍认为武术是一项体育运动,其次是一种文化,最后是一门艺术。武术作为民族传统体育专业招生的主要项目在各个体育院校已经实施多年,并且有多所体育学校或综合类大学相继成立了武术硕士点和博士点,各类武术研究也在各种期刊上发表,足以证明现代武术已然成为一门学科,然而武术学校中只有 17.6% 的学生认为武术是一门学科,武术学校作为武术专门的教育学校应该将武术的学科发展作为武术学生学习的内容。

表 3-126　武术学校学生对武术属性的认知(多项选择)($N=914$)

| 指标 | 一项体育运动 | 一种文化 | 一门学科 | 一门艺术 | 一种哲学 | 一种宗教 | 不知道 |
| --- | --- | --- | --- | --- | --- | --- | --- |
| 频数 | 604 | 456 | 161 | 337 | 105 | 81 | 45 |
| 占比/% | 66.1 | 49.9 | 17.6 | 36.9 | 11.5 | 8.9 | 4.9 |

(5)武术学校学生对武术抱拳礼的认知

调查显示(见表 3-127),有 74.0% 的武术学校学生在习武的初期最主要练习武术基本功,有 36.2% 的学生先开始学习抱拳礼。在习武初期,武术的教学应遵循"未曾习武先学礼,未曾习武先习德"的原则。

表 3-127  武术学校学生初习的武术内容（多项选择）（$N=914$）

| 指标 | 组合动作 | 抱拳礼 | 基本功 | 拳术套路 | 格斗动作 | 器械套路 | 其他 |
| --- | --- | --- | --- | --- | --- | --- | --- |
| 频数 | 210 | 331 | 676 | 162 | 82 | 82 | 25 |
| 占比/% | 23.0 | 36.2 | 74.0 | 17.7 | 9.0 | 9.0 | 2.7 |

武术学校学生对武术抱拳礼含义的认知调查显示（见表 3-128），有 44.1% 的武术学校学生认为抱拳礼是尊重对手、点到为止的武德体现，有 35.9% 的武术学校学生认为抱拳礼是一种中国礼仪，有 29.2% 的武术学校学生认为抱拳礼是武术的象征。

表 3-128  武术学校学生对武术抱拳礼含义的认知（多项选择）（$N=914$）

| 指标 | 侠义气派的体现 | 武术的象征 | 尊重对手、点到为止的武德体现 | 一种中国礼仪 | 不知道 | 其他 |
| --- | --- | --- | --- | --- | --- | --- |
| 频数 | 98 | 267 | 403 | 328 | 36 | 11 |
| 占比/% | 10.7 | 29.2 | 44.1 | 35.9 | 3.9 | 1.2 |

（6）武术学校学生对武术段位制的认知

武术段位制已经实施多年，从对武术学校学生的调查结果来看（见表 3-129），武术学校的学生对武术段位制的认知度还是偏低的，主要表现在超过 50% 的学生对最高段位认知不到位，甚至有 32.2% 学生不知道武术的最高段位。

表 3-129  武术学校学生对武术最高段位的认知（$N=914$）

| 指标 | 6 段 | 7 段 | 8 段 | 9 段 | 10 段 | 不知道 |
| --- | --- | --- | --- | --- | --- | --- |
| 频数 | 14 | 39 | 48 | 373 | 146 | 294 |
| 占比/% | 1.5 | 4.2 | 5.3 | 40.8 | 16.0 | 32.2 |

（7）武术学校学生对武术套路竞赛的认知

本研究从武术套路竞赛的满分（见表 3-130）、评分裁判人数（见表 3-131）以及对青少年最高级别武术竞赛（见表 3-132）3 个指标入手，了解武术学校学生对武术竞赛的认知。

表3-130　武术学校学生对武术套路竞赛评分满分的认知（$N=914$）

| 指标 | 5分 | 10分 | 100分 | 没有限制 | 不知道 |
|---|---|---|---|---|---|
| 频数 | 12 | 670 | 39 | 32 | 161 |
| 占比/% | 1.3 | 73.3 | 4.3 | 3.5 | 17.6 |

表3-131　武术学校学生对武术套路竞赛评分裁判人数的认知（$N=914$）

| 指标 | 5人 | 10人 | 15人 | 20人 | 不知道 |
|---|---|---|---|---|---|
| 频数 | 201 | 345 | 67 | 24 | 277 |
| 占比/% | 22.0 | 37.7 | 7.3 | 2.7 | 30.3 |

表3-132　武术学校学生对青少年最高级别武术竞赛的认知（$N=914$）

| 指标 | 地市级比赛 | 省级比赛 | 全国青少年锦标赛 | 亚洲青少年锦标赛 | 世界青少年锦标赛 | 青年奥林匹克运动会 | 不知道 |
|---|---|---|---|---|---|---|---|
| 频数 | 17 | 61 | 144 | 51 | 290 | 127 | 224 |
| 占比/% | 1.9 | 6.6 | 15.8 | 5.6 | 31.7 | 13.9 | 24.5 |

调查结果显示，武术学校学生对武术套路竞赛的满分的认知度比较高，但仍有17.6%学生不知道武术套路竞赛的满分；有30.3%的学生不知道武术套路竞赛的裁判人数，这说明以武术训练为主项的武术学校学生，对武术套路竞赛的学习还有所欠缺。在对青少年最高级别武术竞赛的认知中，不知道的学生占的比例也很高，武术学校学生对竞赛的认识度还需要提高。

5.武术学校学生就业现状的分析

武术学校的生存和发展与其学生的就业状况息息相关，是武术学校得以发展的核心问题，也是能争取更多生源的关键。对于学生的去向选择，研究根据访谈得出高校、专业队、就业、影视公司以及其他等选项，以分析武术学校的就业现状。

调查结果显示（见表3-133），武术学校的学生进入专业队的人数最多，占67.7%；其次是进入高等院校，占40.9%；再次是就业、影视娱乐公司，分别占19.7%和15.0%；其他基本属于待业。由此可见，武术学校是培养武术后备人才的摇篮，是各级武术院校招生的保障。

表 3-133　武术学校学生就业去向(多项选择)($N=127$)

| 指标 | 高校 | 专业队 | 就业 | 影视娱乐 | 其他 |
|---|---|---|---|---|---|
| 频数 | 52 | 86 | 25 | 19 | 20 |
| 占比/% | 40.9 | 67.7 | 19.7 | 15.0 | 15.7 |

6.影响武术学校学生练习武术的因素分析

影响武术学校学生进行武术练习最主要的因素是没有好的老师、老师教得不好、老师不关注我和父母不支持,这几个因素的影响程度都接近或超过了所调查对象人数的一半(见表 3-134)。因此,提高武术学校的武术教师业务水平是进行良好的武术教学、训练的重要前提。同时,强化武术教师的心理知识辅导,使武术教师能及时了解学生在训练过程中及参加比赛前的心理动态变化,及时将学生的状态调整到最佳训练或竞赛状态,以保证学生对学习武术充满信心。

表 3-134　影响武术学校学生习武的因素($N=914$)

| 影响因素 | 非常影响 频数 | 非常影响 占比/% | 影响 频数 | 影响 占比/% | 不知道 频数 | 不知道 占比/% | 影响不大 频数 | 影响不大 占比/% | 非常不影响 频数 | 非常不影响 占比/% |
|---|---|---|---|---|---|---|---|---|---|---|
| 没有好的老师 | 207 | 22.6 | 341 | 37.3 | 118 | 12.9 | 183 | 20.0 | 65 | 7.2 |
| 老师教得不好 | 156 | 17.1 | 385 | 42.1 | 140 | 15.3 | 162 | 17.7 | 71 | 7.8 |
| 老师不关注我 | 139 | 15.2 | 348 | 38.1 | 144 | 15.8 | 216 | 23.6 | 67 | 7.3 |
| 比赛成绩不理想 | 108 | 11.8 | 315 | 34.5 | 125 | 13.7 | 308 | 33.7 | 58 | 6.3 |
| 文化学习繁重,没有时间 | 130 | 14.2 | 303 | 33.2 | 105 | 11.5 | 258 | 28.2 | 118 | 12.9 |
| 父母不支持 | 169 | 18.5 | 286 | 31.3 | 116 | 12.7 | 209 | 22.9 | 134 | 14.6 |
| 没能参加比赛 | 153 | 16.7 | 286 | 31.3 | 94 | 10.3 | 304 | 33.3 | 77 | 8.4 |
| 武术动作缺乏对抗性 | 53 | 5.8 | 249 | 27.2 | 194 | 21.2 | 321 | 35.1 | 97 | 10.7 |
| 武术内容太难 | 55 | 6.0 | 235 | 25.7 | 98 | 10.7 | 427 | 46.7 | 99 | 10.9 |
| 与影视上的武术相差甚远 | 56 | 6.1 | 168 | 18.4 | 145 | 15.9 | 357 | 39.1 | 188 | 20.5 |
| 武术练习太累 | 43 | 4.7 | 163 | 17.8 | 106 | 11.6 | 449 | 49.1 | 153 | 16.8 |

## (二)武术学校武术教师现状分析

### 1.武术教师的基本情况分析

本研究抽取了全国18个省市具有代表性的14所武术学校,并通过对14所武术学校的武术教师进行问卷调查,以期得出影响武术学校武术发展的主要因素。

从对127名武术学校的武术教师的基本情况调查得出(见表3-135),武术学校的武术教师以男性教师居多,占总人数的90.6%。武术教师的年龄主要集中在30岁及以下,占总人数的76.4%,年龄结构较为年轻化;在武术教师学历的调查中,近三分之二的武术教师为大专、中专或高中学历,总体学历偏低。武术教师职称基本为初级教师,高级教练或者国家级的武术教师相对较少。武术学校的武术教师自身习武年限基本在3年以上,武术技术水平相对较高,习武经验也较为丰富。武术学校的武术教师的教龄主要集中在1—6年,总体执教时间不长,教师的流动性较大。

表3-135 武术学校武术教师的基本信息($N=127$)

| 变量 | | 频数 | 占比/% |
|---|---|---|---|
| 性别 | 男 | 115 | 90.6 |
| | 女 | 12 | 9.4 |
| 年龄 | 20岁及以下 | 18 | 14.2 |
| | 21—30岁 | 79 | 62.2 |
| | 31—40岁 | 26 | 20.4 |
| | 41—50岁 | 2 | 1.6 |
| | 51—60岁 | 2 | 1.6 |
| 学历 | 硕士研究生 | 1 | 0.8 |
| | 大学本科 | 21 | 16.6 |
| | 大专 | 31 | 24.4 |
| | 中专或高中 | 70 | 55.1 |
| | 初中 | 4 | 3.1 |

续表

| 变量 | | 频数 | 占比/% |
|---|---|---|---|
| 职称 | 国家级教练 | 4 | 3.1 |
| | 高级教练 | 18 | 14.2 |
| | 中级教练 | 26 | 20.5 |
| | 初级教练 | 67 | 52.8 |
| | 无职称 | 12 | 9.4 |
| 习武年限 | 0年<A≤1年 | 1 | 0.8 |
| | 1年<A≤3年 | 11 | 8.7 |
| | 3年<A≤6年 | 37 | 29.1 |
| | 6年<A≤9年 | 47 | 37.0 |
| | A>9年 | 31 | 24.4 |
| 教龄 | 0年<B≤1年 | 3 | 2.4 |
| | 1年<B≤3年 | 55 | 43.3 |
| | 3年<B≤6年 | 28 | 22.0 |
| | 6年<B≤9年 | 16 | 12.6 |
| | B>9年 | 25 | 19.7 |

2.武术学校武术教师科研与进修

随着武术的竞技化特征越来越明显，作为培养武术人才主要基地的武术学校，对武术教师的要求也逐步提高。武术教师不仅要有良好的武术技术水平，还要能运用先进的科学手段帮助运动员提高竞技水平和延长运动年限。本研究以期通过调查武术学校教师发表论文的情况，说明武术学校的武术教师对科学训练的理解以及运用的情况。

对武术教师发表论文情况的调查显示（见表3-136）：武术教师中有105人没有发表过论文，占总人数的82.6%；发表1篇论文的有10人，占总人数的7.9%；发表2篇的有7人，占总人数的5.5%；发表3篇的有3人，占总人数的2.4%；发表4篇及以上的有2人，占总人数的1.6%。可见，武术学校的武术教师对科学地研究武术训练和教学的意识并不是很强烈。从对武术教师的学历调查结果可以看出，对于学历偏低的武术教师队伍，其学术研究的概念较弱，对于科学研究的认识较欠缺。同时，武术教师在平时训练和管理学生等方面需要耗费大量时间和精力,这也使其未能合理分配时间进行科研。虽然在科学研究方面,武术学校的武术教师发表论文不多,但是有59.1%的武术教师认为科学研究对武术学校后备人才的培养非常重要或较重要(见表3-137)。

表3-136 武术学校武术教师发表论文情况调查(N=127)

| 指标 | 没有 | 1篇 | 2篇 | 3篇 | 4篇及以上 |
| --- | --- | --- | --- | --- | --- |
| 频数 | 105 | 10 | 7 | 3 | 2 |
| 占比/% | 82.6 | 7.9 | 5.5 | 2.4 | 1.6 |

表3-137 武术学校武术教师对科研的态度(N=127)

| 指标 | 非常重要 | 较重要 | 一般 | 较不重要 | 非常不重要 |
| --- | --- | --- | --- | --- | --- |
| 频数 | 34 | 41 | 50 | 2 | 0 |
| 占比/% | 26.8 | 32.3 | 39.3 | 1.6 | 0.0 |

后备人才的培养需要武术教师不断地接受新的技术和理论的指导,进修和培训会给不同层次的武术教师提供最新武术资讯、执教经验以及执教技能交流的机会。

对武术学校的武术教师每年进修的情况调查显示(见表3-138):被调查的武术学校的武术教师没有参加过进修的有54人,占总人数的42.5%;参加1—2次进修的有47人,占总人数的37.0%;参加过3—4次进修的有15人,占总人数的11.8%;参加过5次以上进修的有11人,占总人数的8.7%。可见,武术学校的武术教师的进修情况不容乐观。

从参加培训的效果来看(见表3-139),有68.5%的武术教师认为进修对自我的提升有较大的或非常大的帮助,因此武术学校应该积极鼓励武术教师参加进修,从而提升本单位武术教师的整体执教水平。

表3-138 武术学校武术教师进修情况调查(N=127)

| 指标 | 没有 | 1—2次 | 3—4次 | 5次以上 |
| --- | --- | --- | --- | --- |
| 频数 | 54 | 47 | 15 | 11 |
| 占比/% | 42.5 | 37.0 | 11.8 | 8.7 |

表 3-139　武术学校武术教师认为进修是否有帮助（$N=127$）

| 指标 | 非常大 | 较大 | 一般 | 较小 | 没有帮助 |
| --- | --- | --- | --- | --- | --- |
| 频数 | 29 | 58 | 33 | 5 | 2 |
| 占比/% | 22.8 | 45.7 | 26.0 | 3.9 | 1.6 |

### 3. 武术学校武术教师从事武术工作的目的

武术学校基本上是以民办学校为主，多数学校没有教师事业编制，因此，武术学校的武术教师多为合同制教职工。在没有教师编制的情况下，本研究对武术教师仍然在武术学校从事武术教师工作的目的进行问卷调查。

从调查的结果来看（见表 3-140），在武术学校从事武术教师工作的老师大多数是因为兴趣爱好，占 40.9%；其次是为武术事业作贡献和实现个人价值都占 37.8%；出于运动员前途这一目的的武术教师仅占 15.7%。

表 3-140　武术学校从事武术教师工作的目的调查（多项选择）（$N=127$）

| 指标 | 个人价值 | 就业需要 | 兴趣爱好 | 运动员前途 | 武术贡献 | 其他 |
| --- | --- | --- | --- | --- | --- | --- |
| 频数 | 48 | 18 | 52 | 20 | 48 | 3 |
| 占比/% | 37.8 | 14.2 | 40.9 | 15.7 | 37.8 | 2.4 |

在对武术教师对个人工资收入的满意度调查结果中（见表 3-141），有 56.7% 的教师认为工资一般。在对武术教师对训练和比赛的激励机制的满意度的调查结果中（见表 3-142），有近半数以上的教师满意度为一般及不满意。在开放式意见和建议中有武术教师提出：希望工资待遇能更好些，以此起到激励的作用。

表 3-141　武术学校武术教师对工资收入满意度情况（$N=127$）

| 指标 | 非常满意 | 较满意 | 一般 | 较不满意 | 非常不满意 |
| --- | --- | --- | --- | --- | --- |
| 频数 | 12 | 34 | 72 | 4 | 5 |
| 占比/% | 9.5 | 26.8 | 56.7 | 3.1 | 3.9 |

表 3-142　武术学校武术教师对训练、比赛的激励机制满意度情况（$N=127$）

| 指标 | 非常满意 | 较满意 | 一般 | 较不满意 | 非常不满意 |
| --- | --- | --- | --- | --- | --- |
| 频数 | 14 | 44 | 54 | 9 | 6 |
| 占比/% | 11.0 | 34.6 | 42.6 | 7.1 | 4.7 |

**4.武术教师对武术学校投入情况分析**

（1）训练经费和比赛经费

本研究通过问卷的形式对14所武术学校的训练及比赛经费投入情况进行调查。调查结果显示（见表3-143），所调查的14所武术学校中，有9所武术学校的训练经费在5000元以下，1所武术学校的训练经费为1万元—2万元，1所武术学校的训练经费为3万元—4万元，3所武术学校的训练经费在4万元以上。在对武术学校的比赛经费的调查中发现，所调查的14所武术学校中有6所武术学校的比赛经费在5000元以下；1所武术学校的比赛经费在5000元—1万元；2所武术学校的比赛经费在1万元—2万元；2所武术学校的比赛经费在3万元—4万元；3所武术学校的比赛经费在4万元以上。

表 3-143　武术学校训练经费和比赛经费情况调查（$N=14$）

| 经费情况 | 训练经费频数 | 比赛经费频数 |
| --- | --- | --- |
| 5000元以下 | 9 | 6 |
| 5000元—1万元 | 0 | 1 |
| 1万元—2万元 | 1 | 2 |
| 2万元—3万元 | 0 | 0 |
| 3万元—4万元 | 1 | 2 |
| 4万元以上 | 3 | 3 |

武术学校的规模不同，其经费投入也不相同，主要还是看投入的经费是否可以帮助武术人才的培养。本研究运用问卷的形式，对127名武术学校的一线武术教师对训练经费及比赛经费的满意度进行调查，以期了解武术学校在武术人才培养上的经费投入情况。

调查结果显示（见表3-144），有40.9%的武术教师认为武术学校投入的经费完全能满足训练的需要,有 20.5% 的武术教师对训练经费的满意度为一般。武术教师对比赛经费的满意度与训练经费大致相同,完全满足比赛需要的占 35.4%,一般的占 22.8%(见表 3-145)。

表 3-144 武术学校的训练经费满意度（$N=127$）

| 指标 | 完全满足 | 满足 | 一般 | 不能满足 | 完全不能满足 |
|---|---|---|---|---|---|
| 频数 | 52 | 19 | 26 | 10 | 20 |
| 占比/% | 40.9 | 15.0 | 20.5 | 7.9 | 15.7 |

表 3-145 武术学校的比赛经费满意度（$N=127$）

| 指标 | 完全满足 | 满足 | 一般 | 不能满足 | 完全不能满足 |
|---|---|---|---|---|---|
| 频数 | 45 | 19 | 29 | 12 | 22 |
| 占比/% | 35.4 | 15.0 | 22.8 | 9.5 | 17.3 |

(2)训练经费和比赛经费来源

武术学校基本是以营利为目的的民办学校,其学生的训练经费主要来自学校自身的盈利拨款和学生自筹(见表 3-146)。

表 3-146 武术学校的训练经费来源（$N=127$）

| 指标 | 上级教育系统行政拨款 | 体育主管部门拨款 | 企业赞助 | 学生自筹 | 学校拨款 | 其他 |
|---|---|---|---|---|---|---|
| 频数 | 11 | 9 | 9 | 44 | 53 | 1 |
| 占比/% | 8.7 | 7.1 | 7.1 | 34.6 | 41.7 | 0.8 |

从对武术教师的调查数据来看(见表3-147),学生参加比赛的经费基本是自筹的。如果武术学校学生的武术技术突出,能代表各地市的各级教育系统或者体育部门参加比赛,并在比赛中取得优异成绩,那么上一级教育系统和体育部门会有相应的训练和比赛经费拨款。

表 3-147 武术学校的比赛经费来源（$N=127$）

| 指标 | 上级教育系统行政拨款 | 体育主管部门拨款 | 企业赞助 | 学生自筹 | 学校拨款 | 其他 |
|---|---|---|---|---|---|---|
| 频数 | 11 | 18 | 7 | 57 | 32 | 2 |
| 占比/% | 8.7 | 14.2 | 5.5 | 44.9 | 25.2 | 1.5 |

### 5.武术教师对武术学校设备设施满意度情况分析

武术训练的设备设施是武术教学和训练的基本条件,是武术学校人才培养的重要硬件条件。完善的武术教学和训练设备设施,为提升武术学校的综合实力提供了保障。

(1)场馆、地毯

研究对127名武术教师对其所在的武术学校的训练场馆和地毯满意度进行调查,结果显示(见表3-148),有68.5%以上的武术教师认为其所在的武术学校的武术训练场馆设施能够满足日常的武术训练的需要。

表3-148 武术学校的场馆满足情况($N=127$)

| 指标 | 完全能满足 | 较能满足 | 基本能满足 | 较不能满足 | 完全不能满足 |
| --- | --- | --- | --- | --- | --- |
| 频数 | 20 | 20 | 47 | 21 | 19 |
| 占比/% | 15.7 | 15.7 | 37.0 | 16.6 | 15.0 |

(2)训练器材

武术学校在武术训练器材方面的完善情况的调查结果显示(见表3-149),有36.2%的武术教师认为武术学校的器材完善度一般,有33.1%的武术教师认为武术学校的器材状况比较完善。

表3-149 武术学校的训练器材完善度($N=127$)

| 指标 | 非常完善 | 较完善 | 一般 | 较不完善 | 非常不完善 |
| --- | --- | --- | --- | --- | --- |
| 频数 | 17 | 42 | 46 | 14 | 8 |
| 占比/% | 13.4 | 33.1 | 36.2 | 11.0 | 6.3 |

(3)教学设施

武术学校的武术教学设施的完善情况的调查结果显示(见表3-150),认为武术教学设施较完善的武术教师占41.7%,非常完善的占15.0%。从调查的数据中可以得出,武术学校对武术教学设备设施的投入基本满足了武术教学的需要。

表 3-150　武术学校的教学设施完善度（$N=127$）

| 指标 | 非常完善 | 较完善 | 一般 | 较不完善 | 非常不完善 |
| --- | --- | --- | --- | --- | --- |
| 频数 | 19 | 53 | 48 | 5 | 2 |
| 占比/% | 15.0 | 41.7 | 37.8 | 3.9 | 1.6 |

### 6.武术学校武术教师对训练过程实施情况分析

(1)训练计划制订情况

训练计划在训练中发挥着指导性的作用,是在训练开始之前对训练活动预先做出的一种理论设计,计划制订及实施的完备度、符合度直接影响训练效果和训练目标的实现。此外,训练计划还能够使武术教师和武术习练者的目标更加明确,更具有方向感。

武术学校的武术教师制订训练计划的情况调查显示(见表 3-151),武术学校的武术教师大多会制订月训练计划,占总人数的 55.9%。通过电话及面对面的访谈发现,大部分的武术学校对武术教师训练计划会进行以月为单位的定期检查。此外,有 52.0% 的武术教师会进行周训练计划的制订;制订全年训练计划的武术教师占总人数的 43.3%;制订课训练计划的武术教师占总人数的 35.4%;制订多年训练计划的武术教师仅有 5 人,占总人数的 3.9%。从调查结果中可以得出,武术学校通过定期检查等手段,督促武术教师制订各阶段的训练计划,以期通过科学的计划达到培养武术人才的目的。

表 3-151　武术学校武术教师制订训练计划(多项选择)($N=127$)

| 指标 | 多年训练计划 | 全年训练计划 | 月训练计划 | 周训练计划 | 课训练计划 |
| --- | --- | --- | --- | --- | --- |
| 频数 | 5 | 55 | 71 | 66 | 45 |
| 占比/% | 3.9 | 43.3 | 55.9 | 52.0 | 35.4 |

(2)选材和训练

运动员的选材是训练的第一步,也是整个人才培养过程的起点,选材的成功意味着人才培养全流程已经成功一半。科学选材加以科学训练,培养出高水平的武术运动员的概率会更高。通过对武术学校的 127 名武术教师进行调查,结果显示(见表 3-152),武术教师在武术运动员的选材上,主要采用以下3种选材方式:①经验和指标测试结合;②经验为主,指标测试为辅;③指标测试为主,经验为辅。

表 3-152　武术学校武术教师选材依据($N=127$)

| 指标 | 经验选材 | 指标测试 | 指标测试为主,经验为辅 | 经验为主,指标测试为辅 | 经验和指标测试结合 | 其他 |
| --- | --- | --- | --- | --- | --- | --- |
| 频数 | 16 | 3 | 22 | 30 | 45 | 11 |
| 占比/% | 12.6 | 2.4 | 17.3 | 23.6 | 35.4 | 8.7 |

运动训练方法是在运动训练活动中,提高竞技运动水平、完成训练任务的途径和办法。掌握科学的训练方法,是教师完成训练任务、提高运动员竞技水平的根本保障。在武术学校的武术教师采用的训练方法上,本研究先进行了电话或者面对面的访谈,在访谈中武术学校的武术教师在日常训练中通常会采用多种训练方法相结合的形式。随后,针对训练方法的使用率,再对武术教师进行问卷调查,数据统计的结果显示(见表3-153):武术教师在日常训练中,运用最多的是重复训练法,有65位武术教师采用了这个方法,占比位列第一。其次是分解训练法、循环训练法、变换训练法、完整训练法和持续训练法以及其他。

表 3-153　武术学校武术教师采用的训练方法(多项选择)($N=127$)

| 指标 | 重复训练法 | 间息训练法 | 变换训练法 | 循环训练法 | 持续训练法 | 分解训练 | 完整训练法 | 其他 |
| --- | --- | --- | --- | --- | --- | --- | --- | --- |
| 频数 | 65 | 28 | 46 | 47 | 37 | 52 | 37 | 10 |
| 占比/% | 51.2 | 22.0 | 36.2 | 37.0 | 29.1 | 40.9 | 29.1 | 7.9 |

心理训练是运动训练中的一个重要方法,是学生能够在比赛中取得优异成绩的保障。从127名武术教师对心理训练方法使用的情况调查结果来看(见表3-154),武术老师会偶尔使用心理训练的方法,以期帮助学生在比赛中正常发挥。

表 3-154　武术学校武术教师心理训练方法的使用($N=127$)

| 指标 | 常使用 | 较常使用 | 偶尔使用 | 不常使用 | 不使用 |
| --- | --- | --- | --- | --- | --- |
| 频数 | 18 | 30 | 57 | 18 | 4 |
| 占比/% | 14.2 | 23.6 | 44.9 | 14.2 | 3.1 |

(3) 参加比赛情况

竞赛是检验教师培养成果的主要手段,是运动员展现自身水平、检验和交流训练成果的重要平台。武术学校学生参加各级比赛的情况的调查结果显示(见表3-155):武术学校学生参加最多的赛事是市级比赛,占47.2%,其次是省级比赛、无比赛、全国比赛、县级比赛等。调查结果与当下武术竞赛的布局也是有一定的关系。虽然,各级各类的武术比赛较多,但是,目前全国武术学校套路比赛和全国武术学校散打比赛是只有武术学校的学生才可以参加的最高级别武术竞赛。据不完全统计除了河南、山东等省有开展相应的竞赛,其他省市基本没有类似的武术竞赛活动。各地市的省级武术锦标赛,武术学校的学生则需要与各地市的武术队竞争,以获取参赛名额。因此,武术学校的学生更有可能获得参加各地市的市级比赛的机会。

表3-155 武术学校学生每年参加比赛的情况(多项选择)($N=127$)

| 指标 | 全国比赛 | 省级比赛 | 市级比赛 | 县级比赛 | 无比赛 | 其他 |
| --- | --- | --- | --- | --- | --- | --- |
| 频数 | 24 | 53 | 60 | 11 | 26 | 11 |
| 占比/% | 18.9 | 41.7 | 47.2 | 8.7 | 20.5 | 8.7 |

## 三、影响武术学校武术发展的因素分析

本研究在选取相关指标的基础上,通过问卷调查收集数据,通过因子分析得出中国武术学校武术运动开展的影响因素,并分析各因子中所包含的各条目。

### (一)影响因素指标的筛选与确立

本研究在对武术学校武术运动开展及影响因素的调查中,通过查阅文献资料、咨询专家以及较深入的研究后,选取了41个指标进行调查分析(见表3-156)。

表 3-156　影响武术学校武术发展的因素指标

| 影响因素指标 | 影响因素指标 |
| --- | --- |
| $X_1$武术学校学生对武术内容的认知 | $X_{22}$家长支持程度 |
| $X_2$武术学校学生对武术文化的认知 | $X_{23}$亲戚的支持程度 |
| $X_3$武术学校学生对武术技击功能的认知 | $X_{24}$朋友的支持程度 |
| $X_4$武术学校学生的参赛机会 | $X_{25}$竞技体育运动学校武术的开展情况 |
| $X_5$武术学校学生参加比赛的成绩 | $X_{26}$武术比赛的赛制安排情况 |
| $X_6$武术学校学生学习武术的动机 | $X_{27}$区级武术比赛的组织 |
| $X_7$武术学校学生的损伤 | $X_{28}$市级武术比赛的组织 |
| $X_8$武术训练内容的选择 | $X_{29}$省级武术比赛的组织 |
| $X_9$武术训练方法的选择 | $X_{30}$全国武术学校的比赛 |
| $X_{10}$武术动作的标准化程度 | $X_{31}$学校领导的重视程度 |
| $X_{11}$武术教师对武术内容的认知 | $X_{32}$武术训练场地设施的情况 |
| $X_{12}$武术教师对武术文化的认知 | $X_{33}$武术器材设施情况 |
| $X_{13}$武术教师对武术技击功能的认知 | $X_{34}$武术学校学生的学训矛盾 |
| $X_{14}$武术教师对武德教育的认知 | $X_{35}$武术学校学生输送的情况 |
| $X_{15}$武术教师的武术指导水平 | $X_{36}$武术学校学生的招生情况 |
| $X_{16}$武术教师对学生的重视程度 | $X_{37}$武术表演的开展情况 |
| $X_{17}$武术教师自身的武术水平 | $X_{38}$影视武术的宣传 |
| $X_{18}$武术教师对武术教学内容的选择 | $X_{39}$武术宣传的途径 |
| $X_{19}$武术教师对武术教学手段的选择 | $X_{40}$武术宣传的内容 |
| $X_{20}$武术教师对武术教学方法的选择 | $X_{41}$升学的优惠政策 |
| $X_{21}$家长动机 |  |

1.因子分析的操作步骤

因子分析中,变量有较高的相关度,降维的效果才更好,因此变量间偏相关度的 KMO 统计量在 0.6 以上才适合做因子分析,如果小于0.6,说明变量间相关性不强,因子分析效果不会太好。本研究对样本做了 KMO 和 Bartlett 球形检验(见表 3-157),得出样本量适度值为 0.707,可以认为,本研究的样本量满足研究需要;Bartlett 球形检验 $p=0.000$,小于 0.050,球形检验显著,两个条件都满足,变量间相关度大,适合做因子分析。

表 3-157　KMO 和 Bartlett 检验

| 检验方式 | Sig. | 检验结果 |
|---|---|---|
| KMO 样本量适度检验 |  | 0.707 |
| Bartlett 球形检验 | 0.000 | 0.000 |

指定因子提取方法为主成分法:指定提取时只保留特征值大于1的因子,迭代次数要求不超过25;旋转方法为最大四次方值法;旋转次数要求不超过25。

2.影响因素中主因素个数的确定

本研究根据武术学校的武术运动开展及影响因素部分的评价计分结果,对41个原始变量进行因子分析,得到特征值、贡献率、累计贡献率等数据。采用主成分提取方法,提取特征值大于1.0的10个主因子,累计贡献率达77.558%,基本可以反映总体信息量(见表3-158)。

表 3-158　解释的总方差

| 原始变量 | 初始特征值 |  |  | 提取平方和载入 |  |  | 旋转平方和载入 |  |  |
|---|---|---|---|---|---|---|---|---|---|
|  | 合计 | 方差/% | 累计贡献率/% | 合计 | 方差/% | 累计贡献率/% | 合计 | 方差/% | 累计贡献率/% |
| $X_1$ | 13.936 | 33.990 | 33.990 | 13.936 | 33.990 | 33.990 | 11.021 | 26.882 | 26.882 |
| $X_2$ | 3.944 | 9.620 | 43.609 | 3.944 | 9.620 | 43.609 | 3.831 | 9.343 | 36.225 |
| $X_3$ | 2.984 | 7.278 | 50.887 | 2.984 | 7.278 | 50.887 | 2.890 | 7.049 | 43.273 |
| $X_4$ | 2.403 | 5.862 | 56.749 | 2.403 | 5.862 | 56.749 | 2.368 | 5.776 | 49.049 |
| $X_5$ | 2.114 | 5.157 | 61.906 | 2.114 | 5.157 | 61.906 | 2.354 | 5.741 | 54.790 |
| $X_6$ | 1.504 | 3.667 | 65.573 | 1.504 | 3.667 | 65.573 | 2.209 | 5.388 | 60.178 |
| $X_7$ | 1.439 | 3.509 | 69.083 | 1.439 | 3.509 | 69.083 | 1.914 | 4.668 | 64.846 |
| $X_8$ | 1.281 | 3.124 | 72.206 | 1.281 | 3.124 | 72.206 | 1.899 | 4.631 | 69.477 |
| $X_9$ | 1.161 | 2.831 | 75.037 | 1.161 | 2.831 | 75.037 | 1.724 | 4.206 | 73.683 |
| $X_{10}$ | 1.034 | 2.521 | 77.558 | 1.034 | 2.521 | 77.558 | 1.589 | 3.875 | 77.558 |
| $X_{11}$ | 0.894 | 2.180 | 79.738 |  |  |  |  |  |  |
| $X_{12}$ | 0.848 | 2.069 | 81.807 |  |  |  |  |  |  |
| $X_{13}$ | 0.835 | 2.036 | 83.843 |  |  |  |  |  |  |

续表

| 原始变量 | 初始特征值 合计 | 初始特征值 方差/% | 初始特征值 累计贡献率/% | 提取平方和载入 合计 | 提取平方和载入 方差/% | 提取平方和载入 累计贡献率/% | 旋转平方和载入 合计 | 旋转平方和载入 方差/% | 旋转平方和载入 累计贡献率/% |
|---|---|---|---|---|---|---|---|---|---|
| $X_{14}$ | 0.764 | 1.865 | 85.708 | | | | | | |
| $X_{15}$ | 0.620 | 1.511 | 87.219 | | | | | | |
| $X_{16}$ | 0.541 | 1.319 | 88.538 | | | | | | |
| $X_{17}$ | 0.513 | 1.251 | 89.789 | | | | | | |
| $X_{18}$ | 0.437 | 1.067 | 90.856 | | | | | | |
| $X_{19}$ | 0.393 | 0.959 | 91.815 | | | | | | |
| $X_{20}$ | 0.345 | 0.842 | 92.657 | | | | | | |
| $X_{21}$ | 0.321 | 0.783 | 93.440 | | | | | | |
| $X_{22}$ | 0.316 | 0.770 | 94.210 | | | | | | |
| $X_{23}$ | 0.306 | 0.747 | 94.957 | | | | | | |
| $X_{24}$ | 0.263 | 0.642 | 95.599 | | | | | | |
| $X_{25}$ | 0.218 | 0.533 | 96.132 | | | | | | |
| $X_{26}$ | 0.206 | 0.501 | 96.633 | | | | | | |
| $X_{27}$ | 0.200 | 0.487 | 97.120 | | | | | | |
| $X_{28}$ | 0.180 | 0.439 | 97.558 | | | | | | |
| $X_{29}$ | 0.164 | 0.400 | 97.958 | | | | | | |
| $X_{30}$ | 0.140 | 0.342 | 98.300 | | | | | | |
| $X_{31}$ | 0.131 | 0.319 | 98.619 | | | | | | |
| $X_{32}$ | 0.103 | 0.251 | 98.870 | | | | | | |
| $X_{33}$ | 0.093 | 0.228 | 99.098 | | | | | | |
| $X_{34}$ | 0.082 | 0.199 | 99.297 | | | | | | |
| $X_{35}$ | 0.075 | 0.184 | 99.481 | | | | | | |
| $X_{36}$ | 0.063 | 0.154 | 99.635 | | | | | | |
| $X_{37}$ | 0.043 | 0.105 | 99.739 | | | | | | |
| $X_{38}$ | 0.033 | 0.081 | 99.820 | | | | | | |
| $X_{39}$ | 0.030 | 0.073 | 99.893 | | | | | | |
| $X_{40}$ | 0.026 | 0.064 | 99.957 | | | | | | |
| $X_{41}$ | 0.018 | 0.043 | 100.000 | | | | | | |

3.影响因素群的确定

在确定了主因子的基础上,根据因子分析理论,本研究对41个原始变量进行归类。但为了避免原始变量在不同的主因子上载荷量相差无几,因此应对初始因子矩阵用最大四次方值法进行正交旋转,以使每个变量的载荷量尽可能地趋向两极(见表3-159)。

初始因子矩阵经过最大四次方值法正交旋转后,大部分指标只在某一个主因子上的载荷量大,在其余主因子上的载荷量小。因此,取因子载荷量大于0.35水平以上的进行归类,把41个原始变量归纳在10个主因子上,由表3-159可知,所提取的10个因子构成如下。

(1)因子1:由 $X_1$ 武术学校学生对武术内容的认知、$X_2$ 武术学校学生对武术文化的认知、$X_3$ 武术学校学生对武术技击功能的认知、$X_4$ 武术学校学生的参赛机会、$X_5$ 武术学校学生参加比赛的成绩、$X_6$ 武术学校学生学习武术的动机、$X_7$ 武术学校学生的损伤、$X_8$ 武术训练内容的选择、$X_9$ 武术训练方法的选择、$X_{10}$ 武术动作的标准化程度、$X_{11}$ 武术教师对武术内容的认知、$X_{12}$ 武术教师对武术文化的认知、$X_{13}$ 武术教师对武术技击功能的认知、$X_{14}$ 武术教师对武德教育的认知、$X_{15}$ 武术教师的武术指导水平、$X_{16}$ 武术教师对学生的重视程度、$X_{34}$ 武术学校学生的学训矛盾构成。

(2)因子2:由 $X_{35}$ 武术学校学生输送的情况、$X_{36}$ 武术学校学生的招生情况、$X_{37}$ 武术表演的开展情况、$X_{38}$ 影视武术的宣传、$X_{39}$ 武术宣传的途径、$X_{40}$ 武术宣传的内容构成。

(3)因子3:由 $X_{19}$ 武术教师对武术教学手段的选择、$X_{20}$ 武术教师对武术教学方法的选择、$X_{26}$ 武术比赛的赛制安排情况、$X_{27}$ 区级武术比赛的组织、$X_{31}$ 学校领导的重视程度构成。

(4)因子4:由 $X_{25}$ 竞技体育运动学校武术的开展情况、$X_{28}$ 市级武术比赛的组织构成。

(5)因子5:由 $X_{23}$ 亲戚的支持程度、$X_{24}$ 朋友的支持程度构成。

(6)因子6:由 $X_{32}$ 武术训练场地设施的情况、$X_{33}$ 武术器材设施情况构成。

(7)因子7:由 $X_{17}$ 武术教师自身的武术水平、$X_{18}$ 武术教师对武术教学内容的选择构成。

(8)因子8：由$X_{29}$省级武术比赛的组织、$X_{30}$全国武术学校的比赛构成。

(9)因子9：由$X_{21}$家长动机、$X_{22}$家长支持程度构成。

(10)因子10：由$X_{41}$升学的优惠政策构成。

其中，因子7、因子8、因子9、因子10所包含的因子数量在两个或两个以下，根据经验、研究内容及因子的贡献率，笔者剔除了这些因子。这些因子被剔除的原因如下。

因子7包含的$X_{17}$武术教师自身的武术水平、$X_{18}$武术教师对武术教学内容的选择是武术在武术学校开展的重要组成部分，但因调查数据显示，此二者在因子分析中所占的贡献率较小，研究认为这两个指标可被$X_{11}$武术教师对武术内容的认知、$X_{12}$武术教师对武术文化的认知、$X_{13}$武术教师对武术技击功能的认知、$X_{14}$武术教师对武德教育的认知、$X_{15}$武术教师的武术指导水平等指标所替代。

第三章　青少年武术的发展

表 3-159　旋转成分矩阵

| 原始变量 | 1 | 2 | 3 | 4 | 5 | 6 | 7 | 8 | 9 | 10 |
|---|---|---|---|---|---|---|---|---|---|---|
| $X_1$ 武术学校学生对武术内容的认知 | 0.705 | 0.111 | 0.191 | -0.225 | -0.275 | -0.171 | 0.034 | 0.200 | 0.162 | 0.067 |
| $X_2$ 武术学校学生对武术文化的认知 | 0.696 | -0.035 | 0.035 | -0.131 | -0.209 | -0.279 | 0.210 | 0.085 | 0.014 | 0.207 |
| $X_3$ 武术学校学生对武术技击功能的认知 | 0.595 | -0.028 | 0.130 | -0.125 | -0.264 | -0.359 | -0.077 | 0.308 | 0.250 | -0.122 |
| $X_4$ 武术学校学生的参赛机会 | 0.550 | -0.106 | -0.007 | 0.104 | -0.177 | 0.097 | 0.299 | 0.129 | 0.501 | 0.324 |
| $X_5$ 武术学校学生参加比赛的成绩 | 0.445 | -0.163 | 0.003 | 0.333 | 0.185 | 0.124 | 0.383 | 0.140 | 0.241 | 0.427 |
| $X_6$ 武术学校学生学习武术的动机 | 0.532 | 0.037 | 0.057 | 0.366 | 0.209 | 0.067 | -0.044 | -0.177 | 0.162 | 0.478 |
| $X_7$ 武术学校学生学习的损伤 | 0.641 | 0.225 | 0.002 | 0.053 | 0.230 | 0.129 | -0.334 | -0.136 | 0.105 | 0.003 |
| $X_8$ 武术训练内容的选择 | 0.781 | 0.032 | -0.185 | -0.056 | 0.036 | 0.289 | 0.116 | 0.039 | -0.212 | -0.168 |
| $X_9$ 武术训练方法的选择 | 0.852 | 0.129 | -0.077 | 0.043 | -0.093 | 0.001 | -0.041 | -0.115 | -0.057 | -0.153 |
| $X_{10}$ 武术动作的标准化程度 | 0.860 | 0.066 | -0.098 | -0.013 | -0.035 | 0.047 | 0.113 | -0.048 | -0.034 | 0.001 |
| $X_{11}$ 武术教师对武术内容的认知 | 0.836 | -0.096 | 0.102 | 0.202 | 0.052 | -0.033 | -0.092 | 0.024 | 0.109 | 0.098 |
| $X_{12}$ 武术教师对武术文化的认知 | 0.740 | -0.050 | 0.088 | 0.052 | 0.206 | 0.227 | -0.150 | -0.124 | -0.143 | 0.203 |
| $X_{13}$ 武术教师对武术技击功能的认知 | 0.839 | 0.030 | 0.098 | -0.118 | 0.055 | 0.012 | 0.062 | 0.082 | -0.163 | -0.026 |
| $X_{14}$ 武术教师对武术德育教育的认知 | 0.808 | 0.180 | -0.016 | 0.054 | 0.075 | 0.088 | -0.071 | 0.203 | -0.060 | -0.059 |
| $X_{15}$ 武术教师的武术指导水平 | 0.851 | 0.057 | 0.052 | 0.082 | -0.039 | -0.118 | -0.056 | 0.138 | 0.166 | -0.028 |
| $X_{16}$ 武术教师对学生的重视程度 | 0.708 | 0.078 | 0.033 | 0.219 | 0.162 | 0.089 | 0.286 | -0.135 | -0.151 | 0.021 |
| $X_{17}$ 武术教师自身的武术水平 | 0.496 | 0.031 | 0.196 | -0.017 | 0.245 | 0.047 | 0.668 | 0.007 | -0.017 | 0.131 |

· 117 ·

续表

| 原始变量 | 1 | 2 | 3 | 4 | 5 | 6 | 7 | 8 | 9 | 10 |
|---|---|---|---|---|---|---|---|---|---|---|
| $X_{18}$ 武术教师对武术教学内容的选择 | 0.418 | 0.372 | 0.386 | −0.119 | 0.108 | 0.032 | 0.465 | −0.029 | 0.158 | −0.088 |
| $X_{19}$ 武术教师对武术教学手段的选择 | 0.399 | 0.190 | 0.576 | −0.052 | 0.231 | 0.024 | 0.356 | 0.150 | 0.042 | 0.199 |
| $X_{20}$ 武术教师对武术教学方法的选择 | 0.557 | 0.113 | 0.531 | −0.038 | 0.209 | 0.153 | −0.043 | 0.094 | 0.314 | −0.056 |
| $X_{21}$ 家长动机 | 0.404 | 0.052 | 0.459 | −0.021 | 0.235 | 0.107 | 0.129 | −0.111 | 0.493 | 0.065 |
| $X_{22}$ 家长支持程度 | 0.322 | 0.337 | 0.113 | −0.208 | 0.277 | 0.333 | 0.075 | 0.098 | 0.397 | 0.189 |
| $X_{23}$ 亲戚的支持程度 | 0.155 | 0.048 | 0.116 | −0.154 | 0.824 | 0.039 | 0.201 | 0.044 | 0.110 | 0.136 |
| $X_{24}$ 朋友的支持程度 | 0.141 | −0.137 | 0.020 | 0.135 | 0.875 | 0.026 | −0.010 | 0.025 | −0.039 | −0.031 |
| $X_{25}$ 竞技体育运动学校武术的开展情况 | 0.147 | 0.219 | 0.211 | 0.530 | 0.138 | 0.241 | 0.515 | 0.042 | 0.200 | −0.173 |
| $X_{26}$ 武术比赛的赛制安排情况 | 0.210 | 0.241 | 0.803 | 0.140 | 0.012 | 0.107 | −0.013 | 0.184 | 0.009 | 0.039 |
| $X_{27}$ 区级武术比赛的组织 | 0.164 | 0.048 | 0.565 | 0.528 | −0.201 | 0.122 | 0.164 | −0.028 | −0.130 | 0.078 |
| $X_{28}$ 市级武术比赛的组织 | 0.183 | 0.083 | 0.040 | 0.843 | 0.005 | 0.126 | −0.068 | 0.098 | 0.010 | 0.153 |
| $X_{29}$ 省级武术比赛的组织 | 0.376 | 0.112 | 0.360 | 0.219 | 0.058 | −0.077 | 0.129 | 0.704 | 0.012 | −0.045 |
| $X_{30}$ 全国武术比赛 | 0.393 | 0.038 | 0.150 | −0.040 | 0.106 | 0.149 | −0.048 | 0.753 | 0.046 | 0.133 |
| $X_{31}$ 学校领导的重视程度 | 0.404 | 0.339 | 0.493 | −0.390 | 0.108 | 0.207 | −0.011 | 0.172 | −0.083 | −0.002 |
| $X_{32}$ 武术训练场地设施的情况 | 0.314 | 0.193 | 0.239 | 0.114 | −0.043 | 0.789 | 0.035 | 0.080 | 0.023 | −0.056 |
| $X_{33}$ 武术器材设施情况 | 0.272 | 0.202 | 0.099 | 0.238 | 0.127 | 0.725 | 0.063 | 0.072 | 0.209 | 0.202 |
| $X_{34}$ 武术学校学生的学训矛盾 | 0.511 | 0.498 | 0.146 | 0.107 | 0.042 | 0.239 | −0.022 | 0.182 | 0.324 | −0.039 |

第三章　青少年武术的发展

续表

| 原始变量 | 1 | 2 | 3 | 4 | 5 | 6 | 7 | 8 | 9 | 10 |
|---|---|---|---|---|---|---|---|---|---|---|
| $X_{35}$ 武术学校学生输送的情况 | 0.188 | 0.542 | −0.075 | −0.015 | −0.128 | 0.105 | 0.078 | 0.510 | −0.147 | −0.058 |
| $X_{36}$ 武术学校学生的招生情况 | 0.292 | 0.680 | 0.327 | 0.120 | −0.161 | −0.187 | 0.036 | 0.011 | −0.061 | 0.172 |
| $X_{37}$ 武术表演的开展情况 | 0.239 | 0.759 | −0.011 | 0.081 | −0.057 | 0.209 | 0.193 | −0.019 | −0.095 | 0.209 |
| $X_{38}$ 影视武术的宣传 | 0.215 | 0.602 | 0.184 | 0.031 | 0.031 | 0.291 | −0.368 | −0.136 | 0.130 | 0.202 |
| $X_{39}$ 武术宣传的途径 | 0.027 | 0.524 | −0.052 | 0.413 | 0.023 | 0.210 | −0.079 | −0.112 | 0.556 | 0.064 |
| $X_{40}$ 武术宣传的内容 | 0.204 | 0.800 | 0.143 | −0.068 | 0.022 | −0.046 | −0.007 | 0.093 | 0.078 | −0.222 |
| $X_{41}$ 升学的优惠政策 | 0.317 | 0.384 | 0.223 | 0.180 | 0.100 | 0.109 | 0.010 | 0.107 | 0.071 | 0.692 |

因子8包含的$X_{29}$省级武术比赛的组织、$X_{30}$全国武术学校的比赛是武术学校学生较难获得参赛名额的赛事,调查数据显示贡献率也较小。研究中市级比赛的组织情况的载荷量和贡献率均高于省级赛事和全国武术学校赛事,可说明市级武术赛事参赛限制条件少,普及面广,是武术学校学生参与较多的赛事,也必然成为武术学校武术教师重视的赛事。

因子9包含的$X_{21}$家长动机、$X_{22}$家长支持程度在武术学校的武术开展中所产生的影响效果比起亲戚和朋友的支持程度较小。调查结果显示,武术学校的武术开展受亲戚和朋友的影响较家长的影响更大。

因子10包含$X_{41}$升学的优惠政策。武术学校的学生的升学途径包括进入专业队、考入高校、从事影视娱乐业、直接就业创业等。调查数据显示,武术学校的武术教师对武术学校学生升学的优惠政策关注度较缺乏。此外,升学的优惠政策这一项也可由指标$X_{35}$武术学校学生输送的情况代替。

在对因子7、因子8、因子9及因子10进行解释的基础上,本研究仅对剩余的6个公因子进行命名与分析。

## (二)影响武术学校的武术运动发展的因子命名及分析

武术学校的武术运动发展影响因子由6个因子构成,因子1为认知因子,因子2为发展因子,因子3为管理因子,因子4为竞技因子,因子5为支持因子,因子6为设施因子。

1.认知因子

认知因子的贡献率在所有主因子中最大(见表3-160)。其中,武术训练内容的选择、武术训练方法的选择、武术动作的标准化程度、武术教师对武术内容的认知、武术教师对武术文化的认知、武术教师对武术技击功能的认知、武术教师对武德教育的认知等各项的载荷量较大。可以理解为,武术学校中,武术教师在武术运动发展中起一个先导作用,其对武术的认知在一定程度上决定了武术学校学生的水平,包括武术学校学生对武术内容的认知、武术学校学生对武术文化的认知、武术学校学生对武术技击功能的认知、武术学校学生的参赛机会、武术学校学生参加比赛的成绩、武术学校学生学习武术的动机、武术学校学生的损伤情况等。正确选择教学内容、手段和方法是一名武术教师所该具备的基本素质,合理安排教学内容、手段和方法才能充分发挥运动员的潜力和能力。同时,武术教师对学生的重视程度能够有效缓解学生的学训矛盾,使学生在提高运动水平的过程中也能够学习理论文化知识。

表3-160 第一因子指标命名、序号、内容、载荷量、贡献率、累计贡献率

| 命名 | 序号 | 内容 | 载荷量 | 贡献率/% | 累计贡献率/% |
|---|---|---|---|---|---|
| 认知因子 | $X_1$ | 武术学校学生对武术内容的认知 | 0.705 | 26.882 | 26.882 |
| | $X_2$ | 武术学校学生对武术文化的认知 | 0.696 | | |
| | $X_3$ | 武术学校学生对武术技击功能的认知 | 0.595 | | |
| | $X_4$ | 武术学校学生的参赛机会 | 0.550 | | |
| | $X_5$ | 武术学校学生参加比赛的成绩 | 0.445 | | |
| | $X_6$ | 武术学校学生学习武术的动机 | 0.532 | | |
| | $X_7$ | 武术学校学生的损伤 | 0.641 | | |
| | $X_8$ | 武术训练内容的选择 | 0.781 | | |
| | $X_9$ | 武术训练方法的选择 | 0.852 | | |
| | $X_{10}$ | 武术动作的标准化程度 | 0.860 | | |
| | $X_{11}$ | 武术教师对武术内容的认知 | 0.836 | | |
| | $X_{12}$ | 武术教师对武术文化的认知 | 0.740 | | |
| | $X_{13}$ | 武术教师对武术技击功能的认知 | 0.839 | | |
| | $X_{14}$ | 武术教师对武德教育的认知 | 0.808 | | |
| | $X_{15}$ | 武术教师的武术指导水平 | 0.851 | | |
| | $X_{16}$ | 武术教师对学生的重视程度 | 0.708 | | |
| | $X_{34}$ | 武术学校学生的学训矛盾 | 0.511 | | |

2.发展因子

发展因子贡献率排列第二(见表3-161)。该因子中载荷量最大的是武术宣传的内容。武术学校大部分是自负盈亏的民办学校,不同于普通的中小学和体育学校,武术学校的学生招生更多地依赖对该校武术开展情况的宣传,其中包括各种不同途径的宣传,不同方式的表演以及不同方面的展示等。武术运动在武术学校中的开展最终是要为学生寻找不同的就业出

路,如输送到专业队、输送至高校、直接就业等。因此武术学校学生的输送情况应作为重点影响因素进行探讨。

表 3-161　第二因子指标命名、序号、内容、载荷量、贡献率、累计贡献率

| 命名 | 序号 | 内容 | 载荷量 | 贡献率/% | 累计贡献率/% |
|---|---|---|---|---|---|
| 发展因子 | $X_{35}$ | 武术学校学生输送的情况 | 0.542 | 9.343 | 36.225 |
| | $X_{36}$ | 武术学校学生的招生情况 | 0.680 | | |
| | $X_{37}$ | 武术表演的开展情况 | 0.759 | | |
| | $X_{38}$ | 影视武术的宣传 | 0.602 | | |
| | $X_{39}$ | 武术宣传的途径 | 0.524 | | |
| | $X_{40}$ | 武术宣传的内容 | 0.800 | | |

3.管理因子

管理因子的贡献率排列第三(见表 3-162)。其中,武术比赛的赛制安排情况的载荷量最大。分析可知,武术比赛的赛制安排情况会影响青少年武术运动的开展,如武术项目上、时间上的不合理安排等影响运动员参赛的积极性,以及比赛中武术技术水平的发挥。武术学校学生所能参加的比赛基本以市级比赛为主,因此,市级武术比赛的次数、赛事的时间档等赛制的合理安排必然会促进青少年练习武术的兴趣。对青少年武术运动开展起较大作用的还有武术教师对武术教学手段、教学方法的选择及学校领导的重视程度。武术教师的教学手段和方法影响着学生练习武术的兴趣和效果,从而影响到武术比赛所获得的成绩。学校领导的重视能够为师生提供良好的训练条件,为提高学生武术技术水平奠定基础。

表 3-162　第三因子指标命名、序号、内容、载荷量、贡献率、累计贡献率

| 命名 | 序号 | 内容 | 载荷量 | 贡献率/% | 累计贡献率/% |
|---|---|---|---|---|---|
| 管理因子 | $X_{19}$ | 武术教师对武术教学手段的选择 | 0.576 | 7.049 | 43.273 |
| | $X_{20}$ | 武术教师对武术教学方法的选择 | 0.531 | | |
| | $X_{26}$ | 武术比赛的赛制安排情况 | 0.803 | | |
| | $X_{27}$ | 区级武术比赛的组织 | 0.565 | | |
| | $X_{31}$ | 学校领导的重视程度 | 0.493 | | |

## 第三章 青少年武术的发展

### 4.竞技因子

竞技因子包括竞技体育运动学校武术的开展情况、市级武术比赛的组织(见表3-163)。竞技体育运动学校武术的开展情况关系着武术学校的武术开展情况,分析其原因可认为武术学校优秀的武术苗子大部分被选拔到竞技体育运动学校中,在竞技体育运动学校表现优异,获得较好的运动水平后可输送到省队,可以说竞技体育运动学校是武术学校学生成长的踏板和摇篮。因此,竞技体育运动学校的武术开展情况对武术学校武术的开展有着重大的影响。同时,武术学校学生能参加的比赛更多的是市级比赛,市级比赛为大部分武术学校的学生提供了竞赛的平台,也是竞技体育运动学校众多选才途径之一,因此,市级武术比赛的组织对武术学校的武术开展有较大影响。

表3-163 第四因子指标命名、序号、内容、载荷量、贡献率、累计贡献率

| 命名 | 序号 | 内容 | 载荷量 | 贡献率/% | 累计贡献率/% |
|---|---|---|---|---|---|
| 竞技因子 | $X_{25}$ | 竞技体育运动学校武术的开展情况 | 0.530 | 5.776 | 49.049 |
|  | $X_{28}$ | 市级武术比赛的组织构成 | 0.843 |  |  |

### 5.支持因子

支持因子包括亲戚的支持程度、朋友的支持程度(见表3-164)。大部分武术学校学生获知习武途径是通过亲戚或朋友的介绍或推荐。亲戚和朋友对习武的高认可度可提高学生的自信心,增加学生进入武术学校学习武术的概率。比如武术学校的学生在亲戚朋友面前进行表演,亲戚朋友对其展示内容的肯定将影响其是否延续习练武术,进而影响武术学校武术的开展。

表3-164 第五因子指标命名、序号、内容、载荷量、贡献率、累计贡献率

| 命名 | 序号 | 内容 | 载荷量 | 贡献率/% | 累计贡献率/% |
|---|---|---|---|---|---|
| 支持因子 | $X_{23}$ | 亲戚的支持程度 | 0.824 | 5.741 | 54.790 |
|  | $X_{24}$ | 朋友的支持程度构成 | 0.875 |  |  |

### 6.设施因子

设施因子包括武术训练场地设施的情况、武术器材设施情况(见表3-165)。武术场地设施最主要体现在武术地毯的配备。优质的、与竞赛相匹配的武术地毯,不仅可以降低学生受伤概率,而且为学生在各级别武术竞赛中获得成绩提供保证,因此武术训练场地设施的情况对武术学校的武术开展影响较大。武术器材设施作为武术学校学生训练的基础条件,对武术运动的开展的影响也是不容忽视的。较好的器材设施能够满足运动需要,能够为学生提高武术技术水平提供实质的帮助。

表3-165　第六因子指标命名、序号、内容、载荷量、贡献率、累计贡献率

| 命名 | 序号 | 内容 | 载荷量 | 贡献率/% | 累计贡献率/% |
| --- | --- | --- | --- | --- | --- |
| 设施因子 | $X_{32}$ | 武术训练场地设施的情况 | 0.789 | 5.388 | 60.178 |
| | $X_{33}$ | 武术器材设施情况 | 0.725 | | |

## 四、本节小结

(1)武术学校的学生主要通过家庭成员认识武术,在家庭成员的帮助下,进入武术学校进行武术训练。在武术内容认知方面,中小学及青少年宫武术习练者与武术学校学生对武术内容的认知基本一致,拳术、器械、对练是武术内容的认知度都非常高。在武术健身操的调查中,49.5%的武术学校学生不知道武术健身操,只有9.5%的武术学校学生知道有4套武术健身操。

(2)在对武术动作的认知方面,武术学校学生对武术动作学习难易程度的认知差别不大,认为容易的占43.2%,认为困难的占42.4%;对武术动作学习的主观感觉中,有73.1%以上的学生认为学习武术动作很有趣;对于武术动作危险程度的认知中,有39.4%的学生认为武术动作学习危险,44.7%的学生认为武术动作学习不危险;有83.5%以上的学生认为武术动作是美观的。

(3)从调查的数据比例排序可以得出,武术学校学生对武术功能的认知依次为强身健体、防身自卫、弘扬民族精神、宣传武术文化。在对武术属性的认知上,武术学校学生认为武术首先是一项体育运动,其次是一种文

化,最后是一门艺术。

(4)在对武术抱拳礼的认知方面,武术学校学生认为抱拳礼首先是尊重对手、点到为止的武德体现,其次是一种中国礼仪,最后是武术的象征。在对武术段位制认知方面,有59.2%的武术学校学生对最高段位认知不到位,甚至有32.2%的学生不知道武术的最高段位是9段。

(5)在对武术竞赛的认知方面,武术学校学生对武术竞赛规则的认知还比较模糊。在对青少年最高级别武术竞赛的认知中,不知道的学生占的比例也很高,可见学生对竞赛的认知度不高。

(6)研究调查的14所武术学校武术教师的文化程度总体偏低,多以中专或高中、大专为主。武术教师的文化程度总体偏低,执教经验、年限不足,技术水平低,主要的原因是大部分武术教师也来自武术学校(很多还属于本校学生,毕业后留校工作),所接受的技术通常是师父传徒弟、徒弟传徒弟的学习模式,未经过专业队的专业训练及高等院校的训练理论知识学习,教学以自身训练经验为主。同时,武术学校武术教师的综合素质普遍较低还体现在理论水平以及科研水平总体偏低。

(7)通过对武术学校武术教师近三年参加进修的情况进行调查,结果显示有42.5%以上的武术教师表示没有参加过任何的进修,而且培训机会较少,因此武术教师无法及时了解国家体育总局发布的最新资讯,部分环节与实际情况严重脱节。在工资待遇方面,虽然调查问卷显示多数武术教师对现在的工资的满意度为一般,但从访谈得知,武术学校武术教师的基本工资只有2000元左右,个别武术学校在武术教师管理不善时还存在扣工资的情况。

(8)武术学校训练经费和比赛经费史多来自学校盈利拨款和学生自筹,武术教师认为目前的经费投入情况是可以满足学生进行训练和比赛的要求。此外,可以通过参与不同级别的比赛,获得各级教育和体育主管部门的阶段性资助。

(9)武术学校的武术教师在实施训练过程中对心理素质训练的注重程度是不足的,主要原因在于武术学校武术教师对具体心理素质训练方法的认识与掌握程度不足。训练方法不当表现为科学训练较少;在训练计划的制订上,武术学校武术教师所制订的训练计划更多的是形式主义凌驾于实用之上,以应付学校或者上级领导的检查,缺乏可操作性和合理性。

(10)在影响武术学校的武术发展的因素调查方面,研究通过因子分析得出武术学校的武术运动开展的影响因子由认知因子、发展因子、管理因子、竞技因子、支持因子、设施因子构成。其中,认知因子是影响武术学校的武术运动开展的最重要、最直接的因子,其次是发展因子、管理因子、竞技因子、支持因子、设施因子。

## 第四节 体育运动学校武术的发展

### 一、体育运动学校

体育运动学校的前身是业余体校,业余体校是我国业余体育训练的主要形式,也是我国高水平体育运动员的主要来源。正规的青少年业余训练发端于1955年,国家体委在北京、天津、上海试办了3所青少年业余体育训练学校。而规模化的训练制度的建立则开始于1956年,其标志为国家体委要求各省、自治区、直辖市体委建立青少年业余体校时所颁布的《青年业余体育学校章程(草案)》《少年业余体育学校章程(草案)》。自此,我国开始了以体委系统为主的青少年业余体育训练的新征程。我国业余体育训练最初是指利用业余时间,对青少年进行早期专项运动技术的训练,是培养优秀运动员后备人才的重要形式,同时也起到培养基层体育积极分子,推动群众性体育运动普及与提高的作用。后来国家对竞技体育实行举国体制,以全运会、省运会为杠杆,促使各级政府对优秀运动队和部分业余体校投入大量的人力和物力,并且实行比较完善的激励机制。就整体而言,业余体校训练取得了比较高的竞技后备人才培养效益。据统计,从2001年至2005年,各级各类业余体校平均每年向优秀运动队输送3000余人,约占优秀运动队招生人数的93%。在2001年至2004年奥运周期中,我国产生了391个世界冠军,其中95%的运动员来自各级各类业余体校。其中,2004年第28届雅典奥运会上取得32枚金牌的50名运动员则全部来自业余体校。

随着社会的发展,业余体校的办学形式也发生了很大的变化,从最初的学生利用课余时间进行训练的单一模式,发展演变为走训、二集中、三集中三种不同的形式。但由于参与体育项目锻炼逐渐便利,高校门槛也逐渐降低,再加上高校体育的蓬勃发展,青少年成才的途径更加多元化,业余体校逐渐失去了吸引力,青少年对单一参加运动训练放弃文化学习的模式越来越失去兴趣。因此,近几年来越来越多的业余体校通过升级成为中等体育运动学校,或以体教联办的方式进行转型,全国各地的业余体校也逐步成为体育运动学校。

## 二、体育运动学校武术的发展现状

### (一)体育运动学校武术开展形式分析

体育运动学校一般为公办学校,遵循九年制义务教育政策。体育运动学校的学生学习武术基本采用收费学习的方式,一般在 200 元以上,1000 元以下。但是学生在比赛中获得成绩后,可能就不用再交习练武术的费用,这种收费的情况也有一定的地域差异(见表 3-166)。

表 3-166 体育运动学校学生每学期进行武术学习的收费情况(多项选择)($N=121$)

| 指标 | 200元以下 | 201元—400元 | 401元—600元 | 601元—800元 | 801元—1000元 | 1000元以上 | 不收费 | 初级班收费 | 有比赛成绩不收费 |
|---|---|---|---|---|---|---|---|---|---|
| 频数 | 4 | 11 | 11 | 13 | 11 | 19 | 39 | 19 | 16 |
| 占比/% | 3.3 | 9.1 | 9.1 | 10.7 | 9.1 | 15.7 | 32.2 | 15.7 | 13.2 |

### (二)体育运动学校武术运动员的现状分析

1.被调查的体育运动学校武术运动员的基本信息

本研究在 16 个省市随机调查了 887 名体育运动学校的武术运动员。结果显示,被调查的武术运动员集中在 7 岁以上,18 岁以下,其中7—12岁的武术运动员占 37.8%;习武年限在 3 年及以下居多,这些武术运动员每周训练不少于 5 次,每次训练时间为 2 小时及以上,具体见表 3-167。

表 3-167　体育运动学校被调查武术运动员的基本信息（N＝887）

| 变量 | | 频数 | 占比/% |
|---|---|---|---|
| 性别 | 男 | 618 | 69.7 |
| | 女 | 269 | 30.3 |
| 年龄 | 7—12 岁 | 335 | 37.8 |
| | 13—15 岁 | 284 | 32.0 |
| | 16—18 岁 | 220 | 24.8 |
| | 19 岁及以上 | 48 | 5.4 |
| 年级 | 小学 1—3 年级 | 134 | 15.1 |
| | 小学 4—6 年级 | 264 | 29.8 |
| | 初中 | 307 | 34.6 |
| | 高中 | 139 | 15.7 |
| | 高等院校 | 43 | 4.8 |
| 习武年限 | 0 年＜A≤3 年 | 494 | 55.7 |
| | 3 年＜A≤6 年 | 283 | 31.9 |
| | 6 年＜A≤9 年 | 86 | 9.7 |
| | 9 年＜A≤12 年 | 20 | 2.2 |
| | A＞12 年 | 4 | 0.5 |
| 习武次数/周 | 1 次 | 38 | 4.3 |
| | 2 次 | 24 | 2.7 |
| | 3 次 | 53 | 6.0 |
| | 4 次 | 76 | 8.6 |
| | 5 次及以上 | 696 | 78.4 |
| 习武时间/次 | 1 时以下 | 39 | 4.4 |
| | 1 时 | 32 | 3.6 |
| | 1.5 时 | 60 | 6.7 |
| | 2 时 | 287 | 32.4 |
| | 2.5 时及以上 | 469 | 52.9 |

2.体育运动学校的武术运动员认知武术的途径

本研究采用多项选择的形式,通过问卷调查体育运动学校武术运动员认知武术的主要途径,具体结果见表 3-168。

表 3-168　体育运动学校的武术运动员对武术的认知途径(多项选择)($N=887$)

| 指标 | 多媒体 | 家庭成员 | 朋友 | 学校体育课 | 报刊 | 武侠小说 | 比赛或大型活动 | 其他 |
| --- | --- | --- | --- | --- | --- | --- | --- | --- |
| 频数 | 319 | 248 | 149 | 185 | 23 | 74 | 109 | 50 |
| 占比/% | 36.0 | 28.0 | 16.8 | 20.9 | 2.6 | 8.3 | 12.3 | 5.6 |

调查统计的数据显示,体育运动学校的武术运动员获知武术的主要途径是多媒体,其次是从家庭成员中获悉,再次是在学校体育课中初步认识武术。

3.体育运动学校的武术运动员习武的动机

问卷调查的结果显示(见表 3-169),体育运动学校的武术运动员习武的动机主要是强身健体,其次为防身自卫,再次是学习中国文化。体育运动学校的主要任务是培养高水平的运动员,让其参加各类比赛,并取得成绩,但是被调查的 877 名武术运动员中只有 28.2% 的运动员学习武术是为了获得比赛成绩。

表 3-169　体育运动学校的武术运动员的习武动机(多项选择)($N=887$)

| 指标 | 强身健体 | 防身自卫 | 获得比赛成绩 | 娱乐玩耍 | 成为武打明星 | 学习中国文化 | 出人头地 | 继承技艺 | 受家庭影响 | 其他 |
| --- | --- | --- | --- | --- | --- | --- | --- | --- | --- | --- |
| 频数 | 592 | 344 | 250 | 29 | 120 | 314 | 166 | 89 | 25 | 18 |
| 占比/% | 66.7 | 38.8 | 28.2 | 3.3 | 13.5 | 35.4 | 18.7 | 10.0 | 2.8 | 2.0 |

4.体育运动学校的武术运动员对武术的认知

(1)体育运动学校的武术运动员对武术内容的认知

虽然调查的数据显示(见表 3-170),体育运动学校的武术运动员相比中小学、青少年宫、武术学校的武术习练者,其对武术内容的认知比较集中,一致性很高。但是从调查结果中发现,作为以培养武术专业人才为主要任务的体育运动学校仍有 12.6% 和 12.9% 的武术运动员将跆拳道和拳击列入武术内容。

表 3-170　体育运动学校的武术运动员对武术内容的了解程度（多项选择）（$N=887$）

| 指标 | 拳术 | 散打 | 集体项目 | 器械 | 跆拳道 | 拳击 | 对练 | 不知道 |
| --- | --- | --- | --- | --- | --- | --- | --- | --- |
| 频数 | 652 | 393 | 436 | 669 | 112 | 114 | 542 | 27 |
| 占比/% | 73.5 | 44.3 | 49.2 | 75.4 | 12.6 | 12.9 | 61.1 | 3.0 |

对体育运动学校的武术运动员初习的武术内容的调查结果显示（见表3-171），学习内容排在首位的是武术基本功训练，其次是抱拳礼和组合动作等的练习。通过与部分运动员进行面对面访谈得知，一般老师会在需要参加比赛前练习和讲解抱拳礼，因此"习武先习礼"的武德要求在体育运动学校武术运动员的武术学习过程中并不凸显。

表 3-171　体育运动学校的武术运动员初习的武术内容（多项选择）（$N=887$）

| 指标 | 组合动作 | 抱拳礼 | 基本功 | 拳术套路 | 格斗动作 | 器械套路 | 其他 |
| --- | --- | --- | --- | --- | --- | --- | --- |
| 频数 | 153 | 228 | 697 | 112 | 37 | 92 | 18 |
| 占比/% | 17.2 | 25.7 | 78.6 | 12.6 | 4.2 | 10.4 | 2.0 |

对体育运动学校的武术运动员当前练习的武术内容的调查结果显示（见表3-172），武术运动员以自选套路为主要练习内容，其次是传统套路。自选套路是各省武术锦标赛的主要参赛项目。武术运动员当前练习的武术内容对于国家着力推广的武术健身操和段位制套路的练习涉及较少，这与体育运动学校必须参与或注重的武术比赛中没有设立这些项目有很大的关系。

表 3-172　体育运动学校的武术运动员当前习练的武术内容（多项选择）（$N=887$）

| 指标 | 传统套路 | 武术健身操 | 段位制套路 | 国际规定套路 | 散打 | 自选套路 | 不知道 | 其他 |
| --- | --- | --- | --- | --- | --- | --- | --- | --- |
| 频数 | 327 | 74 | 40 | 246 | 77 | 335 | 49 | 14 |
| 占比/% | 36.9 | 8.3 | 4.5 | 27.7 | 8.7 | 37.8 | 5.5 | 1.6 |

没有比赛，就不会传授，这是体育运动学校的武术训练的特点。因此，有55.9%的体育运动学校的武术运动员不知道武术健身操，即使有部分的武术运动员知道武术健身操，其认知度集中在武术健身操为2套（见表3-173）。

表 3-173　体育运动学校的武术运动员对武术健身操的认知（$N=887$）

| 指标 | 4 套 | 3 套 | 2 套 | 1 套 | 不知道 |
| --- | --- | --- | --- | --- | --- |
| 频数 | 52 | 84 | 185 | 70 | 496 |
| 占比/% | 5.8 | 9.5 | 20.9 | 7.9 | 55.9 |

（2）体育运动学校的武术运动员对武术动作的认知

本研究从武术运动员对武术动作学习的难易程度的认知（见表 3-174）、主观感觉（见表3-175），以及对武术动作的美观程度的认知（见表 3-176）、危险程度的认知（见表 3-177）判断武术运动员对武术动作的认知情况。

表 3-174　体育运动学校的武术运动员对武术动作学习难易程度的认知（$N=887$）

| 指标 | 非常容易 | 容易 | 不知道 | 困难 | 非常困难 |
| --- | --- | --- | --- | --- | --- |
| 频数 | 32 | 311 | 136 | 380 | 28 |
| 占比/% | 3.6 | 35.1 | 15.3 | 42.8 | 3.2 |

表 3-175　体育运动学校的武术运动员对武术动作学习的主观感觉（$N=887$）

| 指标 | 非常枯燥 | 枯燥 | 不知道 | 有趣 | 非常有趣 |
| --- | --- | --- | --- | --- | --- |
| 频数 | 15 | 84 | 111 | 542 | 135 |
| 占比/% | 1.7 | 9.5 | 12.5 | 61.1 | 15.2 |

表 3-176　体育运动学校的武术运动员对武术动作危险程度的认知（$N=887$）

| 指标 | 非常危险 | 危险 | 不知道 | 不危险 | 完全不危险 |
| --- | --- | --- | --- | --- | --- |
| 频数 | 20 | 403 | 120 | 306 | 38 |
| 占比/% | 2.3 | 45.4 | 13.5 | 34.5 | 4.3 |

表 3-177　体育运动学校的武术运动员对武术动作美观程度的认知（$N=887$）

| 指标 | 非常美观 | 美观 | 不知道 | 不美观 | 非常不美观 |
| --- | --- | --- | --- | --- | --- |
| 频数 | 228 | 590 | 45 | 19 | 5 |
| 占比/% | 25.7 | 66.5 | 5.1 | 2.1 | 0.6 |

调查结果显示，武术运动员认为武术动作学习是困难的，但武术动作的学习过程是有趣的。有 47.7% 的武术运动员认为学习武术动作是危险和非常危险的，但是普遍认为武术动作是美观的。

(3) 体育运动学校的武术运动员对武术功能的认知

体育运动学校的武术运动员较为集中地认为武术的功能是强身健体，有53.8%的学生认为武术还有宣传武术文化的功能，有52.6%的学生认为武术有弘扬民族精神的功能，这与以武术为媒介大力弘扬民族精神的大背景相符（见表3-178）。

表3-178　体育运动学校的武术运动员对武术功能的认知（多项选择）（$N=887$）

| 指标 | 强身健体 | 防身自卫 | 打抱不平 | 宣传武术文化 | 娱乐表演 | 弘扬民族精神 | 尊师重道 |
|---|---|---|---|---|---|---|---|
| 频数 | 689 | 445 | 103 | 477 | 304 | 467 | 301 |
| 占比/% | 77.7 | 50.2 | 11.6 | 53.8 | 34.3 | 52.6 | 33.9 |

(4) 体育运动学校的武术运动员对武术属性的认知

体育运动学校一般都会包含篮球、乒乓球等其他体育运动项目，武术运动员身处多个体育运动项目的学校内，自然认为武术是一项体育运动项目，其次有52.2%的武术运动员认为武术是一种文化。由于在武术练习过程中，武术教师强调武术动作的美观度，让一些武术运动员认为武术应该是一门艺术（见表3-179）。

表3-179　体育运动学校的武术运动员对武术属性的认知（多项选择）（$N=887$）

| 指标 | 一项体育运动 | 一种文化 | 一门学科 | 一门艺术 | 一种哲学 | 一种宗教 | 不知道 |
|---|---|---|---|---|---|---|---|
| 频数 | 669 | 463 | 142 | 433 | 111 | 95 | 28 |
| 占比/% | 75.4 | 52.2 | 16.0 | 48.8 | 12.5 | 10.7 | 3.2 |

(5) 体育运动学校的武术运动员对武术抱拳礼的认知

在抱拳礼的认知上，有42.8%的武术运动员认为其含义主要是尊重对手、点到为止的武德体现，其次有38.7%的武术运动员认为抱拳礼是一种中国礼仪，有29.3%的武术运动员认为抱拳礼就是武术的象征（见表3-180）。

表 3-180 体育运动学校的武术运动员对武术抱拳礼含义的认知(多项选择)($N=887$)

| 指标 | 侠义气派的体现 | 武术的象征 | 尊重对手、点到为止的体现 | 一种中国礼仪 | 不知道 | 其他 |
|---|---|---|---|---|---|---|
| 频数 | 51 | 260 | 380 | 343 | 48 | 7 |
| 占比/% | 5.7 | 29.3 | 42.8 | 38.7 | 5.4 | 0.8 |

(6)体育运动学校的武术运动员对武术段位制的认知

体育运动学校的武术运动员对武术段位的认知是比较模糊的,虽然有41.0%的武术运动员认识到武术的最高段位是9段,但调查的数据中,有36.3%的武术运动员不知道武术段位制的最高段位(见表3-181)。

表 3-181 体育运动学校的武术运动员对武术最高段位的认知($N=887$)

| 指标 | 6 段 | 7 段 | 8 段 | 9 段 | 10 段 | 不知道 |
|---|---|---|---|---|---|---|
| 频数 | 23 | 12 | 39 | 364 | 127 | 322 |
| 占比/% | 2.6 | 1.4 | 4.4 | 41.0 | 14.3 | 36.3 |

(7)体育运动学校的武术运动员对武术竞赛的认知

本研究通过调查体育运动学校的武术运动员对武术竞赛的满分(见表3-182)、评分裁判人数(见表3-183)以及对青少年最高级别武术竞赛(见表3-184)的认知,了解体育运动学校的武术运动员对武术竞赛的认知。

表 3-182 体育运动学校的武术运动员对武术套路竞赛满分的认知($N=887$)

| 指标 | 5 分 | 10 分 | 100 分 | 没有限制 | 不知道 |
|---|---|---|---|---|---|
| 频数 | 7 | 766 | 25 | 7 | 82 |
| 占比/% | 0.8 | 86.4 | 2.8 | 0.8 | 9.2 |

表 3-183 体育运动学校的武术运动员对武术套路竞赛评分裁判人数的认知($N=887$)

| 指标 | 5 人 | 10 人 | 15 人 | 20 人 | 不知道 |
|---|---|---|---|---|---|
| 频数 | 164 | 310 | 163 | 20 | 230 |
| 占比/% | 18.5 | 34.9 | 18.4 | 2.3 | 25.9 |

表3-184 体育运动学校的武术运动员对青少年最高级别武术竞赛的认知（$N=887$）

| 指标 | 地市级比赛 | 省级比赛 | 全国青少年锦标赛 | 亚洲青少年锦标赛 | 世界青少年锦标赛 | 青年奥林匹克运动会 | 不知道 |
|---|---|---|---|---|---|---|---|
| 频数 | 19 | 47 | 112 | 50 | 286 | 200 | 173 |
| 占比/% | 2.2 | 5.4 | 12.6 | 5.6 | 32.2 | 22.5 | 19.5 |

调查结果显示，体育运动学校的武术运动员对武术竞赛的评分方法的认知度高，达86.4%。离散的数据显示，武术运动员对于竞赛评分裁判人数和青少年最高级别武术竞赛的认知度是相对较低的，需要武术教师在日常训练中传授相应的竞赛知识以符合体育运动学校培养高水平运动员的要求。

5.体育运动学校的武术运动员的选拔

体育运动学校的武术运动员一般需要经过相应运动项目的专项身体素质测试后才能入选（见表3-185）。武术运动员不仅要有一定的身体素质要求，更要具备练习武术的天赋和毅力，只有经历过磨炼的运动员，才能在武术运动的舞台大放光芒。

表3-185 体育运动学校的武术教师对运动员的选拔情况（$N=121$）

| 指标 | 有严格的选材测试 | 有简单的选材测试 | 没有选材测试 |
|---|---|---|---|
| 频数 | 29 | 68 | 24 |
| 占比/% | 24.0 | 56.2 | 19.8 |

数据显示（见表3-186），体育运动学校的武术教师招收武术运动员主要是自己到基层招收没有任何基础的运动员，经过自己3—4年的培养后，让其参加省级比赛，这中间不乏有很多自我淘汰的。如果中小学和青少年宫的武术兴趣班能与体育运动学校的武术招生衔接起来，就可以避免一定程度上的后备人才的流失。

表3-186 体育运动学校的武术运动员的招生渠道（多项选择）（$N=121$）

| 指标 | 学校推荐 | 青少年宫推荐 | 慕名而来 | 朋友推荐 | 自主招生 |
|---|---|---|---|---|---|
| 频数 | 62 | 23 | 57 | 60 | 74 |
| 占比/% | 51.2 | 19.0 | 47.1 | 49.6 | 61.2 |

从表 3-187 统计的数据可知,体育运动学校的武术运动员出现流失现象的习武年限没有过多的规律可循。从表 3-188 统计的结果可以得出,体育运动学校的武术运动员在 7—9 年级时比较容易出现中断武术训练的情况,其原因有:该阶段刚好处于运动员青春期,身体和心理的变化较大;初中阶段的学业比较紧张。

表 3-187 体育运动学校的武术运动员出现流失现象的习武年限($N=121$)

| 指标 | $A<0.5$ 年 | $0.5$ 年$\leq A\leq 1$ 年 | $1$ 年$<A\leq 2$ 年 | $2$ 年$<A\leq 3$ 年 | $3$ 年$<A\leq 4$ 年 | $A>4$ 年 | 无固定的年限 |
|---|---|---|---|---|---|---|---|
| 频数 | 8 | 23 | 22 | 12 | 15 | 19 | 22 |
| 占比/% | 6.6 | 19.0 | 18.2 | 9.9 | 12.4 | 15.7 | 18.2 |

表 3-188 体育运动学校的武术运动员最容易出现流失现象的年级($N=121$)

| 指标 | 3 年级及以下 | 4—6 年级 | 7—9 年级 | 9 年级以上 |
|---|---|---|---|---|
| 频数 | 8 | 49 | 52 | 12 |
| 占比/% | 6.6 | 40.5 | 43.0 | 9.9 |

6.影响体育运动学校的武术运动员练习武术的因素分析

对 887 名体育运动学校的武术运动员进行问卷调查后得出(见表 3-189),影响武术运动员持续参加武术训练的主要因素依次是"没有好的老师""老师不关注我"。此外,武术运动员认为比赛成绩不理想会影响其对武术练习的兴趣;如果不能参加相应的武术比赛,武术运动员会认为自己不适合练习武术。

表 3-189 影响体育运动学校武术运动员的因素($N=887$)

| 影响因素 | 非常影响 频数 | 非常影响 占比/% | 影响 频数 | 影响 占比/% | 不知道 频数 | 不知道 占比/% | 影响不大 频数 | 影响不大 占比/% | 非常不影响 频数 | 非常不影响 占比/% |
|---|---|---|---|---|---|---|---|---|---|---|
| 没有好的老师 | 219 | 24.7 | 343 | 38.7 | 112 | 12.6 | 115 | 13.0 | 98 | 11.0 |
| 老师教得不好 | 199 | 22.4 | 341 | 38.4 | 106 | 12.0 | 145 | 16.4 | 96 | 10.8 |
| 老师不关注我 | 185 | 20.9 | 367 | 41.4 | 106 | 12.0 | 144 | 16.2 | 85 | 9.5 |
| 比赛成绩不理想 | 175 | 19.7 | 383 | 43.2 | 88 | 9.9 | 183 | 20.6 | 58 | 6.6 |

续表

| 影响因素 | 非常影响 频数 | 占比/% | 影响 频数 | 占比/% | 不知道 频数 | 占比/% | 影响不大 频数 | 占比/% | 非常不影响 频数 | 占比/% |
|---|---|---|---|---|---|---|---|---|---|---|
| 文化学习繁重，没有时间 | 152 | 17.1 | 259 | 29.2 | 106 | 12.0 | 254 | 28.6 | 116 | 13.1 |
| 父母不支持 | 191 | 21.5 | 277 | 31.2 | 98 | 11.0 | 148 | 16.7 | 173 | 19.6 |
| 没能参加比赛 | 173 | 19.5 | 318 | 35.9 | 82 | 9.2 | 238 | 26.8 | 76 | 8.6 |
| 武术动作缺乏对抗性 | 54 | 6.1 | 206 | 23.2 | 177 | 20.0 | 329 | 37.1 | 121 | 13.6 |
| 武术内容太难 | 48 | 5.4 | 172 | 19.4 | 98 | 11.0 | 453 | 51.1 | 116 | 13.1 |
| 与影视上的武术相差甚远 | 65 | 7.3 | 124 | 14.0 | 154 | 17.4 | 356 | 40.1 | 188 | 21.2 |
| 武术练习太累 | 41 | 4.6 | 152 | 17.1 | 86 | 9.7 | 455 | 51.3 | 153 | 17.3 |

### (三)体育运动学校的武术教师现状分析

1. 体育运动学校的武术教师的基本信息

被调查的教师问卷中共有121人为体育运动学校的武术教师。根据调查结果（见表3-190），以31—40岁的教师居多，其中有58.7%的武术教师带队年限在10年及以下。在职称方面，无职称教练有11人、初级教练有22人、中级教练有60人、高级教练有27人、国家级教练有1人。在运动等级情况方面，运动健将级及以上有26人、一级有36人、二级有45人、三级有3人、无级别有11人。在运动经历方面，国家队运动员有6人、省专业队运动员有65人、市级体育运动学校运动员有40人、县级体育运动学校有5人、其他有5人。在调查执教背景中发现，体育院系毕业后任教的人数占总人数的39.6%，运动员退役后任教的人数占总人数的32.2%。武术教师的学历主要以本科毕业为主。

表 3-190　体育运动学校被调查的武术教师基本信息（$N=121$）

| 变量 | | 频数 | 占比/% |
| --- | --- | --- | --- |
| 性别 | 男 | 77 | 63.6 |
| | 女 | 44 | 36.4 |
| 年龄 | 20 岁以下 | 3 | 2.5 |
| | 21—30 岁 | 26 | 21.5 |
| | 31—40 岁 | 86 | 71.1 |
| | 41—50 岁 | 5 | 4.1 |
| | 51—60 岁 | 1 | 0.8 |
| 带队年限 | D≤5 年 | 37 | 30.6 |
| | 5 年＜D≤10 年 | 34 | 28.1 |
| | 10 年＜D≤15 年 | 15 | 12.4 |
| | 15 年＜D≤20 年 | 15 | 12.4 |
| | D＞20 年 | 20 | 16.5 |
| 职称 | 无职称 | 11 | 9.1 |
| | 初级教练 | 22 | 18.2 |
| | 中级教练 | 60 | 49.6 |
| | 高级教练 | 27 | 22.3 |
| | 国家级教练 | 1 | 0.8 |
| 运动等级 | 运动健将级及以上 | 26 | 21.5 |
| | 一级 | 36 | 29.8 |
| | 二级 | 45 | 37.2 |
| | 三级 | 3 | 2.5 |
| | 无运动等级 | 11 | 9.0 |
| 运动经历 | 国家队运动员 | 6 | 5.0 |
| | 省专业队运动员 | 65 | 53.7 |
| | 市级体育运动学校运动员 | 40 | 33.1 |
| | 县级体育运动学校 | 5 | 4.1 |
| | 其他 | 5 | 4.1 |

续表

| 变量 | | 频数 | 占比/% |
|---|---|---|---|
| 执教背景 | 运动员退役后任教 | 39 | 32.2 |
| | 体育院系毕业后任教 | 48 | 39.6 |
| | 运动员退役到体育院系学习后任教 | 23 | 19.0 |
| | 外聘教练 | 6 | 5.1 |
| | 其他 | 5 | 4.1 |
| 学历 | 博士研究生 | 1 | 0.8 |
| | 硕士研究生 | 16 | 13.2 |
| | 大学本科 | 86 | 71.2 |
| | 大专 | 13 | 10.7 |
| | 中专及以下 | 5 | 4.1 |

2.体育运动学校的武术教师对武术的认知

(1)体育运动学校的武术教师对武术内容的认知

调查结果显示(见表3-191),体育运动学校的武术教师对武术内容的认知比较清晰,这与武术教师自身的运动经历有一定的关系。

表3-191 体育运动学校的武术教师对武术内容的认知(多项选择)($N=121$)

| 指标 | 拳术 | 散打 | 集体项目 | 器械 | 跆拳道 | 拳击 | 对练 | 不知道 |
|---|---|---|---|---|---|---|---|---|
| 频数 | 109 | 74 | 75 | 86 | 6 | 9 | 92 | 0 |
| 占比/% | 90.1 | 61.2 | 62.0 | 71.1 | 5.0 | 7.4 | 76.0 | 0.0 |

从表3-192可以得出,体育运动学校的武术教师在武术训练过程中比较强调武术的精、气、神。由于体育运动学校的主要任务是参加各级的武术竞赛,因此39.7%的武术教师在训练过程会按照竞赛的要求指导自己的学生,以保证学生能在武术比赛中取得优异的成绩。武术技术的提高必须承受压柔韧带来的疼痛感,长期单一套路练习产生的枯燥感,以及耐力、力量等身体素质练习产生的肌肉酸痛感,都需要武术教师给学生树立强大的信念,培养学生百折不挠的意志品质。

## 第三章 青少年武术的发展

表3-192 体育运动学校的武术教师着重强调的训练内容(多项选择)(N=121)

| 指标 | 防身克敌 | 精、气、神 | 健身功能 | 竞赛要求 | 民族瑰宝 | 意志品质 | 教育功能 | 难度动作 | 其他 |
|---|---|---|---|---|---|---|---|---|---|
| 频数 | 3 | 96 | 10 | 48 | 15 | 45 | 38 | 26 | 0 |
| 占比/% | 2.5 | 79.3 | 8.3 | 39.7 | 12.4 | 37.2 | 31.4 | 21.5 | 0.0 |

从问卷调查的数据(见表3-193)可以看出,了解武术健身操的武术教师并不多。通过查看各省市武术套路的比赛规程发现,武术健身操鲜少在各省市综合性运动会的武术比赛项目中,因此武术教师不会关注武术健身操。

表3-193 体育运动学校的武术教师对武术健身操的认知(N=121)

| 指标 | 4套 | 3套 | 2套 | 1套 | 不知道 |
|---|---|---|---|---|---|
| 频数 | 26 | 15 | 44 | 13 | 23 |
| 占比/% | 21.5 | 12.4 | 36.4 | 10.7 | 19.0 |

(2)体育运动学校的武术教师对武术动作的认知

研究运用五级量表调查体育运动学校的武术教师对武术动作内涵的认知(见表3-194)、武术动作教学难易程度的认知(见表3-195)、武术动作的主观感觉(见表3-196)以及武术动作的美观程度的认知(见表3-197)和危险程度的认知(见表3-198),以期了解武术教师对武术动作的认知。

表3-194 体育运动学校的武术教师对武术动作内涵的认知(N=121)

| 指标 | 非常清楚 | 清楚 | 不知道 | 不清楚 | 完全不清楚 |
|---|---|---|---|---|---|
| 频数 | 16 | 97 | 7 | 1 | 0 |
| 占比/% | 13.2 | 80.2 | 5.8 | 0.8 | 0.0 |

表3-195 体育运动学校的武术教师对武术动作教学难易程度的认知(N=121)

| 指标 | 非常容易 | 容易 | 不知道 | 困难 | 非常困难 |
|---|---|---|---|---|---|
| 频数 | 7 | 50 | 4 | 58 | 2 |
| 占比/% | 5.8 | 41.3 | 3.3 | 47.9 | 1.7 |

表 3-196　体育运动学校的武术教师对武术动作的主观感觉（$N=121$）

| 指标 | 非常枯燥 | 枯燥 | 不知道 | 有趣 | 非常有趣 |
| --- | --- | --- | --- | --- | --- |
| 频数 | 8 | 56 | 4 | 51 | 2 |
| 占比/% | 6.6 | 46.3 | 3.3 | 42.1 | 1.7 |

表 3-197　体育运动学校的武术教师对武术动作的美观程度的认知（$N=121$）

| 指标 | 非常美观 | 美观 | 不知道 | 不美观 | 非常不美观 |
| --- | --- | --- | --- | --- | --- |
| 频数 | 35 | 77 | 1 | 7 | 1 |
| 占比/% | 28.9 | 63.6 | 0.8 | 5.9 | 0.8 |

表 3-198　体育运动学校的武术教师对武术动作的危险程度的认知（$N=121$）

| 指标 | 非常危险 | 危险 | 不知道 | 不危险 | 完全不危险 |
| --- | --- | --- | --- | --- | --- |
| 频数 | 1 | 47 | 7 | 65 | 1 |
| 占比/% | 0.8 | 38.8 | 5.9 | 53.7 | 0.8 |

调查结果显示，武术教师认为其是比较清楚武术动作的内涵的。在武术动作教学难易程度方面，武术教师的分歧较大，主要原因是武术教师对不同的武术运动员教授的武术动作不同，其次是对武术动作理解上的偏差也会出现难易程度的认知不一。长期对同一个动作进行反复练习，一定程度上会产生枯燥感，有52.9%的武术教师认为武术训练是枯燥和非常枯燥的。武术教师在武术动作的美观程度上的认知较为一致，超过92.5%的武术教师认为武术动作是美观和非常美观的。不同的武术动作的危险程度是不一样的，完成空翻、转体以及器械练习都会有一定的危险性，练习武术中的步型、步法等动作相对没有危险性，因此武术教师在对武术动作的危险程度上的认知是不尽相同的。

(3)体育运动学校的武术教师对武术功能的认知

数据统计结果显示（见表3-199），体育运动学校的武术教师对武术功能的认知比较明确，有50%以上的武术教师认为武术具有强身健体、弘扬民族精神、宣传武术文化、防身自卫、尊师重道的功能。

表 3-199 体育运动学校的武术教师对武术功能的认知情况(多项选择)(N=121)

| 指标 | 强身健体 | 防身自卫 | 打抱不平 | 宣传武术文化 | 表演 | 弘扬民族精神 | 尊师重道 |
|---|---|---|---|---|---|---|---|
| 频数 | 93 | 73 | 15 | 85 | 48 | 89 | 65 |
| 占比/% | 76.9 | 60.3 | 12.4 | 70.2 | 39.7 | 73.6 | 53.7 |

(4)体育运动学校的武术教师对武术属性的认知

调查结果显示(见表 3-200),武术教师普遍认为武术是一种文化,其次是一项体育运动,认为武术是一门艺术的武术教师占 42.1%。

表 3-200 体育运动学校的武术教师对武术属性的认知情况(多项选择)(N=121)

| 指标 | 一项体育运动 | 一种文化 | 一门学科 | 一门艺术 | 一种哲学 | 一种宗教 | 不知道 |
|---|---|---|---|---|---|---|---|
| 频数 | 102 | 104 | 36 | 51 | 28 | 5 | 1 |
| 占比/% | 84.3 | 86.0 | 29.8 | 42.1 | 23.1 | 4.1 | 0.8 |

(5)体育运动学校的武术教师对武术抱拳礼的认知

武术教师对抱拳礼的认知主要集中在三个方面,首先是武术的象征,其次是一种中国的礼仪,最后是尊重对手、点到为止的武德体现(见表 3-201)。

表 3-201 体育运动学校的武术老师对武术抱拳礼的认知情况(多项选择)(N=121)

| 指标 | 侠义气派的体现 | 武术的象征 | 尊重对手、点到为止的武德体现 | 一种中国的礼仪 | 不知道 | 其他 |
|---|---|---|---|---|---|---|
| 频数 | 9 | 74 | 33 | 57 | 0 | 1 |
| 占比/% | 7.4 | 61.2 | 27.3 | 47.1 | 0.0 | 0.8 |

(6)体育运动学校的武术教师对武术段位制的认知

从武术教师对段位制的认知的调查结果中发现,体育运动学校的武术教师对武术段位制的情况比较了解(见表 3-202)。

表 3-202 体育运动学校的武术教师对武术最高段位的认知情况（N=121）

| 指标 | 6段 | 7段 | 8段 | 9段 | 10段 | 不知道 |
|---|---|---|---|---|---|---|
| 频数 | 6 | 4 | 9 | 94 | 5 | 3 |
| 占比/% | 5.0 | 3.3 | 7.4 | 77.7 | 4.1 | 2.5 |

(7)体育运动学校的武术教师对武术竞赛的认知

体育运动学校的武术教师自认为对武术竞赛规则较了解（见表3-203），其对青少年最高级别武术竞赛的认知主要集中在世界青少年锦标赛和全国青少年锦标赛（见表3-204），对武术已经成为青年奥林匹克运动会的正式比赛项目的了解相对较少。

表 3-203 体育运动学校的武术教师对武术规则的认知情况（N=121）

| 指标 | 非常了解 | 了解 | 不知道 | 不了解 | 完全不了解 |
|---|---|---|---|---|---|
| 频数 | 34 | 78 | 2 | 5 | 2 |
| 占比/% | 28.1 | 64.4 | 1.7 | 4.1 | 1.7 |

表 3-204 体育运动学校的武术教师对青少年最高级别武术竞赛的认知情况（N=121）

| 指标 | 地市级比赛 | 省级比赛 | 全国青少年锦标赛 | 亚洲青少年锦标赛 | 世界青少年锦标赛 | 青年奥林匹克运动会 | 不知道 |
|---|---|---|---|---|---|---|---|
| 频数 | 3 | 18 | 25 | 16 | 41 | 15 | 3 |
| 占比/% | 2.5 | 14.8 | 20.7 | 13.2 | 33.9 | 12.4 | 2.5 |

3.体育运动学校的武术运动员的主要参赛级别

体育运动学校的主要任务就是参加省级的武术比赛，并要求在省一级的综合性运动会武术比赛中获得优异成绩，比赛结果与武术教师的职称、工资等激励政策挂钩。但是也有县一级的体育运动学校，其主要任务是参加市级比赛。另外，也有部分体育运动学校是省市联办，因此这一级别的体育运动学校就需要承担全国性的武术比赛的任务，比赛的结果会作为武术教师的考核指标（见表3-205）。

表 3-205 体育运动学校的武术运动员主要的参赛级别情况(多项选择)(N=121)

| 指标 | 全国比赛 | 省级比赛 | 市级比赛 | 县级比赛 | 无比赛 | 其他 |
|---|---|---|---|---|---|---|
| 频数 | 38 | 99 | 69 | 14 | 4 | 1 |
| 占比/% | 31.4 | 81.8 | 57.0 | 11.6 | 3.3 | 0.8 |

4. 体育运动学校的武术训练器材设施情况

对体育运动学校的武术训练器材设备的调查(见表 3-206、表 3-207、表 3-208)得出,体育运动学校的武术教师对武术训练器材设备及场地的满意度与武术项目在各个省市竞技体育中的地位成正相关。

表 3-206 体育运动学校武术项目在所在省市竞技体育中的重要程度(N=121)

| 指标 | 作为重点发展项目 | 一般发展项目 | 作为核心优势项目 | 不被重视的项目 |
|---|---|---|---|---|
| 频数 | 47 | 58 | 6 | 10 |
| 占比/% | 38.8 | 47.9 | 5.0 | 8.3 |

表 3-207 体育运动学校的武术训练器材设备满足训练需要的情况(N=121)

| 指标 | 完全满足 | 满足 | 一般 | 不满足 | 完全不满足 |
|---|---|---|---|---|---|
| 频数 | 13 | 43 | 52 | 12 | 1 |
| 占比/% | 10.7 | 35.6 | 43.0 | 9.9 | 0.8 |

表 3-208 体育运动学校的场地满足训练需要的情况(N=121)

| 指标 | 完全满足 | 满足 | 一般 | 不满足 | 完全不满足 |
|---|---|---|---|---|---|
| 频数 | 17 | 37 | 47 | 13 | 7 |
| 占比/% | 14.0 | 30.7 | 38.8 | 10.7 | 5.8 |

5. 体育运动学校的武术教师进修情况调查

培训进修是不断给武术教师补充能量,以提高武术教师的业务水平。本研究对武术教师的进修情况进行了调查。

在调查的 121 名武术教师中,有 85.1% 参加过进修,由于每个省市举办进修的时间、次数是不一样的,因此武术教师能参加进修的机会也有所不同(见表 3-209)。表 3-210 显示,有 30.6% 的武术教师认为参加进修对自身业务的提升有非常大的帮助;有84.3%的武术教师认为武术教师培训是提高自身业务水平的最好办法,其次是比赛经验的积累,再次是优秀教师的传帮带(见表3-211)。

表3-209 体育运动学校的武术教师的三年进修情况($N=121$)

| 指标 | 没有 | 1—2次 | 3—4次 | 5次以上 |
| --- | --- | --- | --- | --- |
| 频数 | 18 | 59 | 33 | 11 |
| 占比/% | 14.9 | 48.8 | 27.3 | 9.0 |

表3-210 体育运动学校的武术教师参加进修对业务上的帮助($N=121$)

| 指标 | 非常大 | 较大 | 一般 | 较小 | 没有帮助 |
| --- | --- | --- | --- | --- | --- |
| 频数 | 37 | 59 | 21 | 3 | 1 |
| 占比/% | 30.6 | 48.8 | 17.3 | 2.5 | 0.8 |

表3-211 提高体育运动学校的武术教师业务水平的方法(多项选择)($N=121$)

| 指标 | 学历教育 | 武术教师培训 | 优秀教师的传帮带 | 出国学习 | 比赛经验的积累 | 其他 |
| --- | --- | --- | --- | --- | --- | --- |
| 频数 | 26 | 102 | 69 | 8 | 79 | 3 |
| 占比/% | 21.5 | 84.3 | 57.0 | 6.6 | 65.3 | 2.5 |

### 三、影响体育运动学校武术发展的因素分析

在选取了相关指标的基础上,本研究通过问卷调查,收集统计数据,并采用因子分析得出体育运动学校武术运动开展的影响因素,在此基础上再对各因子中所包含的各条目进行逐条解析。

#### (一)影响因素指标的筛选与确立

通过查阅文献资料、咨询专家以及较深入的研究之后,本研究选取了43个指标对体育运动学校的武术开展及影响因素进行了调查分析(见表3-212)。

表 3-212 影响因素指标

| 影响因素指标 | 影响因素指标 |
| --- | --- |
| $X_1$ 运动员对武术内容的认知 | $X_{23}$ 亲戚的支持程度 |
| $X_2$ 运动员对武术文化的认知 | $X_{24}$ 朋友的支持程度 |
| $X_3$ 运动员对武术技击功能的认知 | $X_{25}$ 中小学武术的开展情况 |
| $X_4$ 运动员的参赛机会 | $X_{26}$ 武术学校的开展情况 |
| $X_5$ 运动员参加比赛的成绩 | $X_{27}$ 青少年宫武术培训的开展情况 |
| $X_6$ 运动员学习武术的动机 | $X_{28}$ 武术比赛的赛制安排情况 |
| $X_7$ 运动员的损伤情况 | $X_{29}$ 区级武术比赛的组织 |
| $X_8$ 武术训练内容的选择 | $X_{30}$ 市级武术比赛的组织 |
| $X_9$ 武术训练方法的选择 | $X_{31}$ 省级武术比赛的组织 |
| $X_{10}$ 武术动作的标准化程度 | $X_{32}$ 学校领导的重视程度 |
| $X_{11}$ 武术教师对武术内容的认知 | $X_{33}$ 武术训练场地设施的情况 |
| $X_{12}$ 武术教师对武术文化的认知 | $X_{34}$ 武术器材设施情况 |
| $X_{13}$ 武术教师对武术技击功能的认知 | $X_{35}$ 运动员的学训矛盾 |
| $X_{14}$ 武术教师对武德教育的认知 | $X_{36}$ 运动员输送的情况 |
| $X_{15}$ 武术教师的武术指导水平 | $X_{37}$ 运动员的招生情况 |
| $X_{16}$ 武术教师对学生的重视程度 | $X_{38}$ 武术表演的开展情况 |
| $X_{17}$ 武术教师自身的武术水平 | $X_{39}$ 影视武术的宣传 |
| $X_{18}$ 武术教师对武术教学内容的选择 | $X_{40}$ 武术宣传的途径 |
| $X_{19}$ 武术教师对武术教学手段的选择 | $X_{41}$ 武术宣传的内容 |
| $X_{20}$ 武术教师对武术教学方法的选择 | $X_{42}$ 武术训练的费用情况 |
| $X_{21}$ 家长的动机 | $X_{43}$ 升学的优惠政策 |
| $X_{22}$ 家长支持程度 | |

1.因子分析的操作步骤

因子分析中,变量应该有较高的相关度,降维的效果才更好,因此变量间偏相关度的 KMO 统计量在 0.6 以上才适合做因子分析,如果小于 0.6,说明变量间相关性不强,因子分析效果不会太好。本研究对样本做 KMO 和 Bartlett 球形检验,得出样本量适度值为 0.743,可以认为,本研究的样本量满足研究需要;Bartlett 球形检验 $p=0.00$,小于 0.05,球形检验显著,两个条件都满足,变量间相关度大,适合做因子分析(见表 3-213)。

表 3-213　KMO 和 Bartlett 球形检验

| 检验方法 | Sig. | 检验结果 |
|---|---|---|
| KMO 样本量适度检验 |  | 0.743 |
| Bartlett 球形检验 | 0.000 | 0.000 |

指定因子提取方法为主成分法;指定提取时只保留特征值大于 1 的因子,迭代次数要求不超过 25;旋转方法为最大方差法;旋转次数要求不超过 25。

2.影响因素的主因素个数的确定

本研究根据体育运动学校的武术开展及影响因素部分的评价计分结果,对 43 个原始变量进行因子分析,得到特征值、贡献率、累计贡献率等数据。研究采用主成分提取方法,提取特征值大于 1.0 的 10 个主因子,累计贡献率达 73.582%,基本可以反映总体信息量(见表 3-214)。

表 3-214　解释的总方差

| 原始变量 | 初始特征值 合计 | 方差/% | 累计贡献率/% | 提取平方和载入 合计 | 方差/% | 累计贡献率/% | 旋转平方和载入 合计 | 方差/% | 累计贡献率/% |
|---|---|---|---|---|---|---|---|---|---|
| $X_1$ | 13.368 | 31.088 | 31.088 | 13.368 | 31.088 | 31.088 | 6.645 | 15.453 | 15.453 |
| $X_2$ | 3.629 | 8.438 | 39.527 | 3.629 | 8.438 | 39.527 | 4.813 | 11.194 | 26.646 |
| $X_3$ | 2.748 | 6.392 | 45.918 | 2.748 | 6.392 | 45.918 | 3.357 | 7.806 | 34.452 |
| $X_4$ | 2.318 | 5.391 | 51.309 | 2.318 | 5.391 | 51.309 | 3.175 | 7.385 | 41.837 |
| $X_5$ | 2.155 | 5.011 | 56.320 | 2.155 | 5.011 | 56.320 | 2.639 | 6.137 | 47.974 |
| $X_6$ | 1.926 | 4.478 | 60.798 | 1.926 | 4.478 | 60.798 | 2.405 | 5.594 | 53.568 |
| $X_7$ | 1.540 | 3.582 | 64.381 | 1.540 | 3.582 | 64.381 | 2.348 | 5.460 | 59.028 |
| $X_8$ | 1.458 | 3.390 | 67.770 | 1.458 | 3.390 | 67.770 | 2.335 | 5.431 | 64.459 |
| $X_9$ | 1.303 | 3.031 | 70.801 | 1.303 | 3.031 | 70.801 | 2.098 | 4.880 | 69.339 |
| $X_{10}$ | 1.196 | 2.780 | 73.582 | 1.196 | 2.780 | 73.582 | 1.824 | 4.243 | 73.582 |
| $X_{11}$ | 0.962 | 2.238 | 75.820 | | | | | | |
| $X_{12}$ | 0.940 | 2.186 | 78.006 | | | | | | |
| $X_{13}$ | 0.797 | 1.854 | 79.860 | | | | | | |
| $X_{14}$ | 0.775 | 1.803 | 81.663 | | | | | | |

续表

| 原始变量 | 初始特征值 合计 | 初始特征值 方差/% | 初始特征值 累计贡献率/% | 提取平方和载入 合计 | 提取平方和载入 方差/% | 提取平方和载入 累计贡献率/% | 旋转平方和载入 合计 | 旋转平方和载入 方差/% | 旋转平方和载入 累计贡献率/% |
|---|---|---|---|---|---|---|---|---|---|
| $X_{15}$ | 0.758 | 1.763 | 83.425 | | | | | | |
| $X_{16}$ | 0.715 | 1.664 | 85.089 | | | | | | |
| $X_{17}$ | 0.684 | 1.591 | 86.680 | | | | | | |
| $X_{18}$ | 0.553 | 1.287 | 87.967 | | | | | | |
| $X_{19}$ | 0.487 | 1.132 | 89.099 | | | | | | |
| $X_{20}$ | 0.462 | 1.074 | 90.173 | | | | | | |
| $X_{21}$ | 0.413 | 0.960 | 91.133 | | | | | | |
| $X_{22}$ | 0.360 | 0.838 | 91.971 | | | | | | |
| $X_{23}$ | 0.353 | 0.821 | 92.792 | | | | | | |
| $X_{24}$ | 0.337 | 0.783 | 93.575 | | | | | | |
| $X_{25}$ | 0.279 | 0.648 | 94.223 | | | | | | |
| $X_{26}$ | 0.272 | 0.632 | 94.855 | | | | | | |
| $X_{27}$ | 0.251 | 0.585 | 95.440 | | | | | | |
| $X_{28}$ | 0.246 | 0.572 | 96.012 | | | | | | |
| $X_{29}$ | 0.216 | 0.503 | 96.515 | | | | | | |
| $X_{30}$ | 0.202 | 0.470 | 96.985 | | | | | | |
| $X_{31}$ | 0.194 | 0.451 | 97.437 | | | | | | |
| $X_{32}$ | 0.173 | 0.403 | 97.840 | | | | | | |
| $X_{33}$ | 0.144 | 0.335 | 98.175 | | | | | | |
| $X_{34}$ | 0.137 | 0.319 | 98.494 | | | | | | |
| $X_{35}$ | 0.115 | 0.267 | 98.761 | | | | | | |
| $X_{36}$ | 0.105 | 0.244 | 99.005 | | | | | | |
| $X_{37}$ | 0.100 | 0.232 | 99.237 | | | | | | |
| $X_{38}$ | 0.081 | 0.188 | 99.425 | | | | | | |
| $X_{39}$ | 0.073 | 0.171 | 99.596 | | | | | | |
| $X_{40}$ | 0.058 | 0.134 | 99.730 | | | | | | |
| $X_{41}$ | 0.050 | 0.116 | 99.846 | | | | | | |
| $X_{42}$ | 0.039 | 0.091 | 99.937 | | | | | | |
| $X_{43}$ | 0.027 | 0.063 | 100.000 | | | | | | |

### 3.影响因素群的确定

在确定了主因子的基础上,根据因子分析理论,本研究对43个原始变量进行归类。但为了避免原始变量在不同的主因子上载荷量相差无几,因此应对初始因子矩阵进行方差极大正交旋转,以使每个变量的载荷量尽可能地趋向两极(见表3-215)。

初始因子矩阵经过极大正交旋转后,大部分指标只在某一个主因子的载荷量大,在其余主因子上的载荷量小。因此,取因子载荷量大于0.4水平以上的进行归类,把43个原始变量归纳在10个主因子上。由表3-218可知,所提取的10个因子构成如下。

(1)因子1:由$X_9$武术训练方法的选择、$X_{10}$武术动作的标准化程度、$X_{11}$武术教师对武术内容的认知、$X_{12}$武术教师对武术文化的认知、$X_{13}$武术教师对武术技击功能的认知、$X_{14}$武术教师对武德教育的认知、$X_{15}$武术教师的武术指导水平、$X_{16}$武术教师对学生的重视程度、$X_{18}$武术教师对武术教学内容的选择、$X_{19}$武术教师对武术教学手段的选择、$X_{20}$武术教师对武术教学方法的选择、$X_{32}$学校领导的重视程度构成。

(2)因子2:由$X_{25}$中小学武术的开展情况、$X_{29}$区级武术比赛的组织、$X_{30}$市级武术比赛的组织、$X_{34}$武术器材设施情况、$X_{35}$运动员的学训矛盾、$X_{36}$运动员输送的情况、$X_{37}$运动员的招生情况构成。

(3)因子3:由$X_{21}$家长的动机、$X_{22}$家长支持程度、$X_{28}$武术比赛的赛制安排情况、$X_{31}$省级武术比赛的组织构成。

(4)因子4:由$X_4$运动员的参赛机会、$X_5$运动员参加比赛的成绩、$X_6$运动员学习武术的动机、$X_7$运动员的损伤情况、$X_8$武术训练内容的选择、$X_{33}$武术训练场地设施的情况构成。

(5)因子5:由$X_{38}$武术表演的开展情况、$X_{39}$影视武术的宣传、$X_{40}$武术宣传的途径、$X_{41}$武术宣传的内容构成。

(6)因子6:由$X_1$运动员对武术内容的认知、$X_2$运动员对武术文化的认知、$X_3$运动员对武术技击功能的认知构成。

(7)因子7:由$X_{26}$武术学校的开展情况、$X_{27}$青少年宫武术培训的开展情况构成。

(8)因子8:由$X_{23}$亲戚的支持程度、$X_{24}$朋友的支持程度构成。

表 3-215 旋转成分矩阵

| 原始变量 | 1 | 2 | 3 | 4 | 5 | 6 | 7 | 8 | 9 | 10 |
|---|---|---|---|---|---|---|---|---|---|---|
| X₁ 运动员对武术内容的认知 | 0.188 | 0.084 | 0.094 | 0.100 | 0.089 | 0.841 | −0.013 | −0.022 | −0.037 | −0.087 |
| X₂ 运动员对武术文化的认知 | 0.008 | 0.036 | −0.050 | −0.007 | 0.175 | 0.804 | 0.064 | 0.118 | 0.000 | −0.043 |
| X₃ 运动员对武术技击功能的认知 | 0.100 | −0.132 | −0.053 | 0.227 | 0.068 | 0.566 | 0.408 | −0.029 | 0.167 | 0.298 |
| X₄ 运动员的参赛机会 | 0.192 | 0.332 | 0.204 | 0.527 | −0.345 | 0.373 | −0.012 | 0.064 | 0.100 | 0.055 |
| X₅ 运动员参加比赛的成绩 | 0.164 | 0.158 | 0.181 | 0.484 | −0.288 | 0.232 | −0.108 | 0.001 | 0.255 | 0.295 |
| X₆ 运动员学习武术的动机 | 0.033 | 0.009 | 0.083 | 0.648 | 0.170 | 0.235 | 0.036 | 0.295 | −0.074 | 0.117 |
| X₇ 运动员的损伤情况 | 0.258 | 0.168 | 0.242 | 0.580 | 0.035 | 0.082 | −0.115 | 0.072 | 0.291 | 0.042 |
| X₈ 武术训练内容的选择 | 0.217 | 0.135 | 0.103 | 0.656 | 0.212 | −0.172 | 0.344 | −0.007 | −0.147 | 0.248 |
| X₉ 武术训练方法的选择 | 0.563 | 0.402 | 0.132 | 0.509 | −0.077 | 0.051 | 0.105 | −0.104 | −0.025 | 0.094 |
| X₁₀ 武术动作的标准化程度 | 0.516 | 0.449 | −0.021 | 0.422 | 0.306 | −0.180 | 0.061 | 0.004 | −0.069 | −0.024 |
| X₁₁ 武术教师对武术内容的认知 | 0.861 | 0.105 | 0.078 | −0.010 | 0.020 | 0.006 | 0.060 | 0.125 | 0.076 | 0.023 |
| X₁₂ 武术教师对武术文化的认知 | 0.864 | 0.031 | −0.008 | 0.039 | 0.128 | 0.087 | 0.082 | 0.221 | −0.005 | −0.117 |
| X₁₃ 武术教师对武术技击功能的认知 | 0.657 | 0.092 | −0.060 | 0.115 | 0.107 | 0.136 | −0.010 | 0.263 | 0.125 | 0.292 |
| X₁₄ 武术教师对武德教育的认知 | 0.778 | 0.007 | 0.161 | 0.127 | 0.000 | 0.221 | −0.051 | 0.068 | 0.039 | −0.004 |
| X₁₅ 武术教师的武术指导水平 | 0.764 | 0.103 | 0.202 | 0.154 | −0.007 | 0.187 | −0.043 | −0.061 | 0.269 | 0.109 |
| X₁₆ 武术教师对学生的重视程度 | 0.517 | 0.118 | 0.459 | 0.293 | 0.019 | 0.089 | 0.064 | −0.024 | −0.233 | 0.373 |
| X₁₇ 武术教师自身的武术水平 | 0.211 | 0.121 | 0.101 | 0.170 | 0.068 | −0.036 | −0.120 | 0.058 | 0.119 | 0.669 |

续表

| 原始变量 | 1 | 2 | 3 | 4 | 5 | 6 | 7 | 8 | 9 | 10 |
|---|---|---|---|---|---|---|---|---|---|---|
| $X_{18}$ 武术教师对武术教学内容的选择 | 0.569 | 0.135 | 0.343 | 0.052 | 0.028 | −0.015 | 0.159 | 0.149 | −0.038 | 0.488 |
| $X_{19}$ 武术教师对武术教学手段的选择 | 0.645 | 0.096 | 0.165 | 0.137 | 0.155 | −0.156 | 0.169 | −0.001 | −0.024 | 0.437 |
| $X_{20}$ 武术教师对武术教学方法的选择 | 0.667 | 0.236 | 0.250 | 0.197 | 0.000 | −0.137 | 0.033 | 0.139 | 0.119 | 0.280 |
| $X_{21}$ 家长的动机 | 0.180 | 0.120 | 0.606 | 0.245 | −0.063 | −0.069 | 0.056 | 0.405 | 0.235 | 0.042 |
| $X_{22}$ 家长支持程度 | 0.236 | 0.115 | 0.592 | 0.320 | 0.069 | −0.070 | 0.252 | 0.347 | 0.149 | −0.040 |
| $X_{23}$ 亲戚的支持程度 | 0.064 | −0.076 | 0.109 | 0.112 | 0.089 | 0.021 | 0.171 | 0.877 | −0.029 | 0.052 |
| $X_{24}$ 朋友的支持程度 | 0.353 | 0.097 | 0.081 | 0.033 | 0.073 | 0.107 | 0.133 | 0.835 | −0.012 | 0.044 |
| $X_{25}$ 中小学校武术的开展情况 | 0.219 | 0.630 | 0.078 | 0.096 | 0.092 | 0.193 | 0.384 | 0.175 | 0.140 | −0.090 |
| $X_{26}$ 武术学校的开展情况 | 0.126 | 0.156 | 0.140 | −0.035 | −0.006 | 0.108 | 0.830 | 0.152 | 0.140 | −0.091 |
| $X_{27}$ 青少年官武术培训的开展情况 | −0.040 | 0.297 | 0.076 | 0.122 | 0.226 | 0.033 | 0.804 | 0.198 | −0.022 | 0.013 |
| $X_{28}$ 武术比赛制安排情况 | 0.214 | 0.355 | 0.728 | −0.003 | 0.093 | 0.069 | 0.062 | 0.019 | −2.698 | 0.222 |
| $X_{29}$ 区级武术比赛的组织 | −0.130 | 0.591 | 0.437 | 0.053 | 0.269 | 0.080 | −0.047 | 0.005 | −0.274 | 0.155 |
| $X_{30}$ 市级武术比赛的组织 | 0.114 | 0.693 | 0.463 | 0.157 | 0.223 | 0.087 | −0.096 | 0.033 | −0.124 | 0.104 |
| $X_{31}$ 省级武术比赛的组织 | 0.356 | 0.278 | 0.649 | 0.274 | 0.089 | 0.030 | 0.111 | 0.021 | 0.071 | 0.028 |
| $X_{32}$ 学校领导的重视程度 | 0.615 | 0.285 | 0.474 | 0.059 | 0.212 | 0.072 | 0.076 | −0.199 | 0.084 | −0.079 |
| $X_{33}$ 武术训练场地设施的情况 | 0.211 | 0.371 | 0.275 | 0.451 | 0.256 | −0.073 | 0.272 | −0.073 | 0.256 | −0.286 |

续表

| 原始变量 | 1 | 2 | 3 | 4 | 5 | 6 | 7 | 8 | 9 | 10 |
|---|---|---|---|---|---|---|---|---|---|---|
| $X_{34}$ 武术器材设施情况 | 0.006 | 0.569 | 0.260 | 0.340 | 0.182 | −0.117 | 0.125 | 0.060 | 0.098 | −0.095 |
| $X_{35}$ 运动员的学训矛盾 | 0.132 | 0.726 | 0.097 | 0.110 | 0.163 | −0.041 | 0.054 | −0.144 | 0.077 | 0.181 |
| $X_{36}$ 运动员输送的情况 | 0.381 | 0.706 | 0.127 | 0.048 | −0.072 | −0.013 | 0.177 | −0.110 | 0.249 | −0.020 |
| $X_{37}$ 运动员的招生情况 | 0.133 | 0.637 | 0.179 | 0.116 | −0.014 | 0.074 | 0.204 | 0.134 | 0.224 | 0.083 |
| $X_{38}$ 武术表演的开展情况 | 0.017 | 0.437 | −0.180 | 0.017 | 0.529 | −0.014 | 0.278 | 0.097 | 0.090 | 0.277 |
| $X_{39}$ 影视武术的宣传 | 0.124 | 0.466 | −0.078 | −0.196 | 0.522 | 0.246 | −0.028 | 0.166 | 0.008 | 0.073 |
| $X_{40}$ 武术宣传的途径 | 0.244 | 0.231 | 0.157 | 0.072 | 0.709 | 0.184 | 0.134 | 0.094 | 0.104 | 0.073 |
| $X_{41}$ 武术宣传的内容 | 0.049 | 0.089 | 0.223 | 0.200 | 0.779 | 0.156 | 0.039 | 0.032 | 0.194 | −0.041 |
| $X_{42}$ 武术训练费用情况 | 0.263 | −0.004 | 0.064 | −0.023 | 0.315 | 0.076 | 0.190 | −0.161 | 0.716 | 0.055 |
| $X_{43}$ 升学的优惠政策 | 0.025 | 0.269 | 0.045 | 0.095 | 0.063 | −0.027 | 0.026 | 0.098 | 0.845 | 0.068 |

(9)因子9：由$X_{42}$武术训练的费用情况、$X_{43}$升学的优惠政策构成。

(10)因子10：由$X_{17}$武术教师自身的武术水平构成。

其中,因子7、因子8、因子9、因子10所包含的因子数量在两个或两个以下,根据经验、研究内容及因子的贡献率,笔者剔除了这些因子。这些因子被剔除的原因如下。

因子7包含$X_{26}$武术学校的开展情况、$X_{27}$青少年宫武术培训的开展情况,此二者对中国青少年武术运动的开展所涉及的选才、招生等问题,在$X_{29}$区级武术比赛的组织、$X_{30}$市级武术比赛的组织、$X_{37}$运动员的招生情况中已经可以得到体现。

因子8包含的$X_{23}$亲戚的支持程度、$X_{24}$朋友的支持程度在中国青少年武术运动开展中所产生的影响效果相对较小,而在研究中,可以理解为已经有$X_{21}$家长的动机、$X_{22}$家长支持程度代表体现。

因子9包含的$X_{42}$武术训练的费用情况、$X_{43}$升学的优惠政策在中国青少年武术运动开展中属于人财物中的财的支持,是一项十分重要的支持指标,但在研究中所占的贡献率不大,可以理解为该指标所涉及的经费内容已经有。$X_{32}$学校领导的重视程度、$X_{34}$武术器材设施情况、$X_{33}$武术训练场地设施的情况、$X_{36}$运动员输送的情况这4项可以替代费用情况、升学的优惠政策。

因子10仅由$X_{17}$武术教师自身的武术水平构成。一般情况下该项应是影响中国青少年武术运动开展最为重要的因素,但为何贡献率会最小？分析发现,研究中所涉及的$X_{10}$武术动作的标准化程度、$X_{11}$武术教师对武术内容的认知、$X_{12}$武术教师对武术文化的认知、$X_{13}$武术教师对武术技击功能的认知、$X_{14}$武术教师对武德教育的认知、$X_{15}$武术教师的武术指导水平各项已经能够体现武术教师自身的武术水平了。从技术层面说,武术教师对武术动作标准化认知程度是武术技术水平的体现;从理论层面说,武术教师对武术内容、武术文化、武术技击功能、武德教育的认知程度是武术理论水平的体现。因此,可认为上述几项条目已囊括了$X_{17}$武术教师自身的武术水平的内容。

在对因子7、因子8、因子9及因子10进行解释剔除的基础上,本研究仅对剩余的6个因子进行命名与分析。

## (二)影响体育运动学校武术发展的因子命名及分析

体育运动学校武术发展的影响因子由6个因子的构成,因子1为武术教师因子、因子2为组织因子、因子3为赛事因子、因子4为运动员因子、因子5为宣传因子、因子6为认知因子。

1. 武术教师因子

第一因子是武术教师因子,其贡献率在所有主因子中最大(见表3-216)。可以看出,武术教师对武术文化、武术内容、武术技击功能及武德教育的认识的载荷量较大,说明作为体育运动学校的武术教师在具备较好的运动技术水平的同时,还需要具备一定的理论知识,从而能更好地指导学生。在实践操作上,武术教师的武术指导水平、对教学内容的选择、对教学手段的选择、对教学方法的选择及对学生的重视程度都是影响武术运动员练习武术的重要因素。选择合适的教学内容、手段和方法是作为一名武术教师所应该具备的基本素质,只有合理安排教学内容、手段和方法才能充分发挥学生练习武术的潜力和能力。同时,武术教师个人的指导水平和对学生的重视程度也占了较大的比重。武术教师在具备较好的指导水平的前提下才能够更好地服务学生。针对武术训练方法的选择、武术动作的标准化程度以及领导的重视程度的影响因素,可与武术教师对教学内容的选择、对教学手段的选择、对教学方法的选择、对学生的重视程度及指导水平综合起来进行解释。各因素之间具有较强的互通性。学校领导的重视程度将提升武术教师的教学质量,无论是对教学内容的选择、教学手段的选择、对教学方法的选择还是武术动作的标准化程度或指导水平都有相互影响、相互促进的作用。因此,可以说各因素之间是相辅相成的。

表 3-216　第一因子指标命名、序号、内容、载荷量、贡献率、累计贡献率

| 命名 | 序号 | 内容 | 载荷量 | 贡献率/% | 累计贡献率/% |
|---|---|---|---|---|---|
| 武术教师因子 | $X_9$ | 武术训练方法的选择 | 0.563 | 15.453 | 15.453 |
|  | $X_{10}$ | 武术动作的标准化程度 | 0.516 |  |  |
|  | $X_{11}$ | 武术教师对武术内容的认识 | 0.861 |  |  |
|  | $X_{12}$ | 武术教师对武术文化的认识 | 0.864 |  |  |
|  | $X_{13}$ | 武术教师对武术技击功能的认识 | 0.657 |  |  |
|  | $X_{14}$ | 武术教师对武德教育的认识 | 0.778 |  |  |
|  | $X_{15}$ | 武术教师的武术指导水平 | 0.764 |  |  |
|  | $X_{16}$ | 武术教师对学生的重视程度 | 0.517 |  |  |
|  | $X_{18}$ | 武术教师对武术教学内容的选择 | 0.569 |  |  |
|  | $X_{19}$ | 武术教师对武术教学手段的选择 | 0.645 |  |  |
|  | $X_{20}$ | 武术教师对武术教学方法的选择 | 0.667 |  |  |
|  | $X_{32}$ | 学校领导的重视程度 | 0.615 |  |  |

2.组织因子

组织因子的贡献率排列第二(见表 3-217)。该因子中载荷量最大的是学生的学训矛盾,其次是输送情况。武术教师对学生文化学习的重要程度的认识是不尽相同的,体育运动学校的学生花在学习上的时间通常较少,有时候过大的运动量也会导致学生无心学习,因此学习和训练的矛盾是影响体育运动学校学生练习武术的重要因素。其次,体育运动学校的学生向上一级单位输送的情况,也是影响武术开展的主要因素。许多学生在努力拼搏训练多年后,都希望能进入武术专业运动队训练,或考上相关专业的大学,或输送到其他上一级单位,较低的输送率将影响学生参加武术训练。中小学武术的开展情况、区级武术比赛的组织情况、市级武术比赛的组织情况等都是青少年武术交流的优质平台,同时也是体育运动学校的武术教师选拔人才的重要途径。质量高、条件好的武术苗子,将会使体育运动学校的武术教师的训练达到事半功倍的效果。武术器材设施作为体育运动学校学生训练的基础条件,对体育运动学校武术开展的影响力也是不容忽视的,较好的武术训练器材设施不仅能保证学生可以进行专业规范的训

练,同时也将避免学生受伤而导致的优秀武术人才流失。

表 3-217　第二因子指标命名、序号、内容、载荷量、贡献率、累计贡献率

| 命名 | 序号 | 内容 | 载荷量 | 贡献率/% | 累计贡献率/% |
|---|---|---|---|---|---|
| 组织因子 | $X_{25}$ | 中小学武术的开展情况 | 0.630 | 11.194 | 26.646 |
| | $X_{29}$ | 区级武术比赛的组织 | 0.591 | | |
| | $X_{30}$ | 市级武术比赛的组织 | 0.693 | | |
| | $X_{34}$ | 武术器材设施情况 | 0.569 | | |
| | $X_{35}$ | 运动员的学训矛盾 | 0.726 | | |
| | $X_{36}$ | 运动员输送的情况 | 0.706 | | |
| | $X_{37}$ | 运动员的招生情况 | 0.637 | | |

3.赛事因子

赛事因子其贡献率排列第三(见表 3-218)。其中,武术比赛的赛制安排情况的载荷量最大,其次是省级武术比赛的组织、家长的动机和支持程度。分析可知,武术比赛的赛制安排情况影响青少年武术运动的开展是因为有些不合理的赛制安排,如比赛项目的设置、比赛时间的选择等不仅影响学生参加比赛的积极性,同时也会影响武术学生的技术水平发挥。体育运动学校学生主要是以参加省级武术比赛为主,因此,省级武术比赛组织的次数、时间等尤为重要。体育运动学校的学生还处于对家长的依赖性很强的阶段,因此家长的动机和支持程度会直接影响学生练习武术的态度。家长良好的动机,以及全力以赴培养学生学习武术的立场,必然会为学生提供各种武术学习和训练的机会,帮助学生在武术道路上快速成长。因此,家长与武术教师的良好沟通对学生更好地学习武术具有极其重要的作用。

表 3-218　第三因子指标命名、序号、内容、载荷量、贡献率、累计贡献率

| 命名 | 序号 | 内容 | 载荷量 | 贡献率/% | 累计贡献率/% |
| --- | --- | --- | --- | --- | --- |
| 赛事因子 | $X_{21}$ | 家长的动机 | 0.606 | 7.806 | 34.452 |
| | $X_{22}$ | 家长支持程度 | 0.592 | | |
| | $X_{28}$ | 武术比赛的赛制安排情况 | 0.728 | | |
| | $X_{31}$ | 省级武术比赛的组织 | 0.649 | | |

4.运动员因子

运动员因子的各因素中,运动员学习武术的动机是最值得引起关注的(见表 3-219)。每一位运动员学习武术的动机不同,有的是为了强身健体,有的是为了打抱不平,有的是为了参加比赛,也有的是为了防身自卫。不同的习武动机使运动员对待武术训练的态度是不一样的,从而影响体育运动学校武术运动开展的因素也是不同的,如想通过学习武术参加比赛的运动员,那么比赛机会、比赛成绩便是影响运动员练习武术的主要因素。然而,影响比赛机会及比赛成绩的因素有训练场地、器材设备、训练内容等。体育运动学校的武术训练场地、器械设备的优劣情况,以及武术教师对训练内容选择的合理性,都会不同程度地影响运动员的身体状况,如果运动员出现伤病,其就会失去比赛机会,这会影响比赛成绩的获得,必然也就会影响体育运动学校武术的开展。

表 3-219　第四因子指标命名、序号、内容、载荷量、贡献率、累计贡献率

| 命名 | 序号 | 内容 | 载荷量 | 贡献率/% | 累计贡献率/% |
| --- | --- | --- | --- | --- | --- |
| 运动员因子 | $X_4$ | 运动员的参赛机会 | 0.527 | 7.385 | 41.837 |
| | $X_5$ | 运动员参加比赛的成绩 | 0.484 | | |
| | $X_6$ | 运动员学习武术的动机 | 0.648 | | |
| | $X_7$ | 运动员的损伤情况 | 0.580 | | |
| | $X_8$ | 武术训练内容的选择 | 0.656 | | |
| | $X_{33}$ | 武术训练场地设施的情况 | 0.451 | | |

5.宣传因子

体育运动学校的武术开展离不开武术的宣传(见表 3-220)。该因子中

载荷量最大的是武术宣传的内容,其次是宣传的途径、武术表演、影视武术的宣传。武术文化博大精深,武术内容丰富多样,因此武术宣传的内容是影响武术开展的重要因素。如今,民间的武术练习比较偏重于传统武术路线,体育运动学校的武术以竞技武术为主要习练内容,传统武术如何与竞技武术结合是武术宣传面临的一个瓶颈。武术宣传的途径中,最广为人知的是影视武术,当然武术宣传的途径还有武术表演、赛事宣传、名人宣传等。无论走到哪里,武术表演总会引来一片喝彩声,人们会被武术运动员所表现出来的精、气、神折服。因此,各种武术宣传的途径对体育运动学校武术的开展都起到举足轻重的作用。

表 3-220　第五因子指标命名、序号、内容、载荷量、贡献率、累计贡献率

| 命名 | 序号 | 内容 | 载荷量 | 贡献率/% | 累计贡献率/% |
| --- | --- | --- | --- | --- | --- |
| 宣传因子 | $X_{38}$ | 武术表演的开展情况 | 0.529 | 6.137 | 47.974 |
| | $X_{39}$ | 影视武术的宣传 | 0.522 | | |
| | $X_{40}$ | 武术宣传的途径 | 0.709 | | |
| | $X_{41}$ | 武术宣传的内容 | 0.779 | | |

6.认知因子

认知因子主要是运动员对武术的一些理论知识的认识(见表 3-221)。体育运动学校的武术运动员在武术练习的实践中,由于年龄普遍较小,对武术动作的内涵还不能深刻理解,因此无法从内而外展示、应用、演练武术动作的内在意义。武术运动员只有对武术内容、武术文化、武术技击功能有了一定的认识后,才能够更加有效、正确地表达和演练武术动作。

表 3-221　第六因子指标命名、序号、内容、载荷量、贡献率、累计贡献率

| 命名 | 序号 | 内容 | 载荷量 | 贡献率/% | 累计贡献率/% |
| --- | --- | --- | --- | --- | --- |
| 认知因子 | $X_1$ | 运动员对武术内容的认知 | 0.841 | 5.594 | 53.568 |
| | $X_2$ | 运动员对武术文化的认知 | 0.804 | | |
| | $X_3$ | 运动员对武术技击功能的认知 | 0.566 | | |

### 四、本节小结

本节通过问卷的形式对887名体育运动学校的武术运动员和121名武术教师进行调查,结果如下。

(1)以培养体育人才为目的的体育运动学校是遵循九年制义务教育政策的公办教育机构,在武术训练中会收取一定的费用,根据地域差异,一般在200元—1000元。同时,比赛获得成绩的学生可以不缴或少缴纳训练费用。

(2)在对武术内容的认知方面,武术教师和运动员对武术内容的认知基本一致,拳术、器械、对练是武术内容的认知度都非常高。拳术、器械、对练、集体项目、散打等被认为是武术内容的武术教师的比例均超过60%,可见武术教师的认知相对更全面。在对武术健身操的认知上,由于各省市级武术比赛中没有设立该项目,体育运动学校的武术教师就没有对运动员进行武术健身操的训练,因此无论是武术教师还是运动员,对武术健身操的认知度都不高。

(3)在对武术动作的认知方面,武术教师和运动员一致认为武术动作教学和学习都较困难。在主观感觉上,武术教师认为武术教学较为枯燥,但运动员认为武术动作学习很有趣;在武术动作的美观程度方面,武术教师和运动员的调查结果基本一致,均认为武术动作是美观的;在武术动作的危险程度方面,武术教师和运动员的看法有所不同,武术教师认为武术训练危险性不大,而运动员却认为武术训练具有一定的危险性。

(4)在对武术功能的认知方面,从调查的数据比例排序可以得出,武术运动员和武术教师对武术功能的认知无太大差别。其对武术功能的认知依次为强身健体、弘扬民族精神、宣传武术文化、防身自卫。

(5)在对武术属性的认知方面,武术教师与武术运动员的认知是一样的,武术首先是一项体育运动项目,其次是一种文化,最后是一门艺术。

(6)在对武术抱拳礼的认知方面,武术教师认为抱拳礼首先是武术的象征,其次是一种中国礼仪,最后是尊重对手、点到为止的武德体现;武术运动员认为抱拳礼首先是尊重对手、点到为止的体现,其次是一种中国礼仪,最后是武术的象征。

(7)在对武术段位制的认知方面,体育运动学校的武术教师的认知度明显高于与武术运动员,有77.7%的武术教师知道武术的最高段位是9段,明显高于中小学武术教师、青少年宫武术教师和武术学校武术教师对武术段位的认知。但在体育运动学校的武术运动员的调查结果中只有41.0%的武术运动员知道武术的最高段位是9段,其次有36.3%的武术运动员不知道段位制,还有接近一半的武术运动员是认知模糊的。

(8)在对武术竞赛的认知方面,体育运动学校的武术教师对武术竞赛规则非常了解,对于青少年最高级别武术竞赛的认知主要集中在世界青少年武术比赛和全国青少年武术比赛,所带队员主要参加省级的武术比赛。体育运动学校的武术运动员对武术竞赛的满分的认知度很高,达86.4%。从离散的数据显示,武术运动员对于武术竞赛的评分裁判人数和青少年最高级别武术竞赛的认知度就相对较低,需要武术教师的进一步指导。

(9)对于专业培养体育人才的体育运动学校,武术器材、场地的满足情况与武术被省市体育运动学校的重视程度呈正相关。在选拔武术人才方面,体育运动员主要通过简单测试进行挑选。训练年限在2年以下的运动员和处于7—9年级的运动员较容易中断武术训练,其主要的影响因素为武术教师的素养和学生的比赛成绩。

(10)在武术教师进修方面,近三年有85.2%的武术教师参加过进修,有30.6%的武术教师认为培训有非常大的帮助。有84.3%的武术教师认为教师培训是提高自身业务水平的最好办法,其次是比赛经验的积累、优秀教练的传帮带。

(11)体育运动学校武术开展的影响因子由武术教师因子、组织因子、赛事因子、运动员因子、宣传因子、认知因子构成。其中,武术教师因子是影响体育运动学校武术开展的最重要、最直接的因子,其次是组织因子、赛事因子、运动员因子、宣传因子、认知因子。

## 第五节　中国青少年武术习练者现状比较研究

普通中小学、青少年宫、武术学校、体育运动学校是现阶段青少年武术开展的相对时间较长的官方机构。本研究通过对这4家单位的3006名学生(普通中小学1028人、青少年宫177人、武术学校914人、体育运动学校887人)进行问卷调查,以了解中国青少年武术发展的现状。

### 一、中国青少年习武者的基本信息比较

通过对3006名武术习练者进行调查发现(见表3-222),武术习练者中男生比女生明显偏多,相对来讲普通中小学武术学生的男女生的比例相差较小;武术习练者的训练年龄基本是在7—12岁,大于19岁还在继续训练武术的人数偏少;在习武年限上主要集中在0年<A≤3年阶段,青少年宫的学生尤为突出,学生习武的年限基本不会超过12年。

表3-222　不同机构被调查对象的基本信息($N=3006$)

| 变量 | 变量含义 | 体育运动学校 | 武术学校 | 青少年宫 | 普通中小学 | 合计 | 占比/% |
|---|---|---|---|---|---|---|---|
| 性别 | 男 | 618 | 746 | 111 | 585 | 2060 | 68.5 |
|  | 女 | 269 | 168 | 66 | 443 | 946 | 31.5 |
| 年龄 | 7—12岁 | 335 | 252 | 104 | 481 | 1172 | 39.0 |
|  | 13—15岁 | 284 | 373 | 40 | 288 | 985 | 32.7 |
|  | 16—18岁 | 220 | 243 | 20 | 210 | 693 | 23.1 |
|  | 19岁及以上 | 48 | 46 | 13 | 49 | 156 | 5.2 |
| 习武年限 | 0年<A≤3年 | 494 | 540 | 129 | 734 | 1897 | 63.1 |
|  | 3年<A≤6年 | 283 | 276 | 39 | 229 | 827 | 27.4 |
|  | 6年<A≤9年 | 86 | 74 | 6 | 46 | 212 | 7.1 |
|  | 9年<A≤12年 | 20 | 23 | 3 | 16 | 62 | 2.1 |
|  | A>12年 | 4 | 1 | 0 | 3 | 8 | 0.3 |

## 二、中国青少年习武者的习武动机的比较分析

### (一)不同机构的青少年习武者的习武动机分析

对体育运动学校、武术学校、青少年宫、普通中小学的学生对学习武术的动机调查结果显示(见表3-223),通过练习武术达到强身健体、防身自卫和学习中国文化是中国青少年练习武术的主要的三个动机。然而不同机构的青少年在习武动机方面,存在一定的差异性。体育运动学校和武术学校的学生在获得比赛成绩以及出人头地的动机上比较强烈。在成为武打明星的动机上,体育运动学校和普通中小学的学生表现得比较强烈。另外,青少年宫的学生学习武术的动机并不是很明确。普通中小学和青少年宫基本是培养学生对武术的兴趣,让学生体验学习武术;武术学校更多的是以学校盈利为前提,输送武术人才;体育运动学校是培养武术专业人才的基层单位,因此其比较注重学生获取优异的武术比赛成绩。由于各个机构培养人才的目的有所差异,从而影响了学生学习武术的动机。

表3-223 不同机构的青少年习武者的习武动机比较(多项选择)($N=3006$)

| 习武动机 | 体育运动学校 频数 | 体育运动学校 占比/% | 武术学校 频数 | 武术学校 占比/% | 青少年宫 频数 | 青少年宫 占比/% | 普通中小学 频数 | 普通中小学 占比/% |
| --- | --- | --- | --- | --- | --- | --- | --- | --- |
| 强身健体 | 592 | 66.7 | 626 | 68.5 | 100 | 56.5 | 600 | 58.4 |
| 防身自卫 | 344 | 38.8 | 488 | 53.4 | 101 | 57.1 | 484 | 47.1 |
| 获得比赛成绩 | 250 | 28.2 | 201 | 22.0 | 35 | 19.8 | 124 | 12.1 |
| 娱乐玩耍 | 29 | 3.3 | 42 | 4.6 | 14 | 7.9 | 82 | 8.0 |
| 成为武打明星 | 120 | 13.5 | 73 | 8.0 | 20 | 11.3 | 108 | 10.5 |
| 学习中国文化 | 314 | 35.4 | 258 | 28.2 | 70 | 39.5 | 348 | 33.9 |
| 出人头地 | 166 | 18.7 | 125 | 13.7 | 15 | 8.5 | 110 | 10.7 |
| 继承技艺 | 89 | 10.0 | 81 | 8.9 | 18 | 10.2 | 48 | 4.7 |
| 受家庭影响 | 25 | 2.8 | 27 | 3.0 | 3 | 1.7 | 22 | 2.1 |
| 其他 | 18 | 1.9 | 13 | 1.4 | 3 | 1.7 | 39 | 3.8 |

### (二)不同性别的青少年习武者的习武动机分析

从调查结果中得出(见表3-224),男女学生学习武术的动机主要集中在强身健体、防身自卫和学习中国文化。在获得比赛成绩、出人头地、成为武打明星的动机上,男女生的性别差异性就比较明显了,男生对比赛成绩、出人头地以及成为武打明星的欲望比较强烈,这与男生强烈的战胜欲和希望成功的想法是一致的。在娱乐玩耍、继承技艺、受家庭影响方面的动机,男女生稍有不同。

表3-224 不同性别的青少年习武者的习武动机比较(多项选择)(N=3006)

| 性别 | 指标 | 强身健体 | 防身自卫 | 获得比赛成绩 | 娱乐玩耍 | 成为武打明星 | 学习中国文化 | 出人头地 | 继承技艺 | 受家庭影响 | 其他 |
|---|---|---|---|---|---|---|---|---|---|---|---|
| 男 | 频数 | 1335 | 1012 | 439 | 106 | 253 | 633 | 334 | 162 | 48 | 37 |
| | 占比/% | 64.8 | 49.1 | 21.3 | 5.1 | 12.3 | 30.7 | 16.2 | 7.9 | 2.3 | 1.8 |
| 女 | 频数 | 583 | 405 | 171 | 61 | 68 | 357 | 82 | 74 | 27 | 38 |
| | 占比/% | 61.6 | 42.8 | 18.1 | 6.4 | 7.2 | 37.7 | 8.7 | 7.8 | 2.9 | 4.0 |

### (三)不同年龄的青少年习武者的习武动机分析

从调查结果中得出(见表3-225),强身健体、防身自卫和学习中国文化是所有年龄段青少年习武者学习武术的主要动机。当然不同年龄段对习武的需求也会出现一定的差异性和阶段性,青少年习武者在对获得比赛成绩、娱乐玩耍和出人头地等方面的动机是随年龄增加而呈现递增的规律,即年龄越大对获得比赛成绩、娱乐玩耍和出人头地的需求就越大。此外,在强身健体、防身自卫和继承技艺方面的动机呈现一定的阶段性,即在7—12岁,青少年习武者对这三方面的动机较大,在13—15岁有所回落,从16岁开始随着青少年习武者的成长,其思维能力的逐渐成熟,对学习武术的动机也发生了变化,青少年习武者开始认为强身健体、防身自卫和继承技艺是自身学习武术的主要动机。

表 3-225　不同年龄青少年的习武动机比较(多项选择)($N=3006$)

| 习武动机 | 7—12 岁 频数 | 占比/% | 13—15 岁 频数 | 占比/% | 16—18 岁 频数 | 占比/% | 19 岁及以上 频数 | 占比/% |
|---|---|---|---|---|---|---|---|---|
| 强身健体 | 786 | 67.1 | 589 | 59.8 | 433 | 62.5 | 110 | 70.5 |
| 防身自卫 | 577 | 49.2 | 429 | 43.6 | 320 | 46.2 | 91 | 58.3 |
| 获得比赛成绩 | 198 | 16.9 | 203 | 20.6 | 169 | 24.4 | 40 | 25.6 |
| 娱乐玩耍 | 57 | 4.9 | 50 | 5.1 | 38 | 5.5 | 22 | 14.1 |
| 成为武打明星 | 134 | 11.4 | 97 | 9.8 | 75 | 10.8 | 15 | 9.6 |
| 学习中国文化 | 455 | 38.8 | 299 | 30.4 | 192 | 27.7 | 44 | 28.2 |
| 出人头地 | 120 | 10.2 | 133 | 13.5 | 125 | 18.0 | 38 | 24.4 |
| 继承技艺 | 102 | 8.7 | 63 | 6.4 | 52 | 7.5 | 19 | 12.2 |
| 受家庭影响 | 22 | 1.9 | 20 | 2.0 | 28 | 4.0 | 5 | 3.2 |
| 其他 | 25 | 2.1 | 17 | 1.7 | 28 | 4.0 | 5 | 1.4 |

### (四)不同习武年限的青少年习武者的习武动机分析

从调查结果可以看出(见表 3-226),不同习武年限的青少年习武者学习武术的动机是基本一致的。相对而言,接触武术时间较长的青少年习武者对学习中国文化和继承技艺方面的动机较为强烈,尤其是在习武 9 年$<A\leqslant 12$ 年的时间段体现得更为突出,说明习武时间越久越能体会到武术的价值与意义,追求武术内在的文化欲望也就会更加强烈。另外,习武 6 年$<A\leqslant 9$ 年的青少年习武者对获得武术比赛成绩的欲望最为强烈。一般来讲,青少年习武者习武 6 年$<A\leqslant 9$ 年时,其自身年龄应该在 13 岁以上,这个年龄的青少年习武者已经知道比赛成绩对自身发展的重要性,这与不同年龄练习武术动机的数据分析结果是一致的(见表 3-225)。

表 3-226　不同习武年限的青少年习武者的习武动机比较（$N=3006$）

| 习武动机 | 0年<A≤3年 频数 | 占比/% | 3年<A≤6年 频数 | 占比/% | 6年<A≤9年 频数 | 占比/% | 9年<A≤12年 频数 | 占比/% | A>12年 频数 | 占比/% |
|---|---|---|---|---|---|---|---|---|---|---|
| 强身健体 | 1196 | 63.0 | 535 | 64.7 | 135 | 63.7 | 47 | 75.8 | 5 | 62.5 |
| 防身自卫 | 929 | 49.0 | 355 | 42.9 | 102 | 48.1 | 28 | 45.2 | 3 | 37.5 |
| 获得比赛成绩 | 300 | 15.8 | 222 | 26.8 | 69 | 32.5 | 19 | 30.6 | 0 | 0.0 |
| 娱乐玩耍 | 117 | 6.2 | 29 | 3.5 | 13 | 6.1 | 8 | 12.9 | 0 | 0.0 |
| 成为武打明星 | 203 | 10.7 | 91 | 11.0 | 24 | 11.3 | 3 | 4.8 | 0 | 0.0 |
| 学习中国文化 | 595 | 31.4 | 291 | 35.2 | 69 | 32.5 | 34 | 54.8 | 1 | 12.5 |
| 出人头地 | 232 | 12.2 | 130 | 15.7 | 43 | 20.3 | 11 | 17.7 | 0 | 0.0 |
| 继承技艺 | 137 | 7.2 | 70 | 8.5 | 16 | 7.5 | 11 | 17.7 | 2 | 25.0 |
| 受家庭影响 | 46 | 2.4 | 16 | 1.9 | 8 | 3.8 | 5 | 8.1 | 0 | 0.0 |
| 其他 | 50 | 2.6 | 20 | 2.4 | 2 | 0.9 | 3 | 4.8 | 0 | 0.0 |

## 三、青少年对武术认知渠道的比较分析

人们对一个事物的认知是通过外界的刺激物引起的，同样，青少年对武术的认知也需要某些特定的中介。[1] 在如今的信息时代，青少年对武术知识的获取是多途径的。一般来说，青少年在学校接受的文化教育比较系统化的，而在家庭、社会等环境下接受的教育比较凌乱，且系统性较差。所以青少年了解武术的环境不同，对武术的认知情况也就不尽相同。因此，有必要了解和分析青少年获取武术信息的渠道。

调查数据显示（见表 3-227），学校体育课和多媒体是青少年获知武术信息的两大途径，分别占 32.1% 和 32.0%。首先，学校是青少年最为集中的地方，是青少年接收知识的主场，因此学校体育课对武术知识的正确传播会直接影响青少年对武术的认知。其次，多媒体是青少年认识世界的重要窗口。相当多的青少年都是从多媒体中的各种武术影视作品里认识武

---

[1] 张婷.黄州地区中学生对武术的认知调查归因分析及发展对策[D].武汉：湖北大学，2012.

术,尤其是李小龙、成龙、李连杰等武术巨星的影视作品,不仅让青少年知道了武术,了解到习武者尊师重道、追求正义、惩恶扬善等优良品质,还对青少年有很强的教化作用。[①] 但是在武术影视作品中,运用电脑特技呈现的虚拟武术与现实武术完全脱节,以及对武术文化内涵进行了部分曲解和误读,在一定程度上也会误导青少年认识武术。另外,随着多媒体中的新媒体短视频的迅速发展,其强大的受众基础、海量的传播内容以及观看获取成本低且社交属性强、创作更具有个性化与自由化等特点,加大了青少年对武术辨别和认识的难度。因此,学校体育课和多媒体必须要传播正向的、准确的武术知识。最后,家庭成员和朋友也是青少年获知武术信息较为有效的途径之一,家庭成员和朋友对武术的正确认识也是青少年可以长期进行武术练习的重要保证。

表 3-227　青少年对武术的认知渠道(多项选择)($N=3006$)

| 指标 | 多媒体 | 家庭成员 | 朋友 | 学校体育课 | 报刊 | 武侠小说 | 比赛和大型活动时的积累 | 其他 |
| --- | --- | --- | --- | --- | --- | --- | --- | --- |
| 频数 | 963 | 727 | 576 | 964 | 117 | 279 | 353 | 136 |
| 占比/% | 32.0 | 24.2 | 19.2 | 32.1 | 3.9 | 9.3 | 11.7 | 4.5 |

## 四、青少年习武者对武术内容认知的比较分析

武术是以中国传统文化为理论基础,以内外兼修、术道并重为鲜明特点的中国传统体育项目。在其源远流长的发展过程中,武术摄养生之精髓,集技击之大成,形成了较为系统的技术体系。[②] 对于武术的内容来说,按其运动形式包括套路运动、格斗运动和功法运动。套路运动主要有单练的拳术、器械、对练和集体项目等;格斗运动主要有散打、太极推手、短兵、长兵;功法运动主要有导引养生功、健身气功等。而武术内容是青少年学习武术的基础知识,因此,青少年习武者对武术内容认知程度的高低,反映了青少年习武者对武术基础知识的掌握程度。

---

① 王英杰.山西省高校体育教育专业学生武术认知程度研究[D].太原:山西师范大学,2013.
② 全国体育院校教材委员会.武术理论基础[M].北京:人民体育出版社,1997.

## (一)不同机构的青少年习武者对武术内容认知的比较分析

从调查结果可以看出(见表3-228),体育运动学校、武术学校、青少年宫、普通中小学的青少年习武者普遍认为拳术和器械属于武术项目。体育运动学校和青少年宫有61.1%和47.5%的青少年习武者认为对练属于武术项目,武术学校和普通中小学有52.5%和40.6%的青少年习武者认为散打属于武术项目。从表3-228数据来看,青少年习武者对武术项目的划分还是比较清晰的,但在各个机构中也有不少青少年习武者将域外体育运动项目归类于武术项目,如跆拳道和拳击。体育运动学校的青少年习武者将域外体育归类于武术中所占比例最小,武术学校和青少年宫所占比例接近,而普通中小学所占比例最大。

表3-228 不同机构的青少年习武者对武术内容认知程度的比较(多项选择)($N=3006$)

| 对武术内容的认知 | 体育运动学校 频数 | 占比/% | 武术学校 频数 | 占比/% | 青少年宫 频数 | 占比/% | 普通中小学 频数 | 占比/% |
| --- | --- | --- | --- | --- | --- | --- | --- | --- |
| 拳术 | 652 | 73.5 | 630 | 68.9 | 125 | 70.6 | 669 | 65.1 |
| 散打 | 393 | 44.3 | 480 | 52.5 | 70 | 39.5 | 417 | 40.6 |
| 集体项目 | 436 | 49.2 | 301 | 32.9 | 65 | 36.7 | 277 | 26.9 |
| 器械 | 669 | 75.4 | 521 | 57.0 | 86 | 48.6 | 444 | 43.2 |
| 跆拳道 | 112 | 12.6 | 219 | 24.0 | 36 | 20.3 | 313 | 30.4 |
| 拳击 | 114 | 12.9 | 231 | 25.3 | 48 | 27.1 | 235 | 22.9 |
| 对练 | 542 | 61.1 | 377 | 41.2 | 84 | 47.5 | 309 | 30.1 |
| 不知道 | 27 | 3.0 | 47 | 5.1 | 13 | 7.3 | 110 | 10.7 |

调查结果显示(见表3-229),不同机构的青少年习武者最初习练武术内容的差异性不大,基本功、抱拳礼和组合动作是青少年初期练习武术的主要内容,并得到了各个机构武术教师的一致认同。而且基本功在各个机构中占的比重最大,各机构都将基本功作为习武的首要内容,尤其是在体育运动学校。因为基本功是习武的基石,只有打下坚实的基础,才能更快、更有效地促进武术技术水平的提高。

表 3-229　不同机构青少年最初习武内容的比较（多项选择）（N=3006）

| 最初习武内容 | 体育运动学校 频数 | 体育运动学校 占比/% | 武术学校 频数 | 武术学校 占比/% | 青少年宫 频数 | 青少年宫 占比/% | 普通中小学 频数 | 普通中小学 占比/% |
|---|---|---|---|---|---|---|---|---|
| 组合动作 | 153 | 17.2 | 179 | 19.6 | 45 | 25.4 | 238 | 23.2 |
| 抱拳礼 | 228 | 25.7 | 336 | 36.8 | 81 | 45.8 | 369 | 35.9 |
| 基本功 | 697 | 78.6 | 669 | 73.2 | 114 | 64.4 | 632 | 61.5 |
| 拳术套路 | 112 | 12.6 | 111 | 12.1 | 29 | 16.4 | 148 | 14.4 |
| 格斗动作 | 37 | 4.2 | 65 | 7.1 | 12 | 6.8 | 55 | 5.4 |
| 器械套路 | 92 | 10.4 | 55 | 6.0 | 17 | 9.6 | 47 | 4.6 |
| 其他 | 18 | 2.0 | 21 | 2.3 | 4 | 2.3 | 68 | 6.6 |

调查结果得出（见表3-230），体育运动学校、武术学校、青少年宫、普通中小学的青少年习武者练习内容的侧重点不一样。体育运动学校学生侧重于自选套路、传统套路和国际竞赛规定套路，练习的内容比较全面。武术学校多数是民办的武术学习基地，是以营利为目的的机构，因此对武术练习的内容比较杂乱，目的是吸引更多的青少年练习武术以获得盈利，但相对而言武术学校和青少年宫的学生比较侧重于传统套路的练习。普通中小学是目前国家推广、传播武术的主阵地，武术健身操和段位制武术套路是当前国家体育总局、中国武术协会等相关部门大力向校园推广的主要内容，因此在普通中小学中练习最多的还是武术健身操，对段位制套路的练习较少，说明段位制套路在校园的普及力度还不够。

表 3-230　不同机构的青少年习武者当前习武内容的比较(多项选择)($N=3006$)

| 当前习武内容 | 体育运动学校 |  | 武术学校 |  | 青少年宫 |  | 普通中小学 |  |
| --- | --- | --- | --- | --- | --- | --- | --- | --- |
|  | 频数 | 占比/% | 频数 | 占比/% | 频数 | 占比/% | 频数 | 占比/% |
| 传统套路 | 327 | 36.9 | 404 | 44.2 | 66 | 37.3 | 289 | 28.1 |
| 武术健身操 | 74 | 8.3 | 149 | 16.3 | 48 | 27.1 | 391 | 38.0 |
| 武术段位制套路 | 40 | 4.5 | 101 | 11.1 | 28 | 15.8 | 65 | 6.3 |
| 国际规定套路 | 246 | 27.7 | 191 | 0.9 | 51 | 28.8 | 175 | 17.0 |
| 散打 | 77 | 8.7 | 169 | 18.5 | 17 | 9.6 | 65 | 6.3 |
| 自选套路 | 335 | 37.8 | 206 | 22.5 | 18 | 10.2 | 174 | 16.9 |
| 不知道 | 49 | 5.5 | 42 | 4.6 | 16 | 9.0 | 112 | 10.9 |
| 其他 | 14 | 1.6 | 26 | 2.8 | 7 | 4.0 | 43 | 4.2 |

调查结果显示(见表 3-231),在武术学习的过程中,青少年宫和普通中小学的学生觉得学习武术还是比较容易的,体育运动学校和武术学校的学生觉得武术学习比较困难。这说明青少年宫和普通中小学学生学习的武术内容是一些易学易练的内容,如基本功、武术健身操、象形拳等;而体育运动学校和武术学校的学生学习武术是向高、难、新、美的方向发展,难度系数较大。但从各个机构的青少年习武者对武术内容学习难易程度持正反态度的人数占比来看,武术学校、青少年宫和普通中小学的学生觉得学习武术容易的人数比觉得学习困难的人数要多,只有体育运动学校认为学习武术容易的学生人数少。总的来说,武术的学习在绝大多数青少年习武者的眼里还是比较容易的。另外,调查还发现,从普通中小学、青少年宫、武术学校到体育运动学校的机构中认为武术学习困难的学生所占的百分比呈递增的趋势,说明在不同机构对武术内容学习的要求有一定的差别,因此青少年习武者对武术内容学习的难易程度的理解也就不一样。

表3-231　不同机构的青少年习武者对武术内容学习难易程度认知的比较($N=3006$)

| 对武术内容学习难易程度的认知 | 体育运动学校 频数 | 占比/% | 武术学校 频数 | 占比/% | 青少年宫 频数 | 占比/% | 普通中小学 频数 | 占比/% |
|---|---|---|---|---|---|---|---|---|
| 非常容易 | 32 | 3.6 | 29 | 3.2 | 12 | 6.8 | 56 | 5.4 |
| 容易 | 311 | 35.1 | 366 | 40.0 | 79 | 44.6 | 459 | 44.6 |
| 不知道 | 136 | 15.3 | 132 | 14.4 | 26 | 14.7 | 223 | 21.7 |
| 困难 | 380 | 42.8 | 349 | 38.3 | 54 | 30.5 | 246 | 24.0 |
| 非常困难 | 28 | 3.2 | 38 | 4.2 | 6 | 3.4 | 44 | 4.3 |

从调查结果可以看出(见表3-232)，各个机构的青少年习武者对武术动作学习的主观感觉基本一致，绝大部分青少年习武者都觉得学习武术很有趣，相差甚微。但从枯燥和有趣两个选项来看，觉得学习武术枯燥的青少年习武者主要是青少年宫和普通中小学，反之觉得有趣的青少年习武者在体育运动学校和武术学校偏多一点，说明体育运动学校和武术学校的青少年习武者在目标比较明确的前提下，经过长时间的锻炼，逐渐对武术有了一定的了解，找到了其中学习的乐趣；而青少年宫和普通中小学的青少年习武者对武术的学习只是作为兴趣爱好，没有对武术深入了解，找不到其中学习的乐趣，因而兴趣会随着时间逐渐淡化。

表3-232　不同机构的青少年习武者对武术动作学习主观感觉的比较($N=3006$)

| 对武术动作学习的主观感觉 | 体育运动学校 频数 | 占比/% | 武术学校 频数 | 占比/% | 青少年宫 频数 | 占比/% | 普通中小学 频数 | 占比/% |
|---|---|---|---|---|---|---|---|---|
| 非常枯燥 | 15 | 1.7 | 15 | 1.6 | 9 | 5.1 | 36 | 3.5 |
| 枯燥 | 84 | 9.5 | 117 | 12.8 | 25 | 14.1 | 146 | 14.2 |
| 不知道 | 111 | 12.5 | 114 | 12.5 | 21 | 11.9 | 194 | 18.9 |
| 有趣 | 542 | 61.1 | 538 | 58.9 | 91 | 51.4 | 530 | 51.6 |
| 非常有趣 | 135 | 15.2 | 130 | 14.2 | 31 | 17.5 | 122 | 11.8 |

在对各个机构的青少年习武者对武术动作美观程度认知的调查(见表3-233)中，体育运动学校、武术学校、青少年宫、普通中小学的青少年习武者均认为武术动作是美观的。但从各个机构对美观和不美观的角度来看，

体育运动学校和武术学校的青少年习武者认为武术动作美观的较多,认为不美观的青少年习武者在普通中小学中较多一点。体育运动学校和武术学校的青少年习武者将武术动作的美提升到了武术动作演练中的"意"和"神"上,这种美是武术动作的内在美。

表3-233 不同机构的青少年习武者对武术动作美观程度认知的比较($N=3006$)

| 对武术动作美观程度的认知 | 体育运动学校 频数 | 占比/% | 武术学校 频数 | 占比/% | 青少年宫 频数 | 占比/% | 普通中小学 频数 | 占比/% |
|---|---|---|---|---|---|---|---|---|
| 非常美观 | 228 | 25.7 | 164 | 18.0 | 59 | 33.3 | 154 | 15.0 |
| 美观 | 590 | 66.5 | 599 | 65.5 | 85 | 48.0 | 606 | 58.9 |
| 不知道 | 45 | 5.1 | 96 | 10.5 | 25 | 14.1 | 174 | 16.9 |
| 不美观 | 19 | 2.1 | 40 | 4.4 | 7 | 4.0 | 80 | 7.8 |
| 非常不美观 | 5 | 0.6 | 15 | 1.6 | 1 | 0.6 | 14 | 1.4 |

体育运动学校、武术学校、青少年宫、普通中小学的青少年习武者在学习武术时对武术动作危险程度的想法基本是一致的。从表3-234的数据中发现,青少年习武者中认为武术动作危险和不危险的比例都是比较高的,这样的结果看似存在矛盾,但其实不然。因为青少年习武者在刚接触武术时一般学习的都是基本功动作,基本功学习的特点就是学会比较简单,学好就比较难。其次,随着2003年新的武术套路竞赛规则的出台,武术动作的难度系数增大,使得武术演练具有一定的危险性。对青少年习武者而言,完成有难度的武术动作即技术水平提高的体现,也是挑战心理、战胜自我、超越自我的过程。

表 3-234　不同机构的青少年习武者对武术学习的危险程度认知的比较($N=3006$)

| 对武术学习的危险程度的认知 | 体育运动学校 频数 | 占比/% | 武术学校 频数 | 占比/% | 青少年宫 频数 | 占比/% | 普通中小学 频数 | 占比/% |
|---|---|---|---|---|---|---|---|---|
| 非常危险 | 20 | 2.3 | 21 | 2.3 | 12 | 6.8 | 34 | 3.3 |
| 危险 | 403 | 45.4 | 339 | 37.1 | 61 | 34.5 | 258 | 25.1 |
| 不知道 | 120 | 13.5 | 144 | 15.8 | 18 | 10.2 | 187 | 18.2 |
| 不危险 | 306 | 34.5 | 376 | 41.1 | 61 | 34.5 | 448 | 43.6 |
| 完全不危险 | 38 | 4.3 | 34 | 3.7 | 25 | 14.0 | 101 | 9.8 |

## (二)不同年龄段的青少年习武者对武术内容认知的比较分析

从调查结果可以看出（见表 3-235），不同年龄段的青少年习武者把拳术、散打、集体项目、器械、对练认知为武术内容的比例还是比较高的，说明青少年习武者对武术内容的认知较为清晰。但是有较多青少年习武者认为跆拳道和拳击也是武术内容，尤其是 19 岁及以上的青少年习武者，占比最多。说明武术教师还需要进一步加强对学生在武术内容方面的正确引导。

表 3-235　不同年龄段的青少年习武者对武术内容认知的比较(多项选择)($N=3006$)

| 对武术内容的认知 | 7—12 岁 频数 | 占比/% | 13—15 岁 频数 | 占比/% | 16—18 岁 频数 | 占比/% | 19 岁及以上 频数 | 占比/% |
|---|---|---|---|---|---|---|---|---|
| 拳术 | 786 | 67.1 | 675 | 68.5 | 500 | 72.2 | 115 | 73.7 |
| 散打 | 427 | 36.4 | 477 | 48.4 | 365 | 52.7 | 91 | 58.3 |
| 集体项目 | 384 | 32.8 | 384 | 39.0 | 262 | 37.8 | 49 | 31.4 |
| 器械 | 614 | 52.4 | 591 | 60.0 | 435 | 62.8 | 80 | 51.3 |
| 跆拳道 | 259 | 22.1 | 207 | 21.0 | 157 | 22.7 | 57 | 36.5 |
| 拳击 | 230 | 19.6 | 214 | 21.7 | 133 | 19.2 | 51 | 32.7 |
| 对练 | 431 | 36.8 | 454 | 46.1 | 357 | 51.5 | 70 | 44.9 |
| 不知道 | 99 | 8.4 | 63 | 6.4 | 22 | 3.2 | 10 | 6.4 |

从调查结果可以看出(见表3-236),不同年龄段的青少年习武者对武术学习的难易评价具有一定的差异。认为学习武术容易的青少年习武者年龄偏小,而觉得学习武术困难的青少年习武者年龄则偏大。在武术套路的练习中,套路动作的编排是根据不同年龄段及接受能力而设计的,年龄较大的,武术套路的动作编排相对会复杂一些,因而就出现年龄大的青少年习武者认为武术学习难的情况。

表3-236  不同年龄段的青少年习武者对武术学习的难易程度认知的比较($N=3006$)

| 对武术学习的难易程度的认知 | 7—12 岁 频数 | 占比/% | 13—15 岁 频数 | 占比/% | 16—18 岁 频数 | 占比/% | 19 岁及以上 频数 | 占比/% |
| --- | --- | --- | --- | --- | --- | --- | --- | --- |
| 非常容易 | 70 | 6.0 | 33 | 3.4 | 23 | 3.3 | 3 | 1.9 |
| 容易 | 521 | 44.5 | 387 | 39.3 | 260 | 37.5 | 47 | 30.1 |
| 不知道 | 204 | 17.4 | 157 | 15.9 | 130 | 18.8 | 26 | 16.7 |
| 困难 | 341 | 29.1 | 372 | 37.8 | 244 | 35.2 | 72 | 46.2 |
| 非常困难 | 36 | 3.0 | 36 | 3.6 | 36 | 5.2 | 8 | 5.1 |

调查结果显示(见表3-237),从习武者不同年龄段的整体性来看,有半数以上的青少年习武者认为武术学习是有趣的,并且部分青少年习武者觉得习武非常有趣。但从武术学习枯燥和有趣的角度逐个分析来看,觉得武术学习枯燥及非常枯燥的青少年主要集中在19岁及以上的年龄段,然而这个年龄段的青少年同时也认为练习武术是有趣的。两者看似矛盾却并非矛盾。由于在19岁及以上的青少年习武者正处于青春期,这个阶段的青少年更喜欢接受一些实用的知识,当现实武术与理想武术出现较大分歧时,就会降低对武术的兴趣,时间久了便会出现习武枯燥乏味的感觉,但在这个年龄阶段还在持续练习武术的青少年多数已经通过武术获得高等教育的机会,就会逐渐体会到武术的文化内涵,从而对武术产生浓厚的兴趣。

表 3-237　不同年龄段的青少年习武者对武术学习的主观感觉比较（$N=3006$）

| 对武术学习的主观感觉 | 7—12 岁 频数 | 占比/% | 13—15 岁 频数 | 占比/% | 16—18 岁 频数 | 占比/% | 19 岁及以上 频数 | 占比/% |
| --- | --- | --- | --- | --- | --- | --- | --- | --- |
| 非常枯燥 | 19 | 1.6 | 36 | 3.7 | 17 | 2.5 | 3 | 1.9 |
| 枯燥 | 99 | 8.4 | 145 | 14.7 | 100 | 14.4 | 28 | 17.9 |
| 不知道 | 159 | 13.6 | 139 | 14.1 | 121 | 17.5 | 21 | 13.5 |
| 有趣 | 705 | 60.2 | 530 | 53.8 | 368 | 53.1 | 98 | 62.8 |
| 非常有趣 | 190 | 16.2 | 135 | 13.7 | 87 | 12.5 | 6 | 3.9 |

对不同年龄段的青少年习武者对武术动作的美观程度认知的调查发现（见表3-238），随着青少年习武者年龄的增大，其对武术动作是美观的认可度越高，因此青少年习武者对武术动作美观程度认知的提升，取决于对武术动作的了解程度。

表 3-238　不同年龄段的青少年习武者对武术动作的美观程度认知的比较（$N=3006$）

| 对武术动作的美观程度的认知 | 7—12 岁 频数 | 占比/% | 13—15 岁 频数 | 占比/% | 16—18 岁 频数 | 占比/% | 19 岁及以上 频数 | 占比/% |
| --- | --- | --- | --- | --- | --- | --- | --- | --- |
| 非常美观 | 265 | 22.6 | 191 | 19.4 | 127 | 18.3 | 22 | 14.1 |
| 美观 | 705 | 60.2 | 621 | 63.0 | 447 | 64.5 | 107 | 68.6 |
| 不知道 | 138 | 11.8 | 107 | 10.9 | 77 | 11.1 | 18 | 11.5 |
| 不美观 | 54 | 4.6 | 48 | 4.9 | 38 | 5.5 | 6 | 3.8 |
| 非常不美观 | 10 | 0.8 | 18 | 1.8 | 4 | 0.6 | 3 | 2.0 |

从青少年习武者对武术学习的危险程度认知的调查结果来看（见表3-239），青少年习武者总体认为武术学习是不危险的。但是从13岁到18岁的青少年习武者认为武术练习是有危险的，主要是这个年龄段的青少年习武者开始步入武术的正规化训练，逐渐接触武术难度动作的训练，是青少年习武者武术技术水平飞跃的阶段，因此会与以往的认知有所不同。

表 3-239　不同年龄段的青少年习武者对武术学习的危险程度认知的比较（$N=3006$）

| 对武术学习的<br>危险程度的认知 | 7—12岁 || 13—15岁 || 16—18岁 || 19岁及以上 ||
|---|---|---|---|---|---|---|---|---|
| | 频数 | 占比/% | 频数 | 占比/% | 频数 | 占比/% | 频数 | 占比/% |
| 非常危险 | 32 | 2.7 | 27 | 2.7 | 21 | 3.0 | 7 | 4.5 |
| 危险 | 330 | 28.2 | 382 | 38.8 | 287 | 41.4 | 62 | 39.7 |
| 不知道 | 163 | 13.9 | 170 | 17.3 | 109 | 15.7 | 27 | 17.3 |
| 不危险 | 515 | 43.9 | 358 | 36.3 | 261 | 37.7 | 57 | 36.5 |
| 完全不危险 | 132 | 11.3 | 48 | 4.9 | 15 | 2.2 | 3 | 2.0 |

### （三）不同习武年限的青少年习武者对武术内容认知的比较分析

调查结果显示（见表 3-240），不同习武年限的青少年习武者对武术内容全面性的认知存在一定的差异，习武年限越长，对武术内容中包含的项目认知的比例分布就会越均匀，也就是习武年限与武术内容的认知度呈一定的正相关。拳术和器械是青少年习武者最为熟悉的武术项目，而对集体项目和对练的熟悉程度相对低一些。从调查结果可以看出，随着习武年限的增长，青少年习武者对集体项目和对练是武术内容的认知越来越清晰。在调查中，令青少年习武者最为模糊的就是散打、跆拳道和拳击，由于这三个都是对抗类项目，而只有散打属于中国武术项目，跆拳道和拳击属于域外武技。从调查结果了解到，习武在 3 年及以下的青少年习武者最容易将域外体育划分到中国武术中，出现这种现象是因其习武年限较短，其对武术内容的认识不足。

在对不同习武年限的青少年习武者对武术学习的难易程度认知的调查中（见表 3-241），习武在 3 年及以下和 9 年以上的青少年习武者，认为学习武术比较容易的人数占比要多于认为学习困难的人数占比。习武年限在 3 年＜$A$≤9 年的青少年习武者中，认为习武比较困难的人数更多。把 3 年＜$A$≤9 年按训练周期进行划分，可分为运动技术巩固提高阶段、运动技术强化阶段和运动技术自动化阶段。在这三个阶段的训练中，每个阶段训练的要求都非常高，因此习武在 3 年＜$A$≤9 年这个范围的青少年习武者认为学习比较困难是正常的。

表 3-240　不同习武年限的青少年习武者对武术内容认知的比较(多项选择)($N=3006$)

| 对武术内容的认知 | 0年<A≤3年 频数 | 占比/% | 3年<A≤6年 频数 | 占比/% | 6年<A≤9年 频数 | 占比/% | 9年<A≤12年 频数 | 占比/% | A>12年 频数 | 占比/% |
|---|---|---|---|---|---|---|---|---|---|---|
| 拳术 | 1234 | 65.1 | 626 | 75.7 | 160 | 75.5 | 49 | 79.0 | 7 | 87.5 |
| 散打 | 875 | 46.1 | 359 | 43.4 | 94 | 44.3 | 28 | 45.2 | 4 | 50.0 |
| 集体项目 | 534 | 28.1 | 381 | 46.1 | 123 | 58.0 | 34 | 54.8 | 7 | 87.5 |
| 器械 | 953 | 50.2 | 556 | 67.2 | 157 | 74.1 | 47 | 75.8 | 7 | 87.5 |
| 跆拳道 | 476 | 25.1 | 155 | 18.7 | 40 | 18.9 | 6 | 9.7 | 3 | 37.5 |
| 拳击 | 443 | 23.4 | 140 | 16.9 | 33 | 15.6 | 10 | 16.1 | 2 | 25.0 |
| 对练 | 666 | 35.1 | 458 | 55.4 | 140 | 66.0 | 41 | 66.1 | 7 | 87.5 |
| 不知道 | 163 | 8.6 | 25 | 3.0 | 3 | 1.4 | 3 | 4.8 | 0 | 0.0 |

表 3-241　不同习武年限的青少年习武者对武术学习的难易程度认知的比较($N=3006$)

| 对武术学习的难易程度的认知 | 0年<A≤3年 频数 | 占比/% | 3年<A≤6年 频数 | 占比/% | 6年<A≤9年 频数 | 占比/% | 9年<A≤12年 频数 | 占比/% | A>12年 频数 | 占比/% |
|---|---|---|---|---|---|---|---|---|---|---|
| 非常容易 | 94 | 5.0 | 22 | 2.7 | 9 | 4.3 | 4 | 6.5 | 0 | 0.0 |
| 容易 | 804 | 42.4 | 312 | 37.7 | 66 | 31.1 | 27 | 43.5 | 6 | 75.0 |
| 不知道 | 348 | 18.3 | 118 | 14.3 | 40 | 18.9 | 11 | 17.7 | 0 | 0.0 |
| 困难 | 590 | 31.1 | 334 | 40.3 | 87 | 41.0 | 16 | 25.8 | 2 | 25.0 |
| 非常困难 | 61 | 3.2 | 41 | 5.0 | 10 | 4.7 | 4 | 6.5 | 0 | 0.0 |

此外，就武术学习的趣味性来看(见表 3-242)，有半数以上的不同习武年限的青少年习武者对武术学习的主观感觉是有趣的。从这一点来看，说明武术有着自身独特的魅力，虽然长期坚持练习是比较艰苦的，但在这次调查中发现，青少年习武者随着习武年限的增加，对习武的兴趣并未减退。因此，应鼓励青少年参与武术运动，加强武术文化对青少年的熏陶。为了更进一步地了解不同习武年限的青少年习武者对武术的主观认知，研究对武术动作的美观程度和危险程度也做了比较分析。

表 3-242　不同习武年限的青少年习武者对武术学习主观感觉的比较（$N=3006$）

| 对武术学习的主观感觉 | 0年<$A$≤3年 频数 | 占比/% | 3年<$A$≤6年 频数 | 占比/% | 6年<$A$≤9年 频数 | 占比/% | 9年<$A$≤12年 频数 | 占比/% | $A$>12年 频数 | 占比/% |
|---|---|---|---|---|---|---|---|---|---|---|
| 非常枯燥 | 48 | 2.5 | 24 | 2.9 | 3 | 1.4 | 0 | 0.0 | 0 | 0.0 |
| 枯燥 | 236 | 12.4 | 100 | 12.1 | 27 | 12.7 | 7 | 11.3 | 2 | 25.0 |
| 不知道 | 291 | 15.3 | 109 | 13.2 | 31 | 14.6 | 9 | 14.5 | 0 | 0.0 |
| 有趣 | 1059 | 55.9 | 480 | 58.0 | 121 | 57.1 | 37 | 59.7 | 4 | 50.0 |
| 非常有趣 | 263 | 13.9 | 114 | 13.8 | 30 | 14.2 | 9 | 14.5 | 2 | 25.0 |

对武术动作的美观程度认知的调查中，不同习武年限的青少年习武者对武术动作的美观程度的看法基本趋于一致（见表3-243）。有半数以上的青少年习武者认为武术动作是美观或非常美观的，仅有少部分青少年习武者认为不美观，说明随着习武时间的增长，青少年对武术的认识不仅仅停留在攻、防、技、击等武术技击上的认知，而是提升到了艺术的层面，体现了武术运动之美的特征。

表 3-243　不同习武年限的青少年习武者对武术动作的美观程度认知的比较（$N=3006$）

| 对武术动作的美观程度的认知 | 0年<$A$≤3年 频数 | 占比/% | 3年<$A$≤6年 频数 | 占比/% | 6年<$A$≤9年 频数 | 占比/% | 9年<$A$≤12年 频数 | 占比/% | $A$>12年 频数 | 占比/% |
|---|---|---|---|---|---|---|---|---|---|---|
| 非常美观 | 349 | 18.4 | 188 | 22.7 | 51 | 24.1 | 16 | 25.8 | 1 | 12.5 |
| 美观 | 1152 | 60.7 | 553 | 66.9 | 133 | 62.7 | 36 | 58.1 | 6 | 75.0 |
| 不知道 | 266 | 14.0 | 52 | 6.3 | 18 | 8.5 | 4 | 6.5 | 0 | 0.0 |
| 不美观 | 105 | 5.5 | 28 | 3.4 | 8 | 3.8 | 5 | 8.1 | 0 | 0.0 |
| 非常不美观 | 25 | 1.4 | 6 | 0.7 | 2 | 0.9 | 1 | 1.5 | 1 | 12.5 |

就武术动作的危险程度来看，不同习武年限的青少年习武者对武术动作危险方面的看法是不同的（见表3-244）。习武在0年<$A$≤3年、3年<$A$≤6年、9年<$A$≤12年阶段的青少年习武者对武术动作危险程度的看法差异不大，而习武在6年<$A$≤9年、$A$>12年阶段的青少年习武者对此存在明显的差异。大部分不同习武年限的青少年习武者认为武术动作是有危险的（3年及以下的除外），说明武术动作还是具有一定的危险性，尤

其是习武12年以上的青少年习武者,其认为武术动作既优美又有危险。出现这种情况,是由于习武在3年及以下阶段的青少年习武者所学的武术动作的危险系数还不太高。这个阶段是打基础阶段,对青少年习武者的武术基本功比较重视,而在3年以后的训练中,则比较注重技术水平的全面提高。6年＜A≤9年是技术强化转自动化阶段,对武术高难度动作的要求比较高,技术自动化基本成形,而训练12年以上的青少年对武术高难度动作已经形成了自动化,同时对自己的保护意识也增强了,这就是这两个阶段的青少年习武者对武术动作危险程度的认知存在比较大差异的原因。

表 3-244　不同习武年限的青少年习武者对武术动作的危险程度认知的比较($N=3006$)

| 对武术动作的危险程度的认知 | 0年＜A≤3年 频数 | 占比/% | 3年＜A≤6年 频数 | 占比/% | 6年＜A≤9年 频数 | 占比/% | 9年＜A≤12年 频数 | 占比/% | A＞12年 频数 | 占比/% |
|---|---|---|---|---|---|---|---|---|---|---|
| 非常危险 | 60 | 3.2 | 17 | 2.1 | 9 | 4.2 | 1 | 1.6 | 0 | 0.0 |
| 危险 | 573 | 30.2 | 337 | 40.7 | 119 | 56.1 | 26 | 41.9 | 6 | 75.0 |
| 不知道 | 320 | 16.9 | 118 | 14.3 | 23 | 10.8 | 8 | 12.9 | 0 | 0.0 |
| 不危险 | 789 | 41.6 | 324 | 39.2 | 52 | 24.6 | 25 | 40.3 | 1 | 12.5 |
| 完全不危险 | 155 | 8.1 | 31 | 3.7 | 9 | 4.3 | 2 | 3.3 | 1 | 12.5 |

## 五、青少年习武者对武术功能认知的比较分析

武术的体育健身功能、防身自卫功能、体育教育功能、自娱功能、表演功能等,其实都是直接以武术形式而展开,依武术形式而存在,都是对武术形式的利用和依附。[①] 随着武术以多样化的形式开展,功能也随形式的多样化而逐渐增多,满足了现代人对武术的不同需求。

### (一)不同机构的青少年习武者对武术功能认知的分析

从对体育运动学校、武术学校、青少年宫、普通中小学的青少年习武者对武术功能认知的调查结果中可以看出(见表 3-245),各个机构对武术功能认知有一定的一致性,均认为强身健体是武术的主要功能,但也存在一

---

① 全国体育院校教材委员会.武术理论基础[M].北京:人民体育出版社,1997.

定的差异性。从调查的数据可以看出,武术学校与青少年宫的青少年习练者对武术功能的认知没有分歧的。普通中小学、武术学校、青少年宫三家武术训练机构的习武者在宣传武术文化和弘扬民族精神两个功能上的认知存在较小的差异,普通中小学的习武者对弘扬民族精神的功能更认可,因为通过习武可以增强青少年的民族认同感和民族凝聚力。体育运动学校的青少年习武者对武术功能的认知与武术学校、青少年宫、普通中小学的习武者存在明显的歧义。体育运动学校青少年习武者在防身自卫、弘扬民族精神和宣传武术文化中,更认可武术文化的宣传和民族精神的弘扬,通过长期的习武,体育运动学校青少年习武者对武术有了深层次的理解,在功能的认知上会更重视武术整体的宏观发展。

表 3-245　不同机构的青少年习武者对武术功能认知的比较(多项选择)($N=3006$)

| 对武术功能的认知 | 体育运动学校 || 武术学校 || 青少年宫 || 普通中小学 ||
|---|---|---|---|---|---|---|---|---|
| | 频数 | 占比/% | 频数 | 占比/% | 频数 | 占比/% | 频数 | 占比/% |
| 强身健体 | 689 | 77.7 | 695 | 76.0 | 127 | 71.8 | 783 | 76.2 |
| 防身自卫 | 445 | 50.2 | 639 | 69.9 | 124 | 70.1 | 663 | 64.5 |
| 打抱不平 | 103 | 11.6 | 144 | 15.8 | 23 | 13.0 | 162 | 15.8 |
| 宣传武术文化 | 477 | 53.8 | 371 | 40.6 | 84 | 47.5 | 495 | 48.2 |
| 娱乐表演 | 304 | 34.3 | 199 | 21.8 | 58 | 32.8 | 214 | 20.8 |
| 弘扬民族精神 | 467 | 52.6 | 421 | 46.1 | 90 | 50.8 | 483 | 47.0 |
| 尊师重道 | 301 | 33.9 | 259 | 28.3 | 62 | 35.0 | 273 | 26.6 |

### (二)不同性别的青少年习武者对武术功能认知的分析

从调查结果可以看出(见表 3-246),习练武术的青少年中由于性别不同,对武术功能的认识也存在一定歧义。强身健体和防身自卫的武术功能是男女青少年习武者一致认可的,均排在前两位。在对武术具有文化宣传和弘扬民族精神的功能上,女性习武者认知的频数更高。

表 3-246　不同性别的青少年习武者对武术功能认知的比较(多项选择)($N=3006$)

| 性别 | 强身健体 频数 | 强身健体 占比/% | 防身自卫 频数 | 防身自卫 占比/% | 打抱不平 频数 | 打抱不平 占比/% | 宣传武术文化 频数 | 宣传武术文化 占比/% | 娱乐表演 频数 | 娱乐表演 占比/% | 弘扬民族精神 频数 | 弘扬民族精神 占比/% | 尊师重道 频数 | 尊师重道 占比/% |
|---|---|---|---|---|---|---|---|---|---|---|---|---|---|---|
| 男 | 1569 | 76.2 | 1298 | 63.0 | 312 | 15.1 | 904 | 43.9 | 550 | 26.7 | 966 | 46.9 | 628 | 30.5 |
| 女 | 725 | 76.6 | 573 | 60.6 | 120 | 12.7 | 523 | 55.3 | 225 | 23.8 | 495 | 52.3 | 267 | 28.2 |

### (三)不同年龄段的青少年习武者对武术功能认知的分析

调查结果显示(见表 3-247),青少年习武者均认为武术具有强身健体和防身自卫的功能,但从调查的数据中也发现,青少年习武者随着年龄的增长,对武术的认识越来越清晰,其对武术弘扬民族精神和尊师重道的功能的认知也越来越明显。

表 3-247　不同年龄段的青少年习武者对武术功能认知的比较(多项选择)($N=3006$)

| 对武术功能的认知 | 7—12岁 频数 | 7—12岁 占比/% | 13—15岁 频数 | 13—15岁 占比/% | 16岁—18岁 频数 | 16岁—18岁 占比/% | 19岁及以上 频数 | 19岁及以上 占比/% |
|---|---|---|---|---|---|---|---|---|
| 强身健体 | 898 | 76.6 | 737 | 74.8 | 535 | 77.2 | 124 | 79.5 |
| 防身自卫 | 748 | 63.8 | 588 | 59.7 | 418 | 60.3 | 117 | 75.0 |
| 打抱不平 | 145 | 12.4 | 153 | 15.5 | 106 | 15.3 | 28 | 17.9 |
| 宣传武术文化 | 522 | 44.5 | 471 | 47.8 | 345 | 49.8 | 89 | 57.1 |
| 娱乐表演 | 225 | 19.2 | 259 | 26.3 | 221 | 31.9 | 70 | 44.9 |
| 弘扬民族精神 | 516 | 44.0 | 476 | 48.3 | 377 | 54.4 | 92 | 59.0 |
| 尊师重道 | 288 | 24.6 | 277 | 28.1 | 270 | 39.0 | 60 | 38.5 |

### (四)不同习武年限的青少年习武者对武术功能认知的分析

不同习武年限的青少年习武者对武术的理解不同,必然对功能的认知也是不同的。从调查结果中可以看出(见表 3-248),习武在 12 年之内的各个年限的青少年习武者都是将武术强身健体的功能放在首位的。但是,随着习武年限的增长,除了对武术具有强身健体和防身自卫的功能的认知基本保持不变的情况下,对武术具有娱乐表演和尊师重道等功能的认知逐渐增强。其中,习武在12年以上的青少年习武者对武术中尊师重道和弘扬民族精神的功能的认知最强,其次是强身健体和防身自卫功能。当习武达到一定的年限之后,青少年习武者对武术的功能认知更加透彻,更加注重自己武术的修养,其希望能够以自己的品行为表率、用自己的实际行为武术的传播和发展尽一点绵薄之力。

表 3-248　不同习武年限的青少年习武者对武术功能认知的比较(多项选择)($N=3006$)

| 对武术功能的认知 | 0年＜A≤3年 频数 | 占比/% | 3年＜A≤6年 频数 | 占比/% | 6年＜A≤9年 频数 | 占比/% | 9年＜A≤12年 频数 | 占比/% | A＞12年 频数 | 占比/% |
|---|---|---|---|---|---|---|---|---|---|---|
| 强身健体 | 1435 | 75.6 | 640 | 77.4 | 161 | 75.9 | 52 | 83.9 | 6 | 75.0 |
| 防身自卫 | 1192 | 62.8 | 502 | 60.7 | 131 | 61.8 | 40 | 64.5 | 6 | 75.0 |
| 打抱不平 | 267 | 14.1 | 121 | 14.6 | 35 | 16.5 | 9 | 14.5 | 0 | 0.0 |
| 宣传武术文化 | 825 | 43.5 | 427 | 51.6 | 128 | 60.4 | 42 | 67.7 | 5 | 62.5 |
| 娱乐表演 | 379 | 20.0 | 270 | 32.6 | 92 | 43.4 | 30 | 48.4 | 4 | 50.0 |
| 弘扬民族精神 | 817 | 43.1 | 469 | 56.7 | 127 | 59.9 | 41 | 66.1 | 7 | 87.5 |
| 尊师重道 | 456 | 24.0 | 303 | 36.6 | 93 | 43.9 | 36 | 58.1 | 7 | 87.5 |

## 六、青少年习武者对武术动作内涵认知的比较分析

### (一)不同机构的青少年习武者对武术内涵认知的比较分析

调查结果显示(见表 3-249),不同武术练习机构的青少年习武者对武术属性的认知差异不大,但从各个机构间整体性的认知来看,体育运动学校的习武者对武术属性的认知更清晰。换个角度来看,从不同机构的不知道武术属性的选择率来看,体育运动学校的青少年习武者选择最少,而普通中小学的青少年习武者选择最多,这可能与不同武术学习机构的武术教师自身的业务知识水平有关。相对来讲,体育运动学校的武术教师大多是武术专业出身,对武术属性的认知会比较全面一些。

表 3-249 不同机构的青少年习武者对武术属性认知的比较(多项选择)(N=3006)

| 对武术属性的认知 | 体育运动学校 频数 | 体育运动学校 占比/% | 武术学校 频数 | 武术学校 占比/% | 青少年宫 频数 | 青少年宫 占比/% | 普通中小学 频数 | 普通中小学 占比/% |
|---|---|---|---|---|---|---|---|---|
| 一项体育运动 | 669 | 75.4 | 604 | 66.1 | 121 | 68.4 | 703 | 68.4 |
| 一种文化 | 463 | 52.2 | 456 | 49.9 | 91 | 51.4 | 569 | 55.4 |
| 一门学科 | 142 | 16.0 | 161 | 17.6 | 32 | 18.1 | 124 | 12.1 |
| 一门艺术 | 433 | 48.8 | 337 | 36.9 | 76 | 42.9 | 395 | 38.4 |
| 一种哲学 | 111 | 12.5 | 105 | 11.5 | 13 | 7.3 | 101 | 9.8 |
| 一种宗教 | 95 | 10.7 | 81 | 8.9 | 33 | 18.6 | 83 | 8.1 |
| 不知道 | 28 | 3.2 | 45 | 4.9 | 9 | 5.1 | 72 | 7.0 |

抱拳礼是武术学习的重要内容，也是习武者认知武术内涵的重要外在表现形式，因此本研究以期通过体育运动学校、武术学校、青少年宫、普通中小学的武术习练者对抱拳礼的认知，了解青少年习武者对武术内涵的认知程度。从表 3-250 可知，体育运动学校、武术学校以及普通中小学的武术习练者认为抱拳礼的主要含义是尊重对手、点到为止的武德体现，这符合武术抱拳礼的核心含义。总体来看，青少年习武者对武术抱拳礼的内涵还是有一定的认知。

表 3-250 不同机构的青少年习武者对武术抱拳礼主要含义认知的比较(多项选择)(N=3006)

| 对武术抱拳礼主要含义的认知 | 体育运动学校 频数 | 体育运动学校 占比/% | 武术学校 频数 | 武术学校 占比/% | 青少年宫 频数 | 青少年宫 占比/% | 普通中小学 频数 | 普通中小学 占比/% |
|---|---|---|---|---|---|---|---|---|
| 侠义气派的体现 | 51 | 5.7 | 98 | 10.7 | 22 | 12.4 | 132 | 12.8 |
| 武术的象征 | 260 | 29.3 | 267 | 29.2 | 38 | 21.5 | 216 | 21.0 |
| 尊重对手、点到为止的武德体现 | 380 | 42.8 | 403 | 44.1 | 55 | 31.1 | 516 | 50.2 |
| 一种中国的礼仪 | 343 | 38.7 | 328 | 35.9 | 87 | 49.2 | 333 | 32.4 |
| 不知道 | 48 | 5.4 | 36 | 3.9 | 11 | 6.2 | 70 | 6.8 |
| 其他 | 7 | 0.8 | 11 | 1.2 | 3 | 1.7 | 13 | 1.3 |

## (二)不同年龄段的青少年习武者对武术内涵认知的比较分析

从调查结果可以看出(见表3-251),各年龄阶段的青少年习武者对武术内涵的认知相差不是很明显。总体来讲,青少年习武者对武术是一种体育运动、一种文化、一门学科、一门艺术、一种哲学等内涵属性的认知是伴随着年龄的增长而增多的。

表3-251 不同年龄段的青少年习武者对武术属性认知的比较(多项选择)($N=3006$)

| 对武术属性的认知 | 7—12岁 频数 | 占比/% | 13—15岁 频数 | 占比/% | 16—18岁 频数 | 占比/% | 19岁及以上 频数 | 占比/% |
|---|---|---|---|---|---|---|---|---|
| 一项体育运动 | 814 | 69.5 | 655 | 66.5 | 509 | 73.4 | 116 | 74.4 |
| 一种文化 | 515 | 43.9 | 516 | 52.4 | 433 | 62.5 | 114 | 73.1 |
| 一门学科 | 151 | 12.9 | 155 | 15.7 | 122 | 17.6 | 31 | 19.9 |
| 一门艺术 | 476 | 40.6 | 391 | 39.7 | 290 | 41.8 | 81 | 51.9 |
| 一种哲学 | 102 | 8.7 | 100 | 10.2 | 92 | 13.3 | 36 | 23.1 |
| 一种宗教 | 140 | 11.9 | 95 | 9.6 | 46 | 6.6 | 11 | 7.1 |
| 不知道 | 81 | 6.9 | 51 | 5.2 | 16 | 2.3 | 6 | 3.8 |

调查发现(见表3-252),各个年龄段的青少年习武者都是将尊重对手、点到为止的武德体现和一种中国的礼仪作为抱拳礼的主要含义。不同的是,随着年龄的增长,青少年习武者对武术抱拳礼是武术的象征的观点逐渐增强,青少年习武者更懂得抱拳礼是中国武术的代表符号,是民族传统文化传承和发扬的载体。

表3-252 不同年龄段的青少年习武者对武术抱拳礼含义认知的比较(多项选择)($N=3006$)

| 对武术抱拳礼含义的认知 | 7—12岁 频数 | 占比/% | 13—15岁 频数 | 占比/% | 16—18岁 频数 | 占比/% | 19岁及以上 频数 | 占比/% |
|---|---|---|---|---|---|---|---|---|
| 侠义气派的体现 | 137 | 11.7 | 72 | 7.3 | 66 | 9.5 | 28 | 17.9 |
| 武术的象征 | 266 | 22.7 | 257 | 26.1 | 199 | 28.7 | 59 | 37.8 |
| 尊重对手、点到为止的武德体现 | 517 | 44.1 | 456 | 46.3 | 295 | 42.6 | 86 | 55.1 |

续表

| 对武术抱拳礼含义的认知 | 7—12岁 || 13—15岁 || 16—18岁 || 19岁及以上 ||
|---|---|---|---|---|---|---|---|---|
| | 频数 | 占比/% | 频数 | 占比/% | 频数 | 占比/% | 频数 | 占比/% |
| 一种中国的礼仪 | 412 | 35.2 | 363 | 36.9 | 264 | 38.1 | 51 | 32.7 |
| 不知道 | 82 | 7.0 | 59 | 6.0 | 17 | 2.5 | 7 | 4.5 |
| 其他 | 14 | 1.2 | 15 | 1.5 | 5 | 0.7 | 0 | 0.0 |

### (三)不同习武年限的青少年习武者对武术内涵认知的比较分析

从调查结果来看(见表3-253),不同习武年限的青少年习武者对武术整体性的认知差异并不大。习武在12年以上的青少年习武者对武术内涵属性认知的占比比较均匀,可以说习武12年以上的青少年对武术理解得更深刻、更具有全面性。

表3-253 不同习武年限的青少年习武者对武术属性认知的比较(多项选择)(N=3006)

| 对武术属性的认知 | 0年<A≤3年 || 3年<A≤6年 || 6年<A≤9年 || 9年<A≤12年 || A>12年 ||
|---|---|---|---|---|---|---|---|---|---|---|
| | 频数 | 占比/% | 频数 | 占比/% | 频数 | 占比/% | 频数 | 占比/% | 频数 | 占比/% |
| 一项体育运动 | 1296 | 68.3% | 594 | 71.8% | 157 | 74.1% | 42 | 67.7% | 5 | 62.5% |
| 一种文化 | 915 | 48.2% | 477 | 57.7% | 132 | 62.3% | 51 | 82.3% | 3 | 37.5% |
| 一门学科 | 274 | 14.4% | 132 | 16.0% | 37 | 17.5% | 13 | 21.0% | 3 | 37.5% |
| 一门艺术 | 737 | 38.9% | 354 | 42.8% | 107 | 50.5% | 37 | 59.7% | 3 | 37.5% |
| 一种哲学 | 172 | 9.1% | 108 | 13.1% | 24 | 11.3% | 24 | 38.7% | 2 | 25.0% |
| 一种宗教 | 189 | 10.0% | 76 | 9.2% | 18 | 8.5% | 7 | 11.3% | 2 | 25.0% |
| 不知道 | 113 | 6.0% | 32 | 3.9% | 6 | 2.8% | 1 | 1.6% | 2 | 25.0% |

从表3-254的调查结果得出,习武在12年以上的青少年习武者对武术抱拳礼含义的理解更多是尊重对手、点到为止的武德体现,说明青少年习武时间越长,对武术抱拳礼含义的解读越深刻,武术抱拳礼不仅仅是一种礼仪,更是习武者品行的体现。

表 3-254　不同习武年限的青少年习武者对武术抱拳礼含义认知的比较(多项选择)($N=3006$)

| 对武术抱拳礼含义的认知 | 0年<A≤3年 频数 | 占比/% | 3年<A≤6年 频数 | 占比/% | 6年<A≤9年 频数 | 占比/% | 9年<A≤12年 频数 | 占比/% | A>12年 频数 | 占比/% |
|---|---|---|---|---|---|---|---|---|---|---|
| 侠义气派的体现 | 192 | 10.1 | 73 | 8.8 | 32 | 15.1 | 6 | 9.7 | 0 | 0.0 |
| 武术的象征 | 454 | 23.9 | 229 | 27.7 | 77 | 36.3 | 21 | 33.9 | 0 | 0.0 |
| 尊重对手、点到为止的体现 | 860 | 45.3 | 356 | 43.0 | 101 | 47.6 | 31 | 50.0 | 6 | 75.0 |
| 一种中国的礼仪 | 639 | 33.7 | 344 | 41.6 | 74 | 34.9 | 31 | 50.0 | 2 | 25.0 |
| 不知道 | 134 | 7.1 | 24 | 2.9 | 7 | 3.3 | 0 | 0.0 | 0 | 0.0 |
| 其他 | 22 | 1.2 | 10 | 1.2 | 0 | 0.0 | 2 | 3.2 | 0 | 0.0 |

## 七、青少年习武者对武术健身操及段位制认知的比较分析

全国中小学生系列武术健身操是教育部和国家体育总局联合，先后向全国中小学推广的重要武术学习内容。2010年，由教育部、国家体育总局共同创编的《全国中小学生系列武术健身操》在全国普通中小学(含特殊教育学校)、中等职业学校中推广实施。[1] 2013年9月国家体育总局武术运动管理中心主任、中国武术协会主席高小军在全国武术段位制年度工作会议上表示，"武术段位制进校园，最早可以在2014年在全国开展。武术段位制将纳入全国各类中小学和高校教育体系"。[2] 武术健身操和武术段位制套路的推广，是在统一标准化的基础上，注重对青少年武德、武礼的培养，突出了武术健身价值和文化教育价值，如武术健身操和武术段位制套路在练习中均以武术的抱拳礼开始，以抱拳礼结束。因此，青少年习武者

---

[1] 程楠.河南省中小学武术健身操推广状况调查研究[D].郑州:河南大学,2012.
[2] 邓红杰,付媛杰.高小军:武术段位制最早2014年进校园[EB/OL]. (2013-09-02) [2023-09-03]. https://www.sport.gov.cn/n20001280/n20067662/n20067613/c23102955/content.html.

对武术健身操和武术段位制基本知识的了解也是武术学习的基础部分。

### (一) 不同机构的青少年习武者对武术健身操、段位制认知的比较

武术健身操和武术段位制是武术"六进"顺利展开的重要方式和手段。从表3-255、表3-256的调查结果得出,青少年习武者对不知道武术健身操的占比最高,其次是认为武术健身操创编了2套。在武术段位制的认知上,有40%左右的体育运动学校、武术学校、青少年宫的青少年习武者能正确认知武术段位制的最高段位为9段,作为"六进"之一——武术进学校的普通中小学中有53.1%的习武学生不知道武术段位制具体段位结构。

表3-255 不同机构的青少年习武者对武术健身操认知的比较($N=3006$)

| 对武术健身操的认知 | 体育运动学校 频数 | 占比/% | 武术学校 频数 | 占比/% | 青少年宫 频数 | 占比/% | 普通中小学 频数 | 占比/% |
|---|---|---|---|---|---|---|---|---|
| 4套 | 52 | 5.9 | 87 | 9.5 | 9 | 5.1 | 58 | 5.6 |
| 3套 | 84 | 9.5 | 163 | 17.8 | 18 | 10.2 | 121 | 11.8 |
| 2套 | 185 | 20.9 | 143 | 15.6 | 33 | 18.6 | 282 | 27.4 |
| 1套 | 70 | 7.8 | 69 | 7.6 | 43 | 24.3 | 89 | 8.7 |
| 不知道 | 496 | 55.9 | 452 | 49.5 | 74 | 41.8 | 478 | 46.5 |

表3-256 不同机构的青少年习武者对武术最高段位认知的比较($N=3006$)

| 对最高段位的认知 | 体育运动学校 频数 | 占比/% | 武术学校 频数 | 占比/% | 青少年宫 频数 | 占比/% | 普通中小学 频数 | 占比/% |
|---|---|---|---|---|---|---|---|---|
| 6段 | 23 | 2.6 | 14 | 1.5 | 5 | 2.8 | 39 | 3.8 |
| 7段 | 12 | 1.4 | 39 | 4.3 | 6 | 3.5 | 29 | 2.8 |
| 8段 | 39 | 4.4 | 48 | 5.2 | 14 | 7.9 | 54 | 5.3 |
| 9段 | 364 | 41.0 | 373 | 40.8 | 70 | 39.5 | 230 | 22.4 |
| 10段 | 127 | 14.3 | 146 | 16.0 | 30 | 16.9 | 130 | 12.6 |
| 不知道 | 322 | 36.3 | 294 | 32.2 | 52 | 29.4 | 546 | 53.1 |

## (二)不同年龄段的青少年习武者对武术健身操、段位制认知的比较分析

由于青少年在各年龄阶段获取的知识不同,所以在不同的年龄层次对武术健身操和段位制方面的认知也有所不同。从调查结果来看(见表3-257),随着年龄的增长,青少年习武者对武术健身操方面的认知选不知道的逐渐减少,对于选择武术健身操为2套的是比较集中的,正确认为是4套的人数有所增加。从表3-258中得出,青少年习武者对于不知道段位制的人数随着年龄的增长有所下降,对于正确选择段位制人数在7—18岁期间呈现上升趋势。

表3-257 不同年龄段的青少年习武者对武术健身操认知的比较($N=3006$)

| 对武术健身操的认知 | 7—12岁 频数 | 占比/% | 13—15岁 频数 | 占比/% | 16—18岁 频数 | 占比/% | 19岁及以上 频数 | 占比/% |
|---|---|---|---|---|---|---|---|---|
| 4套 | 75 | 6.4 | 65 | 6.6 | 52 | 7.5 | 14 | 9.0 |
| 3套 | 115 | 9.8 | 130 | 13.2 | 108 | 15.6 | 33 | 21.2 |
| 2套 | 269 | 23.0 | 177 | 18.0 | 161 | 23.2 | 36 | 23.0 |
| 1套 | 143 | 12.2 | 80 | 8.1 | 43 | 6.2 | 5 | 3.2 |
| 不知道 | 570 | 48.6 | 533 | 54.1 | 329 | 47.5 | 68 | 43.6 |

表3-258 不同年龄段的青少年习武者对武术最高段位认知的比较($N=3006$)

| 对最高段位的认知 | 7—12岁 频数 | 占比/% | 13—15岁 频数 | 占比/% | 16—18岁 频数 | 占比/% | 19岁及以上 频数 | 占比/% |
|---|---|---|---|---|---|---|---|---|
| 6段 | 47 | 4.0 | 18 | 1.8 | 10 | 1.4 | 6 | 3.8 |
| 7段 | 33 | 2.8 | 23 | 2.3 | 24 | 3.5 | 6 | 3.8 |
| 8段 | 55 | 4.7 | 42 | 4.3 | 38 | 5.5 | 20 | 12.8 |
| 9段 | 327 | 27.9 | 342 | 34.7 | 314 | 45.3 | 54 | 34.6 |
| 10段 | 181 | 15.5 | 159 | 16.2 | 83 | 12.0 | 10 | 6.5 |
| 不知道 | 529 | 45.1 | 401 | 40.7 | 224 | 32.3 | 60 | 38.5 |

### (三)不同习武年限的青少年习武者对武术健身操、段位制认知的比较分析

从表3-259、表3-260的调查结果可以得出,青少年习武者对武术健身操和段位制的认知度较低。在武术健身操方面,数据显示习武年限在3年<$A$≤6年和9年<$A$≤12年的青少年习武者认为武术健身操为2套和3套的占比相对高一些。在段位制方面,随着训练年限的增长,青少年习武者对武术段位制的正确认知度也随之提高。

表3-259 不同习武年限的青少年习武者对武术健身操认知的比较($N=3006$)

| 对武术健身操的认知 | 0年<$A$≤3年 频数 | 占比/% | 3年<$A$≤6年 频数 | 占比/% | 6年<$A$≤9年 频数 | 占比/% | 9年<$A$≤12年 频数 | 占比/% | $A>12$年 频数 | 占比/% |
|---|---|---|---|---|---|---|---|---|---|---|
| 4套 | 117 | 6.2 | 67 | 8.1 | 20 | 9.4 | 2 | 3.2 | 0 | 0.0 |
| 3套 | 206 | 10.9 | 126 | 15.2 | 37 | 17.5 | 17 | 27.4 | 0 | 0.0 |
| 2套 | 375 | 19.8 | 227 | 27.5 | 34 | 16.0 | 7 | 11.3 | 0 | 0.0 |
| 1套 | 173 | 9.1 | 72 | 8.7 | 21 | 9.9 | 5 | 8.1 | 0 | 0.0 |
| 不知道 | 1026 | 54.0 | 335 | 40.5 | 100 | 47.2 | 31 | 50.0 | 8 | 100.0 |

表3-260 不同习武年限的青少年习武者对武术最高段位认知的比较($N=3006$)

| 对最高段位的认知 | 0年<$A$≤3年 频数 | 占比/% | 3年<$A$≤6年 频数 | 占比/% | 6年<$A$≤9年 频数 | 占比/% | 9年<$A$≤12年 频数 | 占比/% | $A>12$年 频数 | 占比/% |
|---|---|---|---|---|---|---|---|---|---|---|
| 6段 | 52 | 2.7 | 26 | 3.1 | 2 | 1.0 | 1 | 1.6 | 0 | 0.0 |
| 7段 | 57 | 3.0 | 21 | 2.5 | 8 | 3.8 | 0 | 0.0 | 0 | 0.0 |
| 8段 | 87 | 4.6 | 54 | 6.5 | 11 | 5.2 | 3 | 4.8 | 0 | 0.0 |
| 9段 | 574 | 30.3 | 334 | 40.4 | 94 | 44.3 | 28 | 45.2 | 7 | 87.5 |
| 10段 | 249 | 13.1 | 145 | 17.6 | 27 | 12.7 | 12 | 19.4 | 0 | 0.0 |
| 不知道 | 878 | 46.3 | 247 | 29.9 | 70 | 33.0 | 18 | 29.0 | 1 | 12.5 |

## 八、青少年习武者对武术竞赛认知的比较分析

在竞技武术发展的道路上,武术竞赛规则是以规范引导,保持武术运

动发展过程中的动态平衡,以确保比赛的公平、公正和推动竞技武术向更高的层次迈进。[①] 广义上来讲,武术套路竞赛规则是武术套路运动发展的风向标,对武术套路运动发展具有导向作用。狭义上来讲,武术套路竞赛规则是对运动员竞赛评判的重要指标。作为青少年武术习练者,认知武术竞赛评分满分和评分裁判人数是竞赛的基本常识。

### (一)不同机构的青少年习武者对武术竞赛认知的分析

调查结果显示(见表3-261、表3-262、表3-263),从青少年习武者对武术竞赛认知的整体情况来看,体育运动学校的习武者对竞赛认知情况最佳,武术学校的习武者次之,普通中小学的习武者认知最为薄弱。从各个机构的培养方式分析,体育运动学校是以竞赛套路练习为主,是培养高水平的竞技人才基地;武术学校是以传统套路练习为主,竞赛套路为辅,是培养武术后备人才的输出基地;普通中小学是以阳光体育推广内容练习为主,以培养中小学生武术兴趣为主要动力,是武术后备人才的储备源;而青少年宫的培养模式则是介于武术学校和普通中小学二者之间。从各个机构的培养方式来看,不同机构的青少年习武者对武术基本的认知程度也就不言而喻了。

表3-261 不同机构的青少年习武者对武术套路竞赛满分认知的比较($N=3006$)

| 对竞赛满分的认知 | 体育运动学校 频数 | 占比/% | 武术学校 频数 | 占比/% | 青少年宫 频数 | 占比/% | 普通中小学 频数 | 占比/% |
| --- | --- | --- | --- | --- | --- | --- | --- | --- |
| 5分 | 7 | 0.8 | 12 | 1.3 | 2 | 1.1 | 24 | 2.3 |
| 10分 | 766 | 86.4 | 670 | 73.3 | 105 | 59.3 | 558 | 54.3 |
| 100分 | 25 | 2.8 | 39 | 4.3 | 26 | 14.7 | 58 | 5.6 |
| 没有限制 | 7 | 0.8 | 32 | 3.5 | 7 | 4.0 | 40 | 3.9 |
| 不知道 | 82 | 9.2 | 161 | 17.6 | 37 | 20.9 | 348 | 33.9 |

---

① 林小美.竞技武术套路运动[M].杭州:浙江大学出版社,2005.

表 3-262　不同机构的青少年习武者对武术套路竞赛评分裁判人数认知的比较($N=3006$)

| 对评分裁判人数的认知 | 体育运动学校 频数 | 体育运动学校 占比/% | 武术学校 频数 | 武术学校 占比/% | 青少年宫 频数 | 青少年宫 占比/% | 普通中小学 频数 | 普通中小学 占比/% |
| --- | --- | --- | --- | --- | --- | --- | --- | --- |
| 5人 | 164 | 18.5 | 201 | 22.0 | 41 | 23.2 | 266 | 25.9 |
| 10人 | 310 | 34.9 | 345 | 37.7 | 33 | 18.6 | 167 | 16.2 |
| 15人 | 163 | 18.4 | 67 | 7.3 | 39 | 22.0 | 95 | 9.3 |
| 20人 | 20 | 2.3 | 24 | 2.6 | 8 | 4.6 | 31 | 3.0 |
| 不知道 | 230 | 25.9 | 277 | 30.4 | 56 | 31.6 | 469 | 45.6 |

表 3-263　不同机构的青少年习武者对最高级别武术竞赛认知的比较($N=3006$)

| 青少年最高级别武术竞赛的认知 | 体育运动学校 频数 | 体育运动学校 占比/% | 武术学校 频数 | 武术学校 占比/% | 青少年宫 频数 | 青少年宫 占比/% | 普通中小学 频数 | 普通中小学 占比/% |
| --- | --- | --- | --- | --- | --- | --- | --- | --- |
| 地市级比赛 | 19 | 2.1 | 17 | 1.9 | 5 | 2.8 | 29 | 2.8 |
| 省级比赛 | 47 | 5.3 | 61 | 6.7 | 13 | 7.3 | 45 | 4.4 |
| 全国青少年锦标赛 | 112 | 12.6 | 144 | 15.8 | 17 | 9.6 | 172 | 16.7 |
| 亚洲青少年锦标赛 | 50 | 5.7 | 51 | 5.6 | 13 | 7.3 | 40 | 3.9 |
| 世界青少年锦标赛 | 286 | 32.3 | 290 | 31.6 | 48 | 27.1 | 269 | 26.2 |
| 青年奥林匹克运动会 | 200 | 22.5 | 127 | 13.9 | 40 | 22.6 | 119 | 11.6 |
| 不知道 | 173 | 19.5 | 224 | 24.5 | 41 | 23.3 | 354 | 34.4 |

## （二）不同年龄段的青少年习武者对武术竞赛认知的比较分析

从对不同年龄段的青少年习武者对武术竞赛满分、评分裁判人数以及青少年最高级别武术竞赛的调查结果可见（见表 3-264、表 3-265、表 3-266），对三个内容不知道的选项占比较高。此外，相对来讲对满分为 10 分的认知度较高。另外，由于不同年龄参加的竞赛不同，不同的竞赛规则致使青少年习武者对武术评分裁判人数的确定认知相对模糊。在青少年习武者对青少年最高级别武术竞赛认知上，19 岁以下的青少年习武者认为世界锦标赛是青少年最高级别武术竞赛的人数占比稍高一些，19 岁以上的青少年习武者认为青年奥林匹克运动会是青少年最高级别武术竞赛的人数占比较高。

表 3-264　不同年龄段的青少年习武者对武术竞赛套路评分满分认知的比较（$N=3006$）

| 对竞赛评分满分的认知 | 7—12 岁 | | 13—15 岁 | | 16—18 岁 | | 19 岁及以上 | |
| --- | --- | --- | --- | --- | --- | --- | --- | --- |
| | 频数 | 占比/% | 频数 | 占比/% | 频数 | 占比/% | 频数 | 占比/% |
| 5 分 | 25 | 2.1 | 7 | 0.7 | 10 | 1.4 | 3 | 1.9 |
| 10 分 | 713 | 60.8 | 735 | 74.6 | 556 | 80.2 | 95 | 60.9 |
| 100 分 | 88 | 7.5 | 37 | 3.8 | 13 | 1.9 | 10 | 6.4 |
| 没有限制 | 40 | 3.5 | 25 | 2.5 | 14 | 2.1 | 7 | 4.5 |
| 不知道 | 306 | 26.1 | 181 | 18.4 | 100 | 14.4 | 41 | 26.3 |

表 3-265　不同年龄段的青少年习武者对武术套路评分裁判人数认知的比较（$N=3006$）

| 对评分裁判人数的认知 | 7—12 岁 | | 13—15 岁 | | 16—18 岁 | | 19 岁及以上 | |
| --- | --- | --- | --- | --- | --- | --- | --- | --- |
| | 频数 | 占比/% | 频数 | 占比/% | 频数 | 占比/% | 频数 | 占比/% |
| 5 人 | 274 | 23.4 | 179 | 18.2 | 182 | 26.3 | 37 | 23.7 |
| 10 人 | 293 | 25.0 | 326 | 33.1 | 200 | 28.9 | 36 | 23.1 |
| 15 人 | 97 | 8.2 | 139 | 14.1 | 118 | 17.0 | 10 | 6.4 |
| 20 人 | 37 | 3.2 | 21 | 2.1 | 18 | 2.6 | 7 | 4.5 |
| 不知道 | 471 | 40.2 | 320 | 32.5 | 175 | 25.2 | 66 | 42.3 |

表 3-266　不同年龄段的青少年习武者武术对最高级别武术竞赛认知的比较（$N=3006$）

| 青少年最高级别武术竞赛 | 7—12 岁 | | 13—15 岁 | | 16—18 岁 | | 19 岁及以上 | |
| --- | --- | --- | --- | --- | --- | --- | --- | --- |
| | 频数 | 占比/% | 频数 | 占比/% | 频数 | 占比/% | 频数 | 占比/% |
| 地市级比赛 | 39 | 3.3 | 16 | 1.6 | 12 | 1.7 | 3 | 1.9 |
| 省级比赛 | 53 | 4.5 | 61 | 6.2 | 43 | 6.2 | 9 | 5.8 |
| 全国青少年锦标赛 | 121 | 10.3 | 161 | 16.3 | 136 | 19.6 | 27 | 17.3 |
| 亚洲青少年锦标赛 | 56 | 4.8 | 63 | 6.4 | 27 | 3.9 | 8 | 5.1 |
| 世界青少年锦标赛 | 353 | 30.2 | 300 | 30.5 | 208 | 30.0 | 32 | 20.5 |
| 青年奥林匹克运动会 | 175 | 14.9 | 129 | 13.1 | 143 | 20.7 | 39 | 25.0 |
| 不知道 | 375 | 32.0 | 255 | 25.9 | 124 | 17.9 | 38 | 24.4 |

## (三)不同习武年限的青少年习武者对武术竞赛认知的比较分析

从调查结果可知(见表3-267、表3-268、表3-269),不同习武年限的青少年习武者对武术竞赛方面的认知是有所差异的。在对武术竞赛满分情况的认知上,训练年限较长的青少年习武者的认知较为集中;在对武术竞赛评分裁判人数的认知上,青少年习武者对此的认知是随着训练年限增长的;在青少年最高级别武术竞赛的认知中,青少年习武者中还是有部分是不清楚最高级别的武术比赛的。相对来说,习武年限较长的青少年习武者参加的比赛较多一些,对武术竞赛的级别、结构组成、工作人员的职责、评判的标准等接触也就比较多,因此习武时间长的青少年对武术竞赛的基本知识的认知相对较好。

表3-267 不同习武年限的青少年习武者对武术竞赛套路满分认知的比较($N=3006$)

| 对竞赛满分的认知 | 0年<A≤3年 频数 | 占比/% | 3年<A≤6年 频数 | 占比/% | 6年<A≤9年 频数 | 占比/% | 9年<A≤12年 频数 | 占比/% | A>12年 频数 | 占比/% |
|---|---|---|---|---|---|---|---|---|---|---|
| 5分 | 36 | 1.9 | 6 | 0.7 | 3 | 1.4 | 0 | 0.0 | 0 | 0.0 |
| 10分 | 1127 | 59.4 | 713 | 86.2 | 193 | 91.0 | 59 | 95.2 | 7 | 87.5 |
| 100分 | 119 | 6.3 | 22 | 2.7 | 6 | 2.8 | 0 | 0.0 | 1 | 12.5 |
| 没有限制 | 73 | 3.8 | 11 | 1.3 | 1 | 0.5 | 1 | 1.6 | 0 | 0.0 |
| 不知道 | 542 | 28.6 | 75 | 9.1 | 9 | 4.3 | 2 | 3.2 | 0 | 0.0 |

表3-268 不同习武年限的青少年习武者对武术套路竞赛评分裁判人数认知的比较($N=3006$)

| 对评分裁判人数的认知 | 0年<A≤3年 频数 | 占比/% | 3年<A≤6年 频数 | 占比/% | 6年<A≤9年 频数 | 占比/% | 9年<A≤12年 频数 | 占比/% | A>12年 频数 | 占比/% |
|---|---|---|---|---|---|---|---|---|---|---|
| 5人 | 419 | 22.1 | 198 | 23.9 | 41 | 19.3 | 13 | 21.0 | 1 | 12.5 |
| 10人 | 439 | 23.1 | 306 | 37.0 | 77 | 36.3 | 27 | 43.5 | 6 | 75.0 |
| 15人 | 155 | 8.2 | 146 | 17.7 | 53 | 25.0 | 10 | 16.2 | 0 | 0.0 |
| 20人 | 58 | 3.1 | 16 | 1.9 | 6 | 2.8 | 3 | 4.8 | 0 | 0.0 |
| 不知道 | 826 | 43.5 | 161 | 19.5 | 35 | 16.6 | 9 | 14.5 | 1 | 12.5 |

表 3-269　不同习武年限的青少年习武者对青少年

最高级别武术竞赛认知的比较($N=3006$)

| 对青少年最高级别武术竞赛的认知 | 0年<A≤3年 频数 | 占比/% | 3年<A≤6年 频数 | 占比/% | 6年<A≤9年 频数 | 占比/% | 9年<A≤12年 频数 | 占比/% | A>12年 频数 | 占比/% |
|---|---|---|---|---|---|---|---|---|---|---|
| 地市级比赛 | 55 | 2.9 | 9 | 1.1 | 4 | 1.9 | 0 | 0.0 | 2 | 25.0 |
| 省级比赛 | 87 | 4.6 | 55 | 6.7 | 18 | 8.5 | 5 | 8.1 | 1 | 12.5 |
| 全国青少年锦标赛 | 261 | 13.8 | 136 | 16.4 | 35 | 16.5 | 13 | 21.0 | 0 | 0.0 |
| 亚洲青少年锦标赛 | 87 | 4.6 | 53 | 6.4 | 10 | 4.7 | 3 | 4.8 | 1 | 12.5 |
| 世界青少年锦标赛 | 507 | 26.7 | 286 | 34.6 | 78 | 36.8 | 20 | 32.3 | 2 | 25.0 |
| 青年奥林匹克运动会 | 268 | 14.1 | 165 | 20.0 | 40 | 18.9 | 11 | 17.7 | 2 | 25.0 |
| 不知道 | 632 | 33.3 | 123 | 14.8 | 27 | 12.7 | 10 | 16.1 | 0 | 0.0 |

# 第四章 中国青少年武术发展策略研究

## 第一节 中小学武术发展策略

近年来,中宣部、教育部多次发文增加武术课的教学时数和内容,以加大民族精神教育的力度,但在实施过程中却不尽如人意。只有政策上的导向是不够的,还需要根据各地区、各学校实际情况制定出相应的实施细则,从而推动青少年武术运动的顺利开展,营造武术教育的大环境。各学校领导、体育教师也应从弘扬民族文化和精神的高度认识武术教育的重要性和紧迫性。特别是学校管理层应严格按照下发文件的要求,根据课程标准,规范武术课时和课程内容;保证武术场地的应用和各类设施的齐全,充分调动体育教师对武术教育工作的积极性和热情;积极组织开展各类武术比赛活动,让每个青少年都参与其中,使学校武术教学能够真正落到实处,充分发挥中小学传播武术运动的阵地作用。

### 一、引入段位制教学内容填补现行武术教学内容的不足

改变武术课单一、枯燥的教学内容,可尝试将课程内容与武术段位制相结合。《中国武术段位制系列教程》是按照中国传统武术练、打结合的结构模式,依据不同拳种和器械由易到难的技术体系,按照中国武术段位由低到高的段级顺序,依次编为各自独立成册的段前级和1—6段教程。这套教程实现了国家武术段级晋升教材与武术普及读物的统一,实现了传授武术知识和培养武术技能的统一,实现了突出不同拳种及器械的运动特征与揭示其文化特色的统一,实现了提高单人演练艺术水平与增强对打格斗

技能的统一。此外,该套教程还构成了各拳种技术要素与各拳种段级顺序的结合,在不同段级依次突出不同的技法,既完整展现了该拳种的技法体系,又体现了整套动作的简洁性。

段位制教学是按照"趣味武术""技能武术""文化武术"的教学内容层次进行划分的。中小学的教学内容应以培养学生的武术兴趣,掌握动作技术和使用方法,增进健康,提高防身技能为目的。

段前级以武术基本动作和武术游戏为主,重在培养习练武术的兴趣,适合在小学低年级段开展。小学一年级学生可学习段前一级的冲拳、推掌、马步、健身拳操以及进行趣味练习;小学二年级学生可学习段前二级的勾手、弓步、弹腿、健身拳操以及进行趣味练习;小学三年级学生可学习段前三级的插步、推掌、拍脚、抢背、滚翻、健身拳操以及进行趣味练习。

初段位以习练武术技术为主,逐步提高武术技能和了解武术文化内涵,适合在小学高年级段和初高中年龄段的青少年中开展。小学四年级学生可学习一段以"打"法为主的单练套路;小学五年级学生可学习一段对打套路;小学六年级学生可学习一段以"打"法为主的拆招;初中一年级学生可学习二段以"踢"法为主的单练套路;初中二年级学生可学习二段对打套路;初中三年级学生可学习二段"踢"法的拆招;高中一年级学生可学习三段以"拿"法为主的单练套路;高中二年级学生可学习三段对打套路;高中三年级学生可学习三段以"拿"法为主的拆招。

段位制内容与学校武术教学内容接轨,不仅可通过武术段位制的段级标准规范中小学武术教学内容的难易程度,还可通过武术的技术要素规范不同拳种的段级内容,促进不同拳种段级内容之间的相互渗透、相互融合,而达到相互促进、相互学习的发展目标。

## 二、制订段位制教学的可行性计划——以杭州文三街小学为例

### (一)文三街小学学生的现状分析

学生起始状态的诊断是对学生开始进行一项运动的原始状态的剖析。只有对学生习练武术的出发点进行全方位解析,才能更好地选择教学内容、手段与方法,制订一份具有针对性的教学计划,为更好地达到预期目标

做好准备。

在计划制订之前,研究先从文三街小学学生对武术的认知、武术的兴趣等方面进行了解,其次在文三街小学多位体育教师的帮助下,对学生的身体素质进行了简单的体育测试打分(打分评定:去掉一个最高分和一个最低分,其他体育教师的平均分为学生的最终得分)。在对学生的初始状态做了相关的评定测试后,相关数据信息见表4-1。

表4-1 杭州市文三街小学武术社团学生基本信息统计表($N=6$)

| 基本信息 | 王同学 | 徐同学 | 冯同学 | 史同学 | 杨同学 | 薛同学 |
| --- | --- | --- | --- | --- | --- | --- |
| 性别 | 女 | 女 | 女 | 男 | 男 | 男 |
| 年龄 | 11 | 12 | 11 | 9 | 12 | 10 |
| 身高/cm | 141 | 150 | 139 | 145 | 152 | 140 |
| 体重/kg | 30 | 35 | 29.5 | 42 | 33 | 30.5 |
| 非武术运动技术学习 | 拉丁舞 | — | 田径中短距离跑 | — | 羽毛球 | — |
| 身体素质 | 7.5 | 5.5 | 7.5 | 6 | 7 | 6 |
| 武术接触情况 | 未接触 | 接触过武术健身操 | 接触过武术健身操 | 未接触 | 接触过武术健身操 | 未接触 |
| 武术运动技术 | 0 ||||||
| 武术认知度 | 0 ||||||
| 武术兴趣度 | 0 | 2 | 2 | 0 | 1 | 0 |
| 预期目标 | 对武术产生兴趣,热爱武术运动的学习 |||||||

[注] 武术认知度:完全不知=0;略知=1;一般=2;了解=3;较了解=4;非常了解=5。
武术兴趣度:好奇=0;不讨厌=1;略喜欢=2;喜欢=3;较喜欢=4;热爱=5。
身体素质等级评定:$8.5 \leqslant$优秀$\leqslant 10$;$7 \leqslant$良好$< 8.5$;$5 \leqslant$中等$< 7$;$3 \leqslant$合格$< 5$;$0 \leqslant$不合格$< 3$。
武术运动技术等级评定:参照2012年最新版武术套路竞赛规则。

通过表4-1对文三街小学武术社团学生的诊断了解可知,在未进入武术社团之前,大家对武术运动技术的掌握程度为零(包括有过武术健身操接触的学生),但有过非武术运动技术学习的学生,他们的身体素质以及运动能力比没有进行过运动技术学习的学生普遍更好。另外,不管学生之前是否学习过武术健身操,他们对武术的认知均不是很清晰。从交谈过程中得知,有部分学生对于武术的认知是错误的,有的会说"学了武术是不是会飞檐走壁""学了武术我就可以欺负别的同学,而别的同学就打不过我",等等。从这些错误的认知可以看到,有些学生是因为好奇而加入武术社团,有些学生是因为学习武术可以恃强凌弱而加入武术社团……因此,在制订武术教学计划时,要将武德礼仪的培养置于首位,同时正确引导与纠正学生对武术产生的错误理解。

### (二)对文三街小学学生的教学目标

教学计划的目标是希望通过该计划设计的武术教学内容、方法手段,使学生对武术产生兴趣,喜欢学习武术,热爱武术运动,在正确认知武术的同时提高他们的身体素质。

### (三)对文三街小学学生进行武术教学的主要任务

一是通过武术的学习,刺激学生对武术的喜爱程度,同时促进学生身体的全面发展,对学生的生长发育施以积极的影响。

二是通过武术抱拳礼及教学过程中武德渗透,培养学生良好的德育品格。

三是以武术段位制段前内容为主要教学内容,提高学生武术学习的兴趣。

### (四)对文三街小学学生进行武术教学的主要内容

武术界专家表示,启蒙阶段的武术训练多以锻炼身体、增强体质、培养兴趣为主。启蒙阶段的学生可以学习一些简单的武术基本动作,如冲拳、踢腿、滚翻和跳跃等,采用游戏方法学习武术。因此,我们对文三街小学武术教学主要从武德启蒙教学、段位制教学、一般身体素质训练三个方面进行,该教学训练内容得到了多位专家的认可。

武德启蒙教学:武术的真谛在于武德的培养。文三街小学武术社团零基础的学生在学习武术技艺时,我们将武德教育贯穿教学之中,主要从口德、行为德育与品德三方面着手。第一,要求学生不论是在教学过程中还是在日常生活中,都不可随口骂人或出口伤人,不可抬高自己贬低他人,不可逞口舌之快将自己的快乐凌驾于他人的痛苦之上等,教导学生与人说话要言语谦和。第二,要求在教学课开始前和教学课结束后,师生互行抱拳礼,以行学礼,以礼定行;要求学生不可随意打人、恃强凌弱,即便是两人切磋,也要先退让三分,点到为止,培养学生忍让、谦和的情怀。第三,品德的启蒙培养是武术的三德之首,因此要着重培养学生乐于助人、互帮互助、心胸大度、尊老爱幼、尊师重道等高尚的品格。

段位制教学:我们借助两个月的武术习练期,对文三街小学武术社团学生安排富有趣味性的武术段前级内容,融合踢、打等对抗技术元素,循序渐进,逐次增加训练内容的难度。

一般身体素质训练:根据7—12岁学生的生理、心理特点,在武术启蒙阶段,主要以游戏、竞赛等方式发展学生的速度、协调、灵敏、柔韧等一般身体素质,积极促进青少年的生长发育。

**(五)文三街小学武术教学阶段划分与各阶段主要任务**

教学过程的组织实施,必须遵循各个阶段的特点,要有步骤、有秩序地进行,而这一步骤要根据不同的训练层次划分各训练层次的阶段及确定各阶段的任务、目标。

文三街小学武术社团的学生是以武术为业余爱好而参与进来的,其动机是体验武术的乐趣。武术教学分为四个阶段:武术基础动作的教学体验阶段,其主要任务是将武德与武术素养贯穿体育游戏与趣味武术动作中,让学生在玩耍的乐趣中学习(见表4-2);泛化相阶段,其主要任务是学习基本腿法、武术段位制教程的段前内容等(见表4-3);分化相阶段,其主要任务是改善武术基本技术动作与套路路线方向的正确掌握(见表4-4);巩固恢复阶段,其主要任务是巩固技术练习,强化精气神的体现,重视恢复调整训练,最终进行技术的测评(见表4-5)。

表 4-2　趣味武术教学体验阶段

| 阶段 | 趣味武术教学体验阶段 ||
|---|---|---|
| 时间 | 1 周 ||
| | 星期二 | 星期五 |
| 主要训练任务 | 1.将武德与武术素养教育贯穿游戏与武术教学过程中<br>2.通过体育游戏逐步过渡到简易的武术动作模仿,将简易武术动作赋予生动有趣的游戏别称,增强学生对武术的好奇心 ||

表 4-3　泛化相阶段

| 阶段 | 泛化相阶段 ||
|---|---|---|
| 时间 | 5 周 ||
| | 星期二 | 星期五 |
| 主要训练任务 | 1.学习武术基本技术动作、武术健身操以及武术段位制系列教程的段前套路<br>2.发展一般身体素质 ||

表 4-4　分化相阶段

| 阶段 | 分化相阶段 ||
|---|---|---|
| 时间 | 1 周 ||
| | 星期二 | 星期五 |
| 主要训练任务 | 1.改善武术基本技术动作与正确掌握套路路线、方向<br>2.发展一般身体素质 ||

表 4-5　巩固恢复阶段

| 阶段 | 巩固恢复阶段 ||
|---|---|---|
| 时间 | 1 周 ||
| | 星期二 | 星期五 |
| 主要训练任务 | 1.巩固技术练习,重视恢复调整<br>2.技术考核<br>3.学习总结 ||

### (六)对文三街小学学生的武术教学方法与手段的选择

我们根据文三街小学学生的初始状态,对不同阶段教学内容与任务的拟定,主要采用以下方法:在技术学习上,主要以游戏法、示范法、讲解法、分解法、完整法、纠错法与重复训练法为主,便于武术技术的学习与巩固。在素质发展上,主要以游戏法、变换法、重复法、间歇法与循环法为主,便于身体素质的发展与提高。而训练手段主要采用固定性组合与变异性素质练习手段,以游戏为主要运动形式穿插于运动训练过程中。不论是技术学习过程还是身体素质发展过程,要做到寓训于乐,让学生在欢乐融洽的氛围中学习与训练。

对于教学计划设计,我们也咨询了高级别的体育教师和武术专家,专家们认为:对儿童武术的教学要以游戏为主的形式进行,将教学方法与手段赋予一定的趣味性,在教学过程中要最大化地吸引学生的注意力,提高他们对武术学习的积极性。各阶段训练,方法与手段的整理见表4-6。

表4-6 各阶段训练方法与手段

| 阶段 | 训练方法 技术学习 | 训练方法 素质发展 | 训练手段 |
|---|---|---|---|
| 趣味武术教学体验 | 游戏法、示范法 | 游戏法、变换法 | 以多种形式的游戏为主要运动形式,将武术武德与武术素养穿插于趣味武术动作中进行学习 |
| 泛化相阶段 | 示范法、讲解法、分解法、完整法 | 以重复法、间歇法为主 | 以技术学习为主,辅助少量游戏的穿插 |
| 分化相阶段 | 以纠错法、完整法为主 | 以变换法、循环法为主 | 以技术纠正练习为主,练习手段相对集中 |
| 巩固恢复阶段 | 重复训练法 | — | 针对明显技术问题练习;恢复调整,消除身体与精神的疲劳 |

### (七)对文三街小学学生的武术教学的负荷规划

根据不同的教学任务,在咨询多位专家的前提下,我们对文三街小学武术社团的教学安排如下:每周进行武术教学2次,每次教学时间为1.5

小时,运动负荷以中强度为主。另外,根据小学生训练的实际承受情况,可以适度调整负荷大小。

**(八)对文三街小学学生的武术教学计划的执行**

1. 趣味武术体验阶段

通过对文三街小学武术社团的学生起始状态的诊断发现,学生对武术的认知存在极大的偏差,有些学生有欺负弱小同学的潜意识,甚至有些学生会出言不逊等,这些现象状况都违背了武术教育的初衷。在此背景下,本阶段教学将利用一周的时间,分两个课时进行。在第一课时中,首先让学生了解武术最基本的礼节形式"武术抱拳礼",并在教学时让学生两两合作进行武术动作体验,使其有意识地形成互相行礼的习惯,然后将武术素养的基本知识运用于基本的趣味动作练习中。本阶段的第一课时主要以简单趣味的基本冲拳、推掌的技术配合体验武术动作的攻防练习,随后以游戏接力赛的形式进行一些素质的练习。第二课时以马步、勾手、弹踢的技术配合体验武术的攻防练习,再进行有趣的青蛙跳练习,发展一般身体素质。

2. 泛化相阶段

泛化相阶段是教学计划执行的重要环节。该阶段主要通过学习武术基本功、基本技术以及段位制套路的练习,使学生身体各部位得到全面的发展。比如腿功的练习,可以发展腿部的柔韧性、灵活性和力量等素质;基本技术的训练可以有效提高学生运动接受能力,对发展其他项目技术训练也有一定的促进作用。本阶段的训练将花费五周的时间,共 10 个课时。这个阶段主要进行中等强度练习,以技术学习为主,并穿插游戏元素介入教学过程,保持学生学习武术的积极性。从技术学习上,主要通过示范法、讲解法、分解法与完整法进行练习,提高学生的武术技术水平;从素质发展上,主要以重复法、间歇法为主,通过趣味、多样的游戏元素的介入,更好地促进学生素质的发展。

另外,根据学生该阶段的状态与起始状态对比分析,发现学生通过该阶段教学后各方面都有所提高(见表 4-7)。

表 4-7 文三街小学学生中期状态检测

| 基本信息 | 王同学 | 徐同学 | 冯同学 | 史同学 | 杨同学 | 薛同学 |
| --- | --- | --- | --- | --- | --- | --- |
| 武术运动技术 | 8.0 | 5.0 | 7.5 | 6.0 | 7.0 | 6.5 |
| 武术认知度 | 2.0 | 2.0 | 3.0 | 2.0 | 2.0 | 2.0 |
| 武术兴趣度 | 2.0 | 3.0 | 3.0 | 1.0 | 3.0 | 1.0 |
| 身体素质 | 8.5 | 7.0 | 8.5 | 7.0 | 7.5 | 7.0 |

[注] 武术认知度：完全不知=0；略知=1；一般=2；了解=3；较了解=4；非常了解=5。
武术兴趣度：好奇=0；不讨厌=1；略喜欢=2；喜欢=3；较喜欢=4；热爱=5。
身体素质等级评定：$8.5 \leqslant$ 优秀 $\leqslant 10$；$7 \leqslant$ 良好 $< 8.5$；$5 \leqslant$ 中等 $< 7$；$3 \leqslant$ 合格 $< 5$；$0 \leqslant$ 不合格 $< 3$。
武术运动技术等级评定：参照 2012 年最新版武术套路竞赛规则。

从表 4-7 我们可以看出，经过一段时间的武术启蒙阶段的教学，6 名小学生对武术的认知、武术的兴趣，以及对武术运动技术的掌握、身体素质都有所提高。

武术不同于其他体育运动项目，在练习武术时要讲究精、气、神，而绝大多数同学在练习时，只是将武术基本动作的外形做了出来，没有将精、气、神体现出来。因此，在指导学生进行武术学习时，要着重强调精、气、神的表达。

3. 分化相阶段

此阶段是改善武术基本技术动作、路线与方向的阶段，时间为一周，共两个课时。分化相阶段以技术纠正练习为主，练习手段相对集中。从技术教学的方法来看，主要运用了纠错法与完整法；从素质发展来看，主要运用了变换法与循环法。运动负荷采用中强度，在教学过程中强调武术精、气、神的表达，及时介入及调整学生学习武术的积极性，对教学过程中出现的问题及时做出训练调整方案，为更好地实现预期目标做好准备。

此阶段的第一课时，以武术健身操《雏鹰展翅》的动作纠正为主，以跳绳练习发展学生的协调、速度等素质能力；第二课时，以段位制一段位长拳套路动作纠正为主，以抱腿跳练习发展学生的力量、爆发力等素质能力。

4. 巩固阶段

教学的最后一周，注重武术基本技术的巩固与提高，强化精、气、神的表达。该阶段的负荷主要以中小强度为主,在技术学习上以重复法训练进行。在最后一节课进行本阶段学习的技术考核,检验本阶段学习的成果。经过两个月的武术启蒙教学,我们对 6 名小学生进行了教学检测,获知以下相关数据(见表 4-8)。

表 4-8　文三街小学学生后期状态诊断

| 基本信息 | 王同学 | 徐同学 | 冯同学 | 史同学 | 杨同学 | 薛同学 |
| --- | --- | --- | --- | --- | --- | --- |
| 武术运动技术 | 9.0 | 7.0 | 8.5 | 7.5 | 8.0 | 7.0 |
| 武术认知度 | 3.0 | 3.0 | 4.0 | 3.0 | 3.0 | 4.0 |
| 武术兴趣度 | 3.0 | 4.0 | 4.0 | 3.0 | 5.0 | 4.0 |
| 身体素质 | 9.0 | 7.5 | 9.0 | 8.0 | 8.0 | 7.5 |
| 考核成绩 | 9.0 | 7.0 | 8.5 | 7.5 | 8.0 | 7.0 |

[注]武术认知度:完全不知=0;略知=1;一般=2;了解=3;较了解=4;非常了解=5。
　　武术兴趣度:好奇=0;不讨厌=1;略喜欢=2;喜欢=3;较喜欢=4;热爱=5。
　　身体素质等级评定:8.5≤优秀≤10;7≤良好<8.5;5≤中等<7;3≤合格<5;0≤不合格<3。
　　武术运动技术等级评定:参照 2012 年最新版武术套路竞赛规则。
　　考核等级评定:参照 2012 年最新版武术套路竞赛规则。

表 4-8 显示,6 名小学生经过两个月的武术接触练习,从最初对武术的无知、误解与好奇,渐渐变成了对武术运动的喜欢,在武术基本技术的掌握、身体素质等方面都有很大的提高。

5.案例结论

在对文三街小学武术社团的学生进行为期两个月的武术启蒙阶段教学后,6 名被测学生的各方面都有了一定程度的提高,达到了教学预期设定的目标。6 名学生不但对武术有了正确的认知,还对武术产生了喜爱。从喜爱程度划分来看:王同学与史同学达到了喜欢的程度,徐同学、冯同学与薛同学达到了较喜欢的程度,杨同学达到了对武术的热爱程度。

在趣味武术体验阶段,武德与武术素养教育穿插在教学过程中,使 6 名学生在教学中形成了相互行礼的习惯,同时也培养了学生相互谦让、互帮互助、尊师重道的武德意识。

在泛化相阶段中,6 名学生不仅学会了形式多样且富趣味性的武术基本动作,而且通过竞赛的素质练习方式发展了学生的速度、力量、灵敏等一般身体素质。

在分化相阶段中,通过纠正、练习武术技术,使得 6 名学生正确掌握了武术动作的路线与方向,同时注重对武术精、气、神的表达。

在巩固阶段中,训练以巩固段位制套路为主,并进行测试。通过测试发现,学生对段位制套路的拆招和对练动作的掌握程度明显大于一般的套路练习,因此在中小学武术教学中引入段位制教程内容,不仅可以推动武术进入校园,而且可以提高学生学习武术的兴趣。

## 第二节　青少年宫武术发展策略

### 一、倡导"分享运动"教学理念

青少年宫是青少年学习的第二课堂,是青少年武术普及化、培养武术兴趣的重要基地。在青少年宫的武术发展可以实践探索"分享运动"理念,即希望青少年宫的武术教学更加地普适化,能在青少年宫武术教学基础上,让更多的人重新认识武术、了解武术,从而让武术成为其终身参与的体育活动。

分享运动的理念是由华南师范大学胡小明教授在 2010 年提出的一种全新的体育发展理念,胡小明教授认为应把"分享运动"的人本主义体育运动价值观念作为我国青少年体育运动发展的理论新导向,使国民身体素质水平可持续提高。"分享运动"也可以理解为"运动分享","对运动分享的理解,可以定义为:以提供体育类运动公共产品为杠杆,通过促进全民的运动参与来实现体育产品公共服务的均等化,使更多的人通过获得公共的运动产品来提高身体素质和促进人格发展,从而实现提高全民身体素质和传承中华优秀传统文化",其实质是以人为本,全民参与,注重实现体育公共产品服务均等化。①

袁帅、谭炳春认为,"分享武术"是以发展武术公共产品资源服务,实现全民的武术参与,使更多的人通过获得公共的武术产品提高身体素质和促进人格发展。分享运动理念下的武术教学与传统武术教育理念的对比分析见表4-9。

表4-9　分享运动理念下的武术教学与传统武术教育理念的对比分析

| 对比分析 | 分享运动理念 | 传统武术教育理念 |
| --- | --- | --- |
| 目的 | 全民共享武术资源,提高全民身体素质 | 培养武术精英 |
| 范围 | 提倡全面参与 | 少数人可得 |
| 途径 | 强调武术作为公共物品 | 较难接触到 |
| 方式 | 分享式武术教学 | 专享式武术教学 |
| 理念 | 以人为本、健康至上 | 健身、防御、对抗 |

由于传统武术严格的师徒关系以及各种武术影视作品的宣传,使人们只喜欢观赏,而不敢接触武术。要实现人人了解武术、人人参与武术,媒体的正面宣传固然重要,但其中兴趣培养机构——青少年宫也要担负起其举足轻重的作用。因此,青少年宫武术的教学不应为了教武术而教武术,而是要通过武术教学,让学生懂得如何通过武术练习达到锻炼身体的目的,从而使学生在体育运动项目之外增加一种锻炼身体的途径。

## 二、强调武术的教育功能

除了发展武术本身的技术特点,更应该挖掘武术特有的文化内涵。武术运动注重的是"内外兼修",一招一式不仅是技击动作,而且在招式背后充满了中国的智慧和文化,有很强的哲理性和艺术性,让青少年在练习中修养身性、增强品德,这是跆拳道、空手道所不能及的。因此,推广中尤其要注重挖掘这类文化内涵。在教材的编写中,深入浅出地向青少年介绍武术文化,解析动作。武术教师在传授动作的过程中,向学生讲解不同动作体现的不同功能和文化价值,介绍攻防练习中强调的精神和理念、套路中

---

① 陈志洪.分享运动理念下的学校体育教育的发展[J].教育信息,2013(5):5—7.

体现的文化内涵和艺术价值。根据武术特点,形成特有的教学模式和气氛,如规范武术练习时的着装、礼节等。以武术特有的体用兼备的运动特色,在武术习练中磨炼意志、调整心态,这对习武者的心理素质能起到极大的作用,对青少年是一种教育,也使武术运动在青少年中的推广更有意义。总体而言,需从武术弘扬民族文化和精神的高度着手,切实重视武术教育。

## 第三节 武术学校发展策略

### 一、注重武术教师业务水平的培养

武术学校的武术教师是运动员的培养者、指导者和管理者。第一,武术教师的文化素质、技术水平、执教训练水平的高低直接决定了武术后备人才培养质量的高低。加强武术教师队伍培训,积极组织武术教师到高校或专业队进行培训和学习是武术学校发展的首要任务。第二,完善武术教师训练和竞赛激励机制,提高其训练及比赛的积极性。如可制定不同层次不同级别的赛事奖励措施;也可根据武术教师整个学年带领学生在赛事上取得的优异成绩情况,在工资待遇上给予鼓励,以此督促武术教师主动学习,促进业务素质的提高。

### 二、强调训练过程的科学化

训练是提高运动成绩的主要手段和方法。运动员通过训练提高竞技能力和运动水平,从而发挥最大潜能,在各项赛事上取得优异成绩,因此训练是武术后备人才的培养过程中最重要的环节,是武术后备人才培养的核心。本研究针对现有的武术学校武术教师存在的忽视心理训练、训练方法不当、未制订合理的训练计划、组织能力较差等问题,提出以下发展对策。

一是重视培养武术教师的战略眼光,科学地制订训练计划。从运动员的实际情况出发,制订合理的各阶段训练计划,特别要重视课时训练计划的制订。在训练的过程中不仅要重视运动员技术水平的提高,还要注意适当结合心理训练,防止运动员因心理素质影响竞赛场上的发挥。武术运动的心理训练可采用模拟法、念动训练、自我暗示和放松训练等训练手段。

二是加强武术教师组织能力培养,切实提升武术教师综合素质。可不定期组织武术教师到专业训练队学习,通过借鉴资深武术教师的教学、训练经验,提高自身的教学训练组织能力;也可邀请优秀武术教师到武术学校进行教学训练组织能力的培训与讲座等。武术教师之间多沟通交流,分享成功经验,从而提高武术教师的组织能力。

### 三、武术学校发展成功案例分析——以浙江为例

根据对专家和各武术学校管理者的访谈,其认为全国赛获取的奖牌数量最能代表武术学校的奖牌产出情况,各武术学校的人才输出总量的占比较能代表武术学校的人才输出情况。本研究对浙江部分武术学校在各级武术比赛中取得的总奖牌数进行统计归纳(见表4-10),发现苍南飞林武术学校近三年取得的奖牌数最多,无论是金、银、铜牌数皆遥遥领先于其他武术学校;对人才输出总量进行统计归纳,综合"进入高校深造""被选拔进入专业队从事武术专业训练""直接参加工作或创业""进入影视娱乐公司开始演艺生涯"等各项内容后发现,台州国际武术学校人才输出总量的占比最高。因此,本研究选择苍南飞林武校作为奖牌产出的成功案例、台州国际武校作为人才产出的成功案例,寻找武术学校后备人才培养产出的影响因素并尝试分析此类现象。

第四章 中国青少年武术发展策略研究

表 4-10 浙江省武术学校的投入与产出、输出情况汇总

| 单位 | 投入 |||||| 产出 |||||||||| 输出 ||||||
|---|---|---|---|---|---|---|---|---|---|---|---|---|---|---|---|---|---|---|---|---|---|---|
| ^ | 训练经费 | 比赛经费 | 运动场馆数量 | 训练地毯数量 | 标准地毯数量 | 武术教师数量 | 全国赛奖牌数金 | 全国赛奖牌数银 | 全国赛奖牌数铜 | 全国赛奖牌总数 | 省赛奖牌数金 | 省赛奖牌数银 | 省赛奖牌数铜 | 市赛奖牌数金 | 市赛奖牌数银 | 市赛奖牌数铜 | 高校/% | 专业队/% | 就业/% | 影视公司/% | 创业/% | 其他去向/% | 人才输出总量/% |
| 宁波国际武校 | 5000元以下 | 5000元以下 | 1 | 4 | 1 | 25 | 0 | 0 | 0 | 0 | 29 | 21 | 20 | 0 | 21 | 20 | 0.210 | 0.630 | 6.104 | 0.000 | 0.735 | 6.315 | 13.994 |
| 苍南飞林武校 | 3万元—4万元 | 3万元—4万元 | 3 | 3 | 1 | 20 | 9 | 9 | 9 | 18 | 13 | 6 | 14 | 25 | 22 | 20 | 1.155 | 0.780 | 9.139 | 1.405 | 0.780 | 13.800 | 27.059 |
| 平阳育英体校 | 5000元以下 | 1万元—2万元 | 5 | 4 | 3 | 35 | 4 | 3 | 4 | 11 | 17 | 14 | 11 | 26 | 24 | 14 | 4.330 | 7.100 | 15.000 | 1.900 | 1.300 | 0.400 | 30.000 |
| 姜家山武校 | 5000元以下 | 5000元以下 | 2 | 2 | 2 | 8 | 0 | 0 | 0 | 0 | 0 | 0 | 0 | 0 | 3 | 0 | 2.332 | 1.999 | 26.332 | 1.332 | 3.330 | 0.000 | 35.325 |
| 灵山寺武校 | 1万元—2万元 | 1万元—2万元 | 1 | 2 | 0 | 4 | 4 | 0 | 0 | 4 | 10 | 12 | 8 | 37 | 28 | 17 | 0.030 | 0.000 | 0.000 | 0.000 | 0.000 | 0.000 | 0.000 |
| 宁波少林武校 | 5000元以下 | 5000元以下 | 2 | 4 | 2 | 13 | 0 | 0 | 0 | 0 | 13 | 7 | 1 | 0 | 0 | 0 | 0.030 | 0.305 | 6.306 | 0.000 | 0.767 | 5.230 | 12.684 |
| 苍南南宋武校 | 3万元—4万元 | 3万元—4万元 | 1 | 2 | 0 | 15 | 3 | 3 | 1 | 7 | 0 | 0 | 0 | 2 | 2 | 1 | 1.230 | 1.000 | 1.200 | 1.000 | 4.000 | 4.800 | 13.200 |
| 华东国际武校 | 5000元以下 | 5000元以下 | 1 | 2 | 2 | 25 | 0 | 0 | 0 | 0 | 50 | 0 | 0 | 0 | 0 | 0 | 1.799 | 4.999 | 8.332 | 1.133 | 1.066 | 3.199 | 20.528 |

· 207 ·

续表

| 单位 | 投入 ||||||  产出 |||||||| 输出 |||||人才输出总量/% |
|---|---|---|---|---|---|---|---|---|---|---|---|---|---|---|---|---|---|---|---|
| ||训练经费|比赛经费|运动场馆数量|训练地毯数量|标准地毯数量|武术教师数量|全国赛奖牌数 |||全国赛奖牌总数|省赛奖牌数 |||市赛奖牌数 |||高校/%|专业队/%|就业/%|影视公司/%|创业/%|其他去向/%||
| ||||||||金|银|铜||金|银|铜|金|银|铜||||||||
| 湖州清泉武校 | 5000元以下 | 5000元以下 | 2 | 2 | 0 | 25 | 0 | 0 | 0 | 0 | 43 | 26 | 23 | 29 | 26 | 29 | 11.583 | 0.249 | 13.582 | 0.249 | 0.999 | 2.666 | 29.328 |
| 台州国际武校 | 5000元以下 | 5000元以下 | 5 | 4 | 2 | 15 | 2 | 0 | 0 | 2 | 5 | 4 | 5 | 15 | 15 | 16 | 5.276 | 0.665 | 35.276 | 0.055 | 1.221 | 10.887 | 53.380 |

· 208 ·

## (一)苍南飞林文武学校

苍南县飞林文武学校创建于1996年,是一所"文为主导、武为特色"、从幼儿园到高中的全日制学校。该校拥有丰富的教育资源、高素质的教师队伍、上乘的教育教学质量、优美的校园人文环境等多重办学优势,现有在校学生1300多人。根据实地考察和访谈,该校的设备设施较先进:拥有校园网络、闭路电视系统、多功能广播系统,标准的训练馆、实验室、多媒体教室;教师队伍精良,有雄厚的师资,教师学历、职称、任职资格均较浙江省其他几所武术学校高;育人成效卓著,在各大赛事上均取得了较好的成绩,特别是全国赛的成绩尤其卓越,学生成才率较高。

调查发现,苍南飞林武校的武术教师精力旺盛,时间较宽裕,性别全部为男,年龄分布在20—40岁。该校的武术教师学历分布在中专、大专和本科,其中本科学历者占三分之二。该校还拥有多名高级教练员,习武年限多在10年以上,执教年限多在8年以上,可见苍南飞林武校师资队伍的精良。该校对武术训练经费和比赛经费的投入是10所武术学校中最充足的,每年分别有3万元—4万元。学校有训练场馆3个、训练地毯3块,设备设施较完备。虽然学校标准地毯仅有1块,但该校武术教师和管理者重视给予学生在各项赛事上的展现和锻炼的机会,将学生输送到专业训练基地如省队、市队集训的频率较高。同时,学校有意识地不定期与各专业队合作,以专业队的比赛名额参与比赛,从而提高学生的技术水平、增加学生的参赛机会。访谈得知该校董事长对关乎学校未来发展的学习培训十分热衷,经常花高资金在全国乃至全世界各地参加培训,并总能及时把最新的资讯带回学校与全校教职工分享。

苍南飞林武校作为奖牌产出的成功案例,有许多地方值得其他学校借鉴,如武术教师的综合素质较高,武术教师不仅自身有过硬的技术水平,还有过硬的教学能力,能够带领学生在各项赛事上取得优异的成绩。在教学设备设施上,该校能够为专业队的师生提供较好的训练条件,如具备运动场馆、辅助的训练地毯和标准比赛地毯等,以此达到提高学生的训练积极性并减少学生受伤概率等目的。在经费的投入上,该校能够提供一定的训练经费和比赛经费,在保障学生具备必要的装备和器材之余,合理利用经费及各种资源。在运动训练过程中,该校注重理论与实践结合,为学生提供多种锻炼和交流的机会。当然,作为奖牌产出的成功案例,苍南飞林武校也有其需要加强的方面,如在武术教师的科研水平、理论知识水平还有较大的提高空间;标准地毯数量相对较欠缺等。学校可考虑组织具有潜力的武术教师到高校或专业队进行强化培训和学习,也可适当邀请高水平的武术教师或相关专家开展具有实际指导意义的讲座,从而提高武术教师的理论水平和科研能力。学校在规模不断扩大的同时可适当考虑购买标准比赛地毯,为更好地培养出高水平运动员奠定基础。

**(二)台州国际文武学校**

台州国际文武学校创办于 1986 年,是一所由台州市教育局批准的全日制、全封闭、全寄宿民办学校。学校在经过 20 多年的精心打造后,先后获得"全国先进武术馆校""中国十佳文武学校""浙江省优秀民办学校""台州市园林式单位"等称号。学校拥有强大的师资阵容、现代化的教学设备设施及科学的管理模式。现有在校学生 1800 多人,设有幼儿园、小学、初中、高中。该校始终坚持"以文化为主体、以武术为特色、以艺术教育为特长"的办学思路,长期邀请国内外著名教育专家、教授担任顾问。近年来,学校已与全国多所高校建立密切合作关系,分别有学生考入浙江大学、浙江工业大学、浙江警官学院、华东理工大学、杭州师范大学、浙江中医药大学、上海体育大学等 20 多所高校,成功地为莘莘学子铺就了升学和就业的金光大道。此外,学校还经省外事办和省公安厅的同意,省教育厅的批准,成为可以招收外国学生的学校。

调查发现台州国际武校的办学规模在 10 所学校中是最大的,其拥有雄厚的师资力量;武术教师性别多数是男性,年龄以 30 岁以下为主;武术教师学历也多为中专、大专和本科学历,其中本科学历者占三分之二;武术教师的职称多以中级教练为主,习武年限多在 8 年以上,执教年限多在 5 年左右。台州国际武术学校武术教师趋向较年轻化,带队经验有进一步提升的空间。学校具有现代化的教学设备设施,其中训练场馆 5 个、训练地毯 4 块、标准地毯 2 块;学校在学生的人才输出上花费了较多心思。调查结果显示:台州国际武校近三年考入高校的学生数量有上百人,学生就业或创业的人数高达700多人,这所武术学校的升学率和就业率是其余9所武术学校无法比拟的。

作为浙江省武术学校后备人才培养投入与人才输出的成功案例,台州国际武术学校有以下优点值得其余武术学校借鉴:在师资方面,该校重视武术教师的综合素质,如技术水平、理论水平、科学化训练水平的提高;此外,台州武术学校重视学生的身心全面发展,关心学生的需求,为学生提供各种必要的机会;在设备设施上,该校与苍南飞林武术学校一样,为专业队的师生提供较好的教学条件,如具备多个运动场馆、多张辅助的训练地毯和标准比赛地毯等,以此达到提高学生的训练积极性并减少学生受伤概率等目的。同时,该校也存在一些不足,如训练经费和比赛经费的投入较少,武术教师的带队经验尚需提升等。该校可考虑在学校拨款、学生自筹或者广告赞助等多种方式相结合的情况下,适当增加对训练经费和比赛经费的投入;在积累武术教师执教带队经验的问题中,可采取措施尽可能使武术教师长期留校任教,这样不仅可以提高武术教师的教学经验,还能增强武术教师对学校的认同感和责任感。

## 第四节　体育运动学校武术发展策略

### 一、强调普及化与精细化并轨发展

体育运动学校是培养尖尖体育人才的基层组织。目前,多数体育运动学校的武术招生非常不容易。体育运动学校武术教师应该改变思路,从一味地强调竞技化、尖端化,逐步倡导普及化和精细化并轨。

首先,在招生方面,要积极与中小学、青少年宫、武术学校合作,形成联动机制。体育运动学校的武术教师应该经常深入中小学体育课,结合青少年生性好动、好奇心强的特点,创编适合青少年演练的武术内容,增加武术的技击动作,突出强身、攻防和娱乐功能。在帮助中小学武术开展的同时,拓宽体育运动学校武术招生的渠道。

其次，丰富体育运动学校武术训练内容。过早的专业化，限制了学生对武术的认知，因此武术教师应针对不同年龄、不同性别的青少年，设置武术游戏、经典套路、攻防实用等不同内容。如针对年龄较小的习武者编创"趣味武术"，主要以武术游戏的形式培养武术兴趣，动作应相对简单易学，从而提高其学习武术的积极性，打破现行的武术练习单一，竞技化的局面；针对年龄较大的习武者，强调"技能武术"，以掌握动作技术与使用方法，设置攻防情景，学习武术的功法和格斗运动形式，挖掘武术运动的对抗元素和攻防中的趣味性，激发学生兴趣，并且在游戏、攻防情景中制定各种条件和规则，保证学生练习中的安全。

最后，在学生掌握大量武术技能的基础上，确定自身擅长的武术项目。再通过长期的演练达到炉火纯青的境界，并能在各种比赛中获得优异成绩，从而走上专业化的道路。

## 二、青少年武术竞赛的规范化

竞赛是检验运动人才训练状况的主要途径和手段，而合理的竞赛制度必将推动竞技体育向更高的水平发展，并且能够进一步促进训练水平的不断提高。但目前现有的青少年武术比赛，其赛制还比较单一。在青年奥林匹克运动会武术比赛、世界武术比赛、亚洲武术比赛、全国青少年武术比赛、省级武术比赛、市级武术比赛中，体育运动学校学生真正能够参加的比赛只有省级和市级比赛，虽然全国青少年武术比赛已经开展了近 20 年，举办赛事的初衷是鼓励体育运动学校的学生参加，但随着国际武术形式的转变及竞赛规程的不断修改，如今的全国青少年武术比赛一般都是体工队二线队员参加，极少有业余体育运动学校的学生参与。其次，虽然针对青少年还有武术学校的武术比赛和武术传统学校的武术比赛，但是这些比赛对运动员的参赛资格有一定的限制，体育运动学校学生也是无法参加。一般来讲，一名体育运动学校的学生每年只能参加 1—2 次比赛，这不仅使运动员每次比赛的压力倍增，同时也不利于青少年武术水平的提高。

2014 年 8 月举行的第一届武术大会向世人再一次展示了武术内容的丰富、武术文化的深厚，以及武术在中国受欢迎的程度。面对青少年武术运动员，也应该开展类似的比赛，让青少年武术运动员通过青少年武术大会,学习更多的武术技术和文化,以拓宽青少年对武术的认知。为鼓励体育运动学校运动员参与段位制的练习,应开展段位制套路的竞赛,如此不仅可以提高青少年武术运动员段位制演练的水平,更有利于段位制在青少年中的推广。另外,为规范青少年武术竞赛,可以综合武术传统学校、武术学校、体育运动学校等学校的武术。综合的青少年武术比赛分甲、乙、丙三个组别,学生以与比赛要求对应的身份参加比赛,避免出现一人多身份参加比赛的情况,从而促进青少年武术竞赛健康地发展。

## 三、科学的竞技武术训练手段——以旋风脚720度动作训练为例

### (一)旋风脚720度动作简析

旋风脚720度动作属于无支点人体空间的复合轴转动[1],在空中为矢、纵两轴结合的转动,并且要求人体完成720度旋转才能确认动作完成。旋风脚720度动作结构复杂,整个动作可划分为助跑、起跳、转体腾空里合腿、落地四个部分。

### (二)运动员专项技术完成现状分析

杭州陈经纶体育学校的章运动员在完成旋风脚720度动作时,经常会出现各种各样的失误:腾空高度不够,起跳时跳不起来,转体角度不够,旋转速度过慢,击响腿下压速度过慢,落地时身体向前倒地,或附加支撑、落地后出现跳动、晃动等各类扣分问题,状态非常好时仅是勉强完成该动作。

1.运动员起跳状态

通过分析章运动员的旋风脚720度动作发现,起跳时,章运动员在预摆和起跳时上步节奏不明显,特别是最后两步的速度不够快;上步时右腿蹬地的蹬地力量不足,腾空高度有所欠缺;在起跳时右手带动身体不够充分;起跳时转速过慢等细节问题。专业武术教师在与章运动员交流其旋风脚720度动作起跳阶段后,认定章运动员的起跳状态有所欠缺。章运动员对旋风脚720度动作的认知不够清晰:认为只要跑上去跳起来就是起跳;

---

[1] 伍飖.运动生物力学[M].北京:高等教育出版社,2020.

对起跳的技术没有理解;只知道手臂要带动身体转动,但是对带到什么程度、带到什么位置都是一无所知。

2.运动员腾空状态的诊断

腾空是完成旋风脚720度动作的核心环节,腾空的高度直接影响到该动作的完成情况。腾空动作分为空中击响和转体两大部分,身体在离开地面的瞬间,上体向左后上方呈螺旋旋转两周,继两臂和腿的摆动、右腿做里合腿击响后下压继续转体。章运动员在腾空时,腾空的高度不足,造成击响腿后继续转体的力量不足,使其旋风脚720度动作无法完成。

3.运动员落地状态诊断

当运动员在做旋风脚720度动作时,由于腾空高度的不足,运动员就会把注意力集中到转体速度上,随着惯性速度的提高,运动员在双脚落地的同时,身体的旋转还在继续,从而导致落地时身体失去平衡,造成落地时出现跳动或身体向前倒地的情况。

**(三)运动员720度难度动作训练阶段的划分及各周期的主要任务**

在训练实践中,将整个训练过程划分为两大阶段。第一阶段主要针对旋风脚720度动作技术的纠正、强化与提高,第二阶段主要发展专项身体素质,通过身体素质的训练,辅助旋风脚720度难度技术动作的完善。把这两个阶段划分为4个周期(见表4-11),第一周期:基本训练周(第1周和第2周)发展专项身体素质,完善分解难度技术动作。第二周期:提高周(第3周和第4周)提高专项身体素质,提高完整难度技术动作的稳定性。第三周期:强化周(第5周)。第四周期:巩固提高周(第6周)。根据以上4种基本的训练类型将6周的时间进行合理的安排,为适应不同任务而制订了相应的周训练计划,也表现出明显不同的负荷变化点。

表 4-11　不同训练周期安排及其主要任务

| 周期 | 主要任务 |
| --- | --- |
| 基本训练周 | 旋风脚 720 度动作的技术分解练习,通过速度、力量等素质训练及辅助练习,使运动员 720 度动作的助跑能力、踏跳能力、空中本体感觉等每一分解动作达到规范 |
| 提高技术训练周 | 通过保护带的帮助,提高运动员旋风脚 720 度的空中旋转能力;通过提高里合击响的负重练习,提高空中摆腿速度;通过力量的辅助练习,提高接马步动作的稳定性 |
| 强化周 | 旋风脚 720 度接马步动作的连贯练习,保证单个动作的稳定性 |
| 巩固提高周 | 加强旋风脚 720 度动作套路中的练习,提高整套练习时旋风脚接马步动作的成功率 |

## (四)运动员 720 度难度动作训练计划的实施

1.基本训练周

基本训练周为运动员竞技状态发展过程的第一阶段。该阶段的基本任务是提高运动员竞技能力,促进竞技状态的形成。

训练时间:2 周。

训练目标:建立新的技术动力定型,完善技术,改进旋风脚 720 度动作的起跳,手臂带动、里合腿击响空中旋转,适应难度动作的空中旋转本体感。

训练手段:以多样的辅助练习和身体素质练习为主,以少量的专项练习为辅。

训练方法:分解训练法、持续训练法、间歇训练法。

运动负荷:中。

通过录像分析,针对旋风脚 720 度接马步动作,纠正指导技术动作上出现的不足,主要包括三点:起跳状态、腾空状态、落地状态。

分解辅助训练:

①原地转身跳两周:原地半蹲起跳,向左旋转两周后落地,20 个一组,共 5 组。

②单腿下蹲起:左右脚轮换练习,中间无间隔时间,30 个一组,共

4组。

③难度动作起跳至旋转后落地(不做连接动作):每节课完成30个。

④100米冲刺:一组两次100米冲刺,共2组。

⑤2000米耐力跑:一组一次2000米耐力跑,共2组。

(1)运动员起跳状态训练

起跳状态训练先通过对运动员起跳状态的录像进行分析,使运动员对自己的起跳状态有全面的认识,再通过训练,让运动员对准备阶段的要点有更加清晰的了解。经过训练后,该运动员在做旋风脚720度接马步动作时,上步节奏感明显有了转变,最后两步的加速度明显有了很大的改善,同时纠正了自身不协调的动作,掌握上步的节奏感与起跳前的手臂带动方法。

训练方法如下:

①上步起跳上步练习:熟悉上步的节奏。

②发力点摆臂练习:原地马步接旋风脚,连续做6个一组,主要找到摆臂带动身体的感觉。

(2)运动员腾空状态训练

腾空状态训练主要解决腾空里合腿击响后的转速问题,以加强专项力量,提高腿部力量。

训练方法如下:

①跳绳:着重发展斜腹肌、股直肌、臀大肌的力量。

②两头起:发展腹肌、背肌的力量。

③100米冲刺:加强身体的爆发力,加强速度素质,加快旋转速度。

④马步旋转跳:着重发展股四头肌、臀大肌、大腿后侧肌群的力量以及马步落地的稳定性。

⑤功夫球旋转练习:半趴在功夫球上,练习跨步旋转所带动的力量、练习旋转本体的感觉。

⑥跳垫子:加强脚踝力量,加强腿部的爆发力。

⑦单脚跳:加强起跳腿的蹬地力量和高度。

## 2.提高技术训练周

本周期训练应努力发展专项竞技能力,以提高运动员旋风脚720度接马步动作旋转度数,力求达到旋风脚720度动作的度数。在训练中应注意3个方面:第一,运用重复训练法增强空中旋转的空间感。第二,达到"三快",即起跳快、空中击响快、旋转快,只有做到这"三快",才能完成难度动作的角度要求。第三,加强落地马步的辅助练习。

训练时间:2周。

训练目标:通过准备期的基础,发展自己的优势;通过辅助训练法、重复训练法、完整训练法,提高专项身体素质,达到旋风脚720度。

训练方法:完整训练法、辅助训练法、间歇训练法。

运动负荷:大。

3.强化周

本周期在之前两个阶段练习的基础上,加强720度动作度数的连接练习,并完成动作连接难度动作,即完成接马步动作。使运动员在本周期内能完整地完成旋风脚720度接马步动作。

训练时间:1周。

训练目标:强化旋风脚720度动作的稳定性并提高,通过身体素质的针对训练提高旋风脚720度动作的成功率,减少旋风脚720度动作的扣分点,保持耐力,适时调整运动量和强度,以防因训练量增大而导致过度疲劳或者受伤。

训练方法:分解训练法、完整训练法。

运动负荷:大。

运动员落地稳定性训练:练习旋转本体感觉。提高身体素质,尤其是腰腹力量和下肢力量。提高难度动作的度数稳定性,重点提高专项体能、加强旋风脚720度动作的动作稳定,减少难度动作扣分点、提高动作难度的成功率和完成质量。加强旋风脚720度动作腾空击响后加快旋转速度,加强旋转的辅助练习,加强腿部力量,通过整体练习提高旋风脚720度动作在成套中的稳定性。

跳绳:着重发展缝匠肌、股直肌、臀大肌的力量。

两头起:发展腹肌、背肌的力量。

100米冲刺:加强身体的爆发力,加强速度素质,加快旋转速度。

马步旋转跳:着重发展股四头肌、臀大肌、大腿后侧肌群的力量以及马步落地的稳定性。

4.巩固提高周

本周期主要是保持难度动作的稳定性、保证动作难度的成功率和完成质量,并在套路的练习中完美地体现出来;通过针对训练使技术动作达到自动化。

训练时间:1周。

训练目标:提高套路里旋风脚720度接马步动作的完成度和美观度,力求难度动作与套路内的其他动作完美衔接。

训练方法:重复训练法、变换法。

运动负荷:中。

### (五)案例结论

在科学分析旋风脚720度动作力学原理的基础上,针对运动员的现状和特点,制订针对性较强的训练计划,最终帮助运动员完成该动作。

## 四、武术套路的科学训练手段——以武术套路三节棍动作为例[1]

武术既有套路运动又有搏斗运动,三节棍是武术套路运动中的一种典型软器械。从目前武术研究的现状来看,以动力学为切入点的研究,其内容以竞技武术跳跃类难度动作为主,且对于三节棍动作中复杂的刚体运动几乎没有前人涉足。另外,也鲜有学者就某一拳种或某一器械的主要动作以及运用软件模拟武术器械动作进行研究。武术器械三节棍套路招数变化多端,动作紧凑连贯,有收有放,能充分展现三节棍短打的灵活性和击长放远的威力。三节棍套路中有舞花棍、摔棍、收棍、提撩棍、戳棍等棍法,同时结合跳跃、翻腰和滚翻等经典动作,气势勇猛,难度颇大。在练习三节棍套路的摔棍动作时,练习者常常因用力过猛导致棍梢反弹后打到练习者自身而受伤;在练习收棍动作时,常因发力点不准确无法将三节棍收到起势状态。练习者为了避免在比赛中因出现碰身、掉落等现象而扣分,常常在

---

[1] Xu M, Jiang Y, He X, et al. Dynamic analysis of the complex motion of three-section cudgel in Wushu sports[J]. Applied Sciences, 2021, 11(21): 1-18.

练习中去掉这两个动作,致使三节棍的套路动作逐渐失去了原有的特点。

显然,想要快速掌握三节棍套路中比较难的动作,很难通过简单的重复练习来实现。练习者需要了解棍体在这些变化的动作中的运动机理,然后根据棍体力的传递特点和三节棍的运动情况加以练习,才能更快速地掌握。为了帮助练习者更好地掌握三节棍的棍法动作,本研究首先运用动力学理论分析摔棍和收棍动作的运动和力学原理,然后通过 ABAQUS 软件模拟摔棍动作的整个过程进行分析,逐步分解和直观展现武术动作原理,进而根据实际训练的经验,总结理论分析结果和软件模拟的结果,并提出练习者能有效掌握三节棍棍法动作的技术要点,打破传统练习中单纯依靠经验摸索的练习方法,使动作练习过程更具科学性和安全性,帮助练习者事半功倍地掌握动作要领。总而言之,基于 ABAQUS 软件的武术套路三节棍棍法动作的动力学研究具有一定理论和实践价值。

**(一)武术器械三节棍的特点**[①]

三节棍是武术套路中典型的软器械。根据历史记载,三节棍的起源可追溯到宋朝的蟠龙棍。[②] 宋朝开国皇帝赵匡胤将一根刚体棍改为三个刚体组成的三节棍,使得棍的运动更加复杂,棍法更加灵活多变。[③] 三节棍本身由三节等长短棍与链端相连(见图 4-1),三节短棍为根节、中节和梢节,直径为 2cm 至 3cm,中节较细,每节长约 50cm 至 80cm,链端由三个环相连,链接长约 5cm。三节棍与其他器械相比柔中带刚、可长可短、攻守兼备、远近兼顾、变化多端,三节相连,既相互制约,又可相互助力。三节棍法灵活多样,攻击方向和方式也是多变的。三节棍动作包括舞花、摔棍、抡棍、提撩棍、扫棍等,其主要的四种基本握法为:第一种,持根节和梢节,用三节法;第二种,持根节,用中节和梢节法;第三种,持根节和中节,用梢节

---

① 赵英杰.二节棍历史流变与现代技法体系的形成[J].当代体育科技,2017,7(18):197−198.

② 李翔,刘定一.浅谈宋代武术的"十八般武艺"[J].搏击(武术科学),2014,11(12):23−25,28.

③ 郑红玲,串凯.赵匡胤及其棍术对北宋体育发展的影响[J].兰台世界,2013(30):70−71.

法;第四种,持中节,用根节、梢节法。本研究介绍的相关三节棍招式为传统器械竞赛套路中的部分招式,在该竞赛套路中,握法皆为一、二、三种,本研究介绍的摔棍和收棍动作皆为第二种握法,即持根节,用中节和梢节法。①②

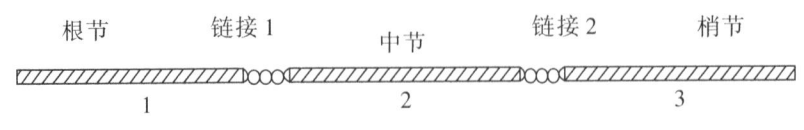

```
   根节      链接1         中节         链接2       梢节
```

图 4-1 三节棍模型

## (二)研究方法

### 1.三节棍棍法的动力学理论分析

(1)三节棍摔棍动作的动力学理论分析

①三节棍摔棍技术的力学分析

在三节棍套路中常有摔棍的动作,该动作十分迅猛,在末节落地时能够打出很大的力,但同时也易造成棍末节不同程度的反弹,十分考验练习者的力量和摔棍过程中的高度把控能力。然而在练习摔棍的过程中存在一定的技巧,如果技巧掌握不到位很容易造成棍末梢节剧烈反弹,稍有不慎就会打到自己而受伤,这样不仅无法控制住对手,对自己更是十分不利。那么摔棍的技巧究竟在哪里?本研究将从力学的碰撞理论解释三节棍末节反弹机理,从力学角度分析摔棍的技术要领。③

假设三节棍的各节均为等长的均质杆,长为 $l$,质量为 $m$,触地碰撞前瞬间角速度为 $\omega$,杆与地面成 $\theta$ 角,为简化计算,假设地面光滑(实际不存在光滑地面),如图 4-2 所示。在棍与地毯或者地板发生碰撞时,需考虑恢复因数。在此简化计算中,基于三节棍的材料一般刚度和强度均较大的考虑,假设恢复因素 $e=1$。换句话说,这意味着棍在碰撞结束时,变形可以

---

① 曹龙飞.武术器械——棍与鞭杆的文化内涵[J].武术研究,2016,1(9):46-47.
② 侯顺子.鞭杆—武术器械简介[J].天水师专学报,1985(1):69-70.
③ 王国凡,唐学峰.基于碰撞力学原理对刚体武术器械打击力的相关分析[J].安徽师范大学学报(自然科学版),2009,32(5):490-495.

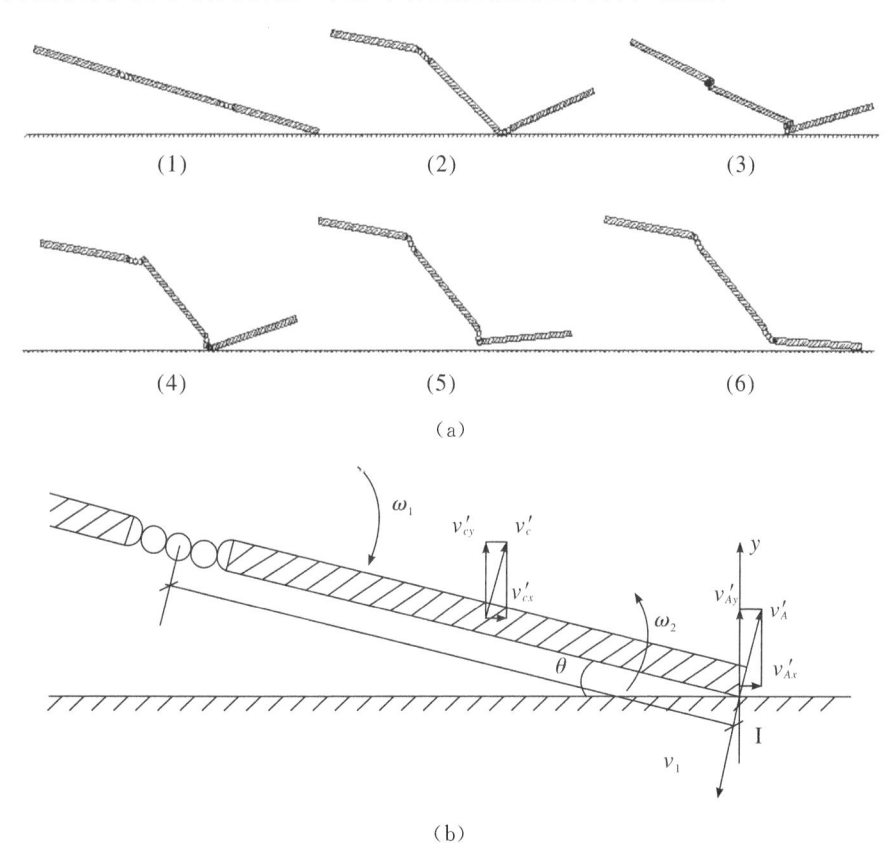

完全恢复,而不损失动能,即意味着此碰撞完全是弹性碰撞。[①]

(1) (2) (3)

(4) (5) (6)

(a)

(b)

**图 4-2 三节棍摔棍动作示意(a)及受力分析(b)**

三节棍击地反弹前梢节质心速度的水平分量为 $v_{Cx}$、$v'_{Cx}$,三节棍击地反弹前梢节质心速度的垂直分量为 $v_{Cy}$、$v'_{Cy}$,梢节在水平和垂直方向上的冲量为 $I_x$、$I_y$,棍重为 $M_C$,摔棍落地前棍的角速度为 $\omega_1$,棍回弹的角速度为 $\omega_2$,棍头穿过质心 $C$ 的转动惯量为 $J_C$。杆在碰撞过程中做平面运动,由刚体平面运动推导出碰撞方程:

$$mv'_{Cx} - mv_{Cx} = \sum I_x \tag{1}$$

$$mv'_{Cy} - mv_{Cy} = \sum I_y \tag{2}$$

---

[①] Veeraraghavan S, Hall J F, Krishnan S. Modeling the rocking and sliding of free-standing objects using rigid-body dynamics[J]. Journal of Engineering Mechanics, 2020, 146(6):1-17.

$$J_c\omega_2 - J_c\omega_1 = \sum M_C(I^{(e)}) \tag{3}$$

地面光滑,杆只受有 $y$ 方向的撞击冲量 $I$,$I_x=0$,梢节的长度为 $l$,棍棒落地时与地面的夹角为 $\theta$,有:

$$v'_{Cx} = v_{Cx} \approx \frac{5}{2}\omega_1 l\sin\theta \tag{4}$$

选质心为基点,端点 $A$ 反弹时的速度为 $v'_A$,质心 $C$ 反弹时的速度为 $v'_C$,质心 $C$ 和端点 $A$ 之间的速度差为 $v'_{AC}$,有:

$$v'_A = v'_C + v'_{AC} \tag{5}$$

沿 $y$ 轴投影,端点 $A$ 与质心 $C$ 在回弹时刻的速度垂直分量为 $v'_{Ay}$,$v'_{Cy}$,有:

$$v'_{Ay} = v'_{Cy} + \frac{1}{2}\omega_2 l\cos\theta \tag{6}$$

由恢复因数 $e$,端点 $A$ 在棍棒落地之前的速度为 $v_A$,棍落地之前端点 $A$ 在棍棒落地之前的速度为 $v_{Ay}$,

$$e = \frac{v'_{Ay}}{v_{Ay}} = \frac{v'_{Ay}}{v_2\cos\theta} = 1 \tag{7}$$

得:

$$v'_{Ay} = v_2\cos\theta \tag{8}$$

(8)式代入(6)式得:

$$v_2\cos\theta = v'_{Cy} + \frac{1}{2}\omega_2 l\cos\theta \tag{9}$$

由(2)(3)式得:

$$mv'_{Cy} + m\frac{5}{2}\omega_1 l\cos\theta = I \tag{10}$$

$$\frac{1}{12}ml^2(\omega_2 + \omega_1) = I\frac{l}{2}\cos\theta \tag{11}$$

则,

$$v'_{Cy} = \frac{(\omega_2+\omega_1)l}{6\cos\theta} - \frac{5}{2}\omega_1 l\cos\theta \tag{12}$$

代入(6)式,角速度修正系数为 $\mu$,得:

$$\omega_2 = \left\{\frac{4}{1-3(\cos\theta)^2} - 5\right\}\omega_1\mu \tag{13}$$

## 第四章 中国青少年武术发展策略研究

由式(13)可知,$\omega_2$ 只与 $\theta$ 和 $\omega_1$ 有关。而 $\omega_2$ 为碰撞后杆的回弹角速度,决定杆回弹的幅度。在摔棍过程中,回弹的第三节棍如果超过90度,练习者就有可能打到自身,所以回弹角度不能超过90度。

末节棍刚好回弹90度的弧度时的临界能量守恒方程[①]如下:

$$\frac{1}{2}m\omega_2^2\left(\frac{l}{2}\right)^2 - 0 = \frac{1}{2}mgl - 0 \tag{14}$$

此时,

$$\omega_2 = 2\sqrt{\frac{g}{l}} \tag{15}$$

所以碰撞后的回弹角速度不应超过 $2\sqrt{\frac{g}{l}}$,进而可知:

$$\left\{\frac{4}{1-3(\cos\theta)^2} - 5\right\}\omega_1\mu \leqslant 2\sqrt{\frac{g}{l}} \tag{16}$$

由上述分析可知,回弹的弧度与棍末节碰撞前棍与地面的夹角 $\theta$、碰撞前角速度 $\omega_1$ 有关。角速度 $\omega_1$ 主要与摔棍者的抡棍速度和力度有关,在抡棍时手臂带着三节棍给三节棍一个角加速度,角加速度的大小决定碰撞时角速度 $\omega_1$ 的大小,$\omega_1$ 越大,由式(13)知 $\omega_2$ 越大,从而棍回弹的弧度也越大,对练习者更不利。而棍末节碰撞前棍与地面的夹角 $\theta$ 与摔棍时手的高度 $h$ 相关,即 $h=L\sin\theta$(见图4-3),此时手高度越高,夹角 $\theta$ 越大,由式(13)知 $\omega_2$ 越小,从而棍回弹的弧度也越大。然而,手的高度似乎也不是越高越好,如果手太高,棍就会受到手对它的限制,导致打不出力量。由式(16)知只要 $\omega_2$ 小于 $2\sqrt{\frac{g}{l}}$,棍的反弹仍然处在可接受范围之内。同时,$\theta$ 作为变量也影响棍的反弹,$\theta$ 的范围在0—90度之间,由式(16)知,在 $\omega_1$ 不变的情况下,增大 $\theta$ 使得 $\omega_2$ 减小,反弹效果也会减小。

---

[①] Woolf J J R, Yoon V, Perkari K. RTICLE IN PRESS G Model Fighting and doping: Professional mixed martial artists experience and exposure to performance-enhancing substances and supplements[J]. Performance Enhancement and Health,2021,9(1):1016−1019.

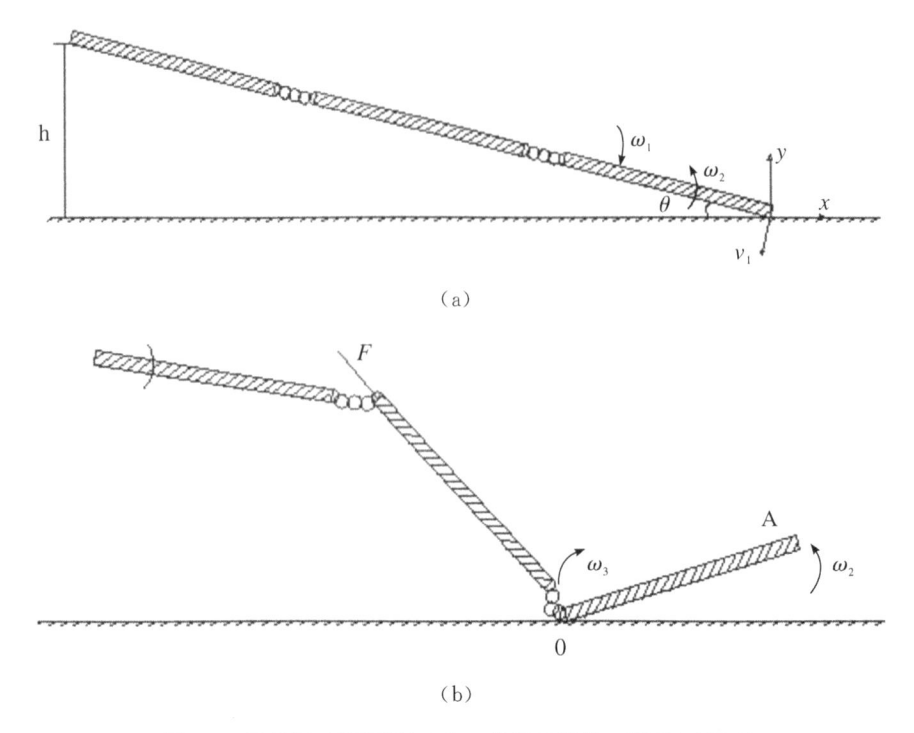

图 4-3　三节棍碰撞瞬间(a)和三节棍反弹某一瞬间(b)示意

在反弹阶段,练习者也可以通过手的灵活性控制手握的一节棍,给其一个向上的力或者逆向转动,力传递到第三节棍时在旋转中心 $O$ 处产生一个斜向上的力,使其产生反方向的力矩,即有一个反向的角加速度,加快 $\omega_2$ 的减小,阻碍末节棍的反弹。

当然,在上述的力学分析中忽略了阻力的影响,同时也忽略了铰链间与铰链和棍间的机械阻力。在现实中阻力起到一定作用,其反弹幅度也比理论计算所得幅度小一些。根据练习经验,一般 $h≈1.5l$,即第三节棍碰撞前手的高度约为 1.5 倍一节棍的长度,此时夹角 $\theta≈30°$。

②三节棍摔棍动作的碰撞冲量理论分析

在用三节棍击打地面时,撞击点通常为第三节末梢的端点。而在击打物体或人时,三节棍的撞击点有选择的余地,只有掌握击打技巧才能充分展现出三节棍的威力。对于三节棍,不同的撞击点受力情况截然不同,棍的振动情况也是不同的。

由理论力学[①]中的碰撞冲量理论获知,当外碰撞冲量作用于物体质量对称平面内的撞击中心,且垂直于轴承中心与质心的连线时,在轴承处不引起碰撞冲量。也就是说在使用各种棍棒敲打东西时,若打击的地方正好是棍棒的撞击中心,则打击时手上不会感到有冲击。如果打击的地方不是撞击中心,则手会感到强烈的冲击。对于绕一端点转动的刚体而言,假设外碰撞冲量 $I$ 作用于物体质量对称面,且作用方向垂直于旋转中心到质心的连线,刚体对于转轴的转动惯量为 $J_z$,质心到转轴的距离为 $a$,碰撞中心与转轴的距离 $l$ 可由下式计算:

$$l=\frac{J_z}{ma} \tag{17}$$

假设三节棍的第三节为均质杆,质量为 $m$,长为 $l$,其一端与第二节棍用扣环连接(见图 4-4)。

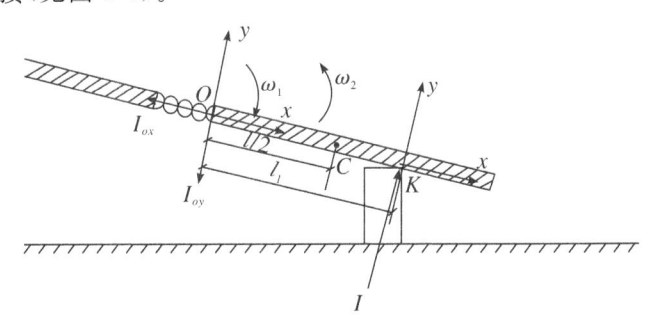

**图 4-4　三节棍末节棍打击固定物体受力分析**

第三节棍以 $\omega_1$ 的瞬时角速度撞击一固定物体,设恢复因素为 $e$。设棍碰撞开始与结束时,棍的角速度分别为 $\omega_1$ 和 $\omega_2$。撞击点与扣环连接铰间的距离为 $l_1$,则可以确定恢复因数:

$$e=\frac{l_1\omega_2}{l_1\omega_1}=\frac{\omega_2}{\omega_1} \tag{18}$$

对铰点 $O$ 的冲量矩定理为:

$$J\omega_2+J\omega_1=Il_1 \tag{19}$$

于是碰撞冲量,

$$I=\frac{J}{l_1}(\omega_2+\omega_1)=\frac{ml^2}{3l_1}(1+e)\omega_1 \tag{20}$$

---

① 邓国红,郭长文,丁军,等.理论力学[M].重庆:重庆大学出版社,2013.

根据冲量定理，棍在 $O$(平行于棍体)处的 $x$ 方向分量冲量为 $I_{ox}$，棍在 $O$(平行于棍体)处的 $y$ 方向分量冲量为 $I_{oy}$，有：

$$m\left(-\omega_2 \frac{l}{2}-\omega_1 \frac{l}{2}\right)=I_{oy}-I, I_{ox}=0 \tag{21}$$

则，

$$I_{oy}=m\frac{l}{2}(\omega_1+\omega_2)+I=(1+e)m\left(\frac{l}{3l_1}-\frac{1}{2}\right)l\omega_1 \tag{22}$$

当 $I_{oy}=0$ 时撞于撞击中心，则 $\frac{l}{3l_1}-\frac{1}{2}=0$，即 $l_1=\frac{2}{3}l$。由此可知，第三节棍的撞击点在撞击中心位置时棍的反作用力很小。因此三节棍的第三节棍的最佳击打位置为该棍长的三分之一处，在此位置时棍对手的冲击力为最小。由此推出，三节棍的撞击中心应该位于离棍梢三分之一棍长的位置。

(2)三节棍收棍动作的力学分析

三节棍套路中，收势中的单手收棍动作也是较难掌握和完成的动作。单手收棍动作是完成三连摔棍动作后的一个衔接动作，其目的是把放出去的第二、三节棍收到腰间。在完成了摔棍的大幅度动作后，慢慢将弓步变马步，随之用右手从左往右拖动三节棍右前方[见图 4-5(a)步骤(1)(2)]。然后马步变弓步，同时右手向前抢起三节棍，第三节棍离开地面[见图 4-5(a)步骤(3)(4)]，二三节棍绕着两个铰(扣环)转动[见图 4-5(a)步骤(5)(6)]，当第三节棍转至[见图 4-5(a)步骤(7)]位置时右手张开迅速抓住三根棍，收到腰间，完美完成动作。此动作看似简单，其实讲究一定的技巧，否则很容易抓不到第三节棍，甚至可能会打到练习者自身。在抢棍时讲究力度适中，三根棍时刻处于垂直于地面的同一竖直平面内。在抓棍时讲求精确，找准时机。过早松手会导致棍发生扭转，三根棍不再同一立面上，无法收棍；抓棍过晚则导致第三根棍撞击第二根棍，发生剧烈回弹，也无法完成收棍动作。

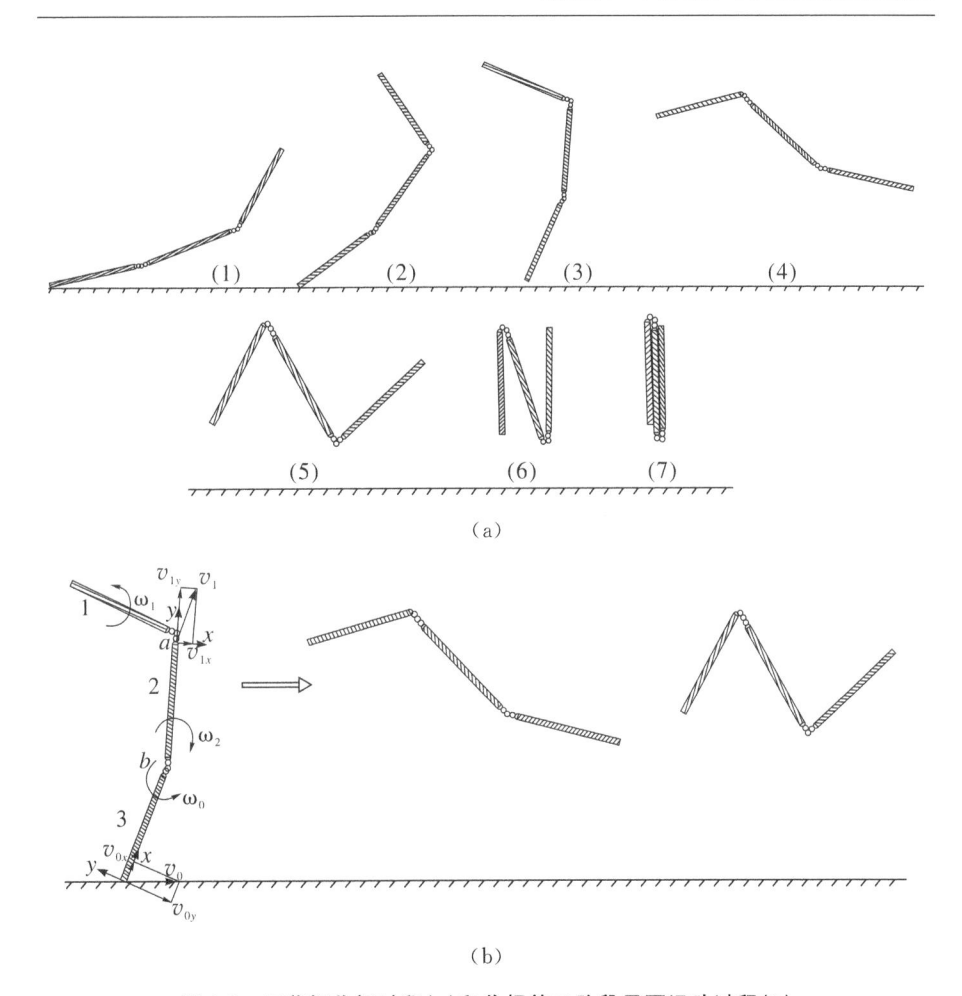

图 4-5 三节棍收棍过程(a)和收棍第二阶段平面运动过程(b)

三节棍收棍动作的机理可分为三个阶段。第一阶段：给三节棍从左往右的一个力,使得三节棍在第三节棍脱离地面时[见图 4-5(b)]在棍梢有一个水平向右的初速度 $v_0$。第二阶段:通过手向逆时针方向转动第一节棍使第三节棍棍梢离开地面,此时第一节棍初始角速度为 $\omega_1$,则第一、二节棍之间的铰 $a$ 的速度为 $v_1$。第三阶段:第一节棍转至竖直停止转动,第二、三节棍在空中做平面转动直至收棍。假设三节棍由等长的三根均质杆组成,每根长 $l$,质量为 $m$,将速度分解到相应的棍的轴向和径向,在 $v_0$ 和 $v_1$ 的垂直坐标上的分量为 $v_{0x}, v_{0y}, v_{1x}, v_{1y}$,则,

$$v_1 = \omega_1 l \tag{23}$$

$$v_0 = \sqrt{v_{0x}^2 + v_{0y}^2}, \quad v_1 = \sqrt{v_{1x}^2 + v_{1y}^2} \tag{24}$$

$$\omega_0 = \frac{v_{0y}}{l}, \omega_2 = \frac{v_{1x}}{l} \tag{25}$$

由图 4-5(b)可知，$\omega_0$ 与 $\omega_2$ 共同作用于第二、三节棍之间的铰 b，且方向相反，减小铰 2 的角速度，在三节棍运动过程中，使得第二节棍转动幅度较小。第三节棍绕铰发生逆时针向上转动，由于自身重量，角速度 $\omega_0$ 逐渐减小。第三节棍快速绕铰 b 向逆时针方向做减速转动，第二节棍在自身重力下先向逆时针方向做减速运动，后向顺时针加速转动，慢慢靠近第一节棍，直至第二、三两节棍近似同时折叠至第一节位置，完成动作。

由上述的运动分析知，收棍动作的关键在于控制第三节棍棍梢初速度 $v_0$ 和第二阶段中第一节棍的初始角速度 $\omega_1$ 的大小，使第二、三节棍同时转至与第一节棍重叠。在理想状态下，为减小反弹的力，应当使第二、三节棍同时转至与第一节重叠位置，且第三节棍的角速度刚好为 0。但是实际上这个过程很快，仅需做到在棍反弹之前抓住就足够了。初速度 $v_0$ 越大，第三节棍的转速越快，收棍速度也越快。当第三节棍转速较大时，会先于第二节棍转至竖直方向，此时应当通过第一节棍给第二节棍施加一个顺时针方向的力矩（即第一节棍向顺时针方向转动一定角度），加快第二节棍的转速，使第二、三两节棍同时转至与第一节棍重叠，从而完成收棍动作。

### 3. 三节棍棍法动作的 ABAQUS 模拟分析

摔棍动作是属于武术三节棍套路中的大位移刚体运动[1]，其运动速度快，与地面接触时间短，加载荷时间短。基于荷载本身也是动态的，在三节棍摔棍动作的分析中不能忽略动作结构的惯性，因此对三节棍的摔棍动作须采取动态分析。在对刚体运动的分析中通常使用 ABAQUS 软件模拟物体动态变化，因为 ABAQUS 软件能较真实反映在动态刚体模拟过程中物体的运动、受力情况以及一些复杂的接触问题。[2] 所以，运用 ABAQUS 软件模拟三节棍的摔棍过程中的运动轨迹，从而进一步证实采用动力学基

---

[1] Diaz E O, Diaz O, Ditzinger. 3D Motion of Rigid Bodies[M]. Cham: Springer International Publishing, 2019.

[2] Chaker A, Koubaa S, Mars J, et al. An efficient ABAQUS solid shell element implementation for low velocity impact analysis of FGM plates[J]. Engineering with Computers, 2021, 37: 2145-2157.

本原理研究三节棍棍法的受力情况是具有可行性的。

(1) ABAQUS软件的显式动态分析原理[①][②]

ABAQUS软件的动态分析主要方法有两大类：振型叠加法（modal superposition procedure）和直接解法（direct-solution dynamic analysis procedure）。[③] 其中直接解法主要用于求解非线性动态问题，而振型叠加法适用于求解线性动态问题。显然，三节棍摔棍动作为运动和受力复杂，属于非线性动态问题。对于非线性动态问题必须对系统进行直接积分，即"直接解法"，直接解法又包括隐式动态分析（implicit dynamic analysis）、基于子空间的显式动态分析（subspace-based explicit dynamic analysis）、显式动态分析（explicit dynamic analysis）、基于直接解法的稳态动态分析（direct-solution steady-state dynamic analysis）和基于子空间的稳态动态分析（subspace-based steady-state dynamic analysis），其中显式动态分析和隐式动态分析都能分析非线性动态问题。

显式动态分析[④]使用 ABAQUS/Explicit，通过显式直接积分来求解非线性动态问题；而隐式动态分析使用 ABAQUS/Standard，通过隐式直接积分来分析强非线性问题的瞬态响应。两者都能分析多种类型的问题，一般来说，对于光滑的非线性问题，ABAQUS/Standard 更适合，而 ABAQUS/Explicit 在求解复杂非线性动力学问题时比较有效，特别是用于模拟瞬时、短暂的动态事件，如爆炸和冲击问题。有些复杂的接触问题，使用 ABAQUS/Standard 要进行大量的迭代，很可能难以收敛，而使用 ABAQUS/Explicit 时在节省计算时间方面则显示出明显优势。总体来说，ABAQUS/Explicit 分析复杂接触问题的能力优于 ABAQUS/Standard。所以，结合较复杂的三节棍摔棍过程中棍的运动状态，采用

---

① 朱跃峰.基于ABAQUS的显式动力学分析方法研究[J].机械设计与制造,2015(3):107-109,113.
② 罗武.有限元显式动力学方法在机械接触中的应用[J].现代农业装备,2006(1):59-63.
③ 陈华霆,谭平.非经典阻尼分布参数系统复振型叠加方法[J].振动工程学报,2021,34(1):48-59.
④ 付朝江,王天奇,林悦荣.基于有效并行求解策略的显式有限元分析并行算法[J].计算机应用,2018,38(4):1072-1077,1083.

ABAQUS/Explicit 更为适宜。

（2）ABAQUS 软件的有限元显式动态分析方法①

ABAQUS/Explicit 应用中心差分方法对运动方程进行显式的时间积分，通过一个增量步的动力学条件计算下一个增量步。在增量步开始时，程序求解运动学平衡方程，表示为节点质量 $M$ 乘以加速度 $\ddot{u}$ 等于合力 $(P-I)$（外力为 $P$，内力为 $I$）。

$$M\ddot{u} = P - I \tag{26}$$

在当前增量步开始时（时间为 $t$），加速度为：

$$\ddot{u}|_{(t)} = (M)^{-1} \times (P-I)|_{(t)} \tag{27}$$

对加速度在时间上采用中心差分方法②，在计算速度的变化时假定加速度为常数，$\Delta t$ 为时间增量，应用这个速度变化值加上前一个增量步中点的速度来确定当前增量步中点的速度：

$$\dot{u}|_{(t+\frac{\Delta t}{2})} = \dot{u}|_{(t-\frac{\Delta t}{2})} + \frac{\Delta t|_{(t+\Delta t)} + \Delta t|_{(t)}}{2} \ddot{u}| \tag{28}$$

速度对时间的积分加上在增量步开始时位移以得到增量步结束时位移。

如此，在增量步开始时提供了满足动力学平衡条件的加速度，随着增量步，在时间上"显式"地前推速度和位移。可见，增量步结束时的速度和位移仅依赖于开始时的加速度（$\ddot{u}$）、速度（$\dot{u}$）和位移（$u$）。为了得到精确的结果，时间增量应尽量小。

显式动力学的方法总结如下：

①节点计算

a.动力学平衡方程。

b.时间显式积分。

$$u|_{(t+\Delta t)} = u|_{(t)} + \Delta t|_{(t+\Delta t)} \times \dot{u}|_{(t+\frac{\Delta t}{2})} \tag{29}$$

$$M\ddot{u} = P - I \tag{30}$$

---

① 马志强,楼云锋,李俊杰,金先龙.基于多重节点的结构动力学显式异步长并行计算方法[J].上海交通大学学报,2019,53(9):1100-1106.

② 马志强,楼云锋,李俊杰,金先龙.基于多重节点的结构动力学显式异步长并行计算方法[J].上海交通大学学报,2019,53(9):1100-1106.

$$\ddot{u}|_{(t)} = (M)^{-1} \times (P-I)|_{(t)} \tag{31}$$

$$\dot{u}|_{(t+\frac{\Delta t}{2})} = \dot{u}|_{(t-\frac{\Delta t}{2})} + \frac{\Delta t|_{(t+\Delta t)} + \Delta t|_{(t)}}{2}\ddot{u}|_{(t)} \tag{32}$$

$$u|_{(t+\Delta t)} = u|_{(t)} + \Delta t|_{(t+\Delta t)} \times \dot{u}|_{(t+\frac{\Delta t}{2})} \tag{33}$$

②单元计算

a.根据应变速率 $\dot{\varepsilon}$,计算单元应变增量 $d\varepsilon$。

b.根据本构关系计算应力 $\sigma$。

$$\sigma|_{(t+\Delta t)} = f(\sigma|_{(t)}, d\varepsilon) \tag{34}$$

c.集成节点内力 $I|_{(t+\Delta t)}$。

设置时间为 $t+\Delta t$,重复步骤 a。

(3)运用 ABAQUS 软件模拟三节棍摔棍动作分析

本研究借助(ABAQUS 软件)有限元软件模拟三节棍摔棍过程。器械本身由三节等长短棍与链端相连,三节短棍为根节、中节和梢节,直径为 2cm 至 3cm,中节较细,每节长约 50cm 至 80cm,链端由三个环相连,链接长约 5cm。为方便计算,在模型中,三节棍每节长 55cm,直径 2cm,链接长 10cm,三节棍模型总长 1850cm。

虽然在使用三节棍的过程中,环境可能不同,但总体质地的差异对于三节棍的影响可忽略不计,假设地面为固定的刚体。为减少计算机计算成本,给三节各部分设置相同的材料属性。[①] 材料参数见表 4-12。

表 4-12　模型材料参数

| 结构 | 弹性模/Gpa | 泊松比 | 密度/(g·cm$^{-3}$) | 摩擦系数(切线方向) |
|---|---|---|---|---|
| 三节棍(整体) | 2.1 | 0.3 | 7.85 | 0.1 |
| 地面 | 2.1 | 0.3 | 7.85 | 0.1 |

在三节棍和地面的接触考虑上,切线方向为摩擦接触,摩擦系数为 0.1,在法线方向为硬接触。在摔棍过程中主要考虑两个因素,分别是摔棍时手的高度 $H$ 和棍的初始角速度 $w$。运用 ABAQUS 软件模拟三节棍摔棍动作,通过模拟改变摔棍的角速度和摔棍时持棍手的高度,计算不同角速度和摔棍时持棍手的高度时摔棍后棍的回弹高度。

---

① 张涛然,晁晓洁,郭丽红,等.材料力学[M].重庆:重庆大学出版社,2018.

## (三)结果分析

1.分析摔棍时持棍手与地面的高度对摔棍效果的影响

假设在摔棍时,当棍的端节到达水平位置时,棍整体的角速度 $w=60\text{rad/s}$,此时手的高度为 $H$,通过改变手的高度 $H$,观察手的高度对摔棍后棍的反弹效果的影响。摔棍时手的高度分别取 $H=500\text{mm}$,$600\text{mm}$,$700\text{mm}$,$800\text{mm}$,$900\text{mm}$ 和 $1000\text{mm}$。手的高度与对应的棍梢节顶点反弹高度见表 4-13。

表 4-13 手的高度与对应的棍梢节顶点反弹高度

| 摔棍时手的高度 $H/\text{mm}$ | 500 | 600 | 700 | 800 | 900 | 1000 |
|---|---|---|---|---|---|---|
| 反弹高度 $h/\text{mm}$ | 135.324 | 236.867 | 45.104 | 82.451 | 174.404 | 106.519 |

通过 ABAQUS 软件数据得出三节棍末端的反弹高度 $h$ 与摔棍时持棍手与地面的高度之间的关系曲线(见图 4-6),可知当摔棍时持棍手与地面的高度 $H$ 在 70cm 至 80cm 时,摔棍过程中棍梢上的端点最大反弹高度最小。当持棍手与地面的高度大于 100cm 或小于 55cm 时,反弹高度也会降低,但是此时产生的水平位移很大,将会导致摔棍的效果不佳。所以在

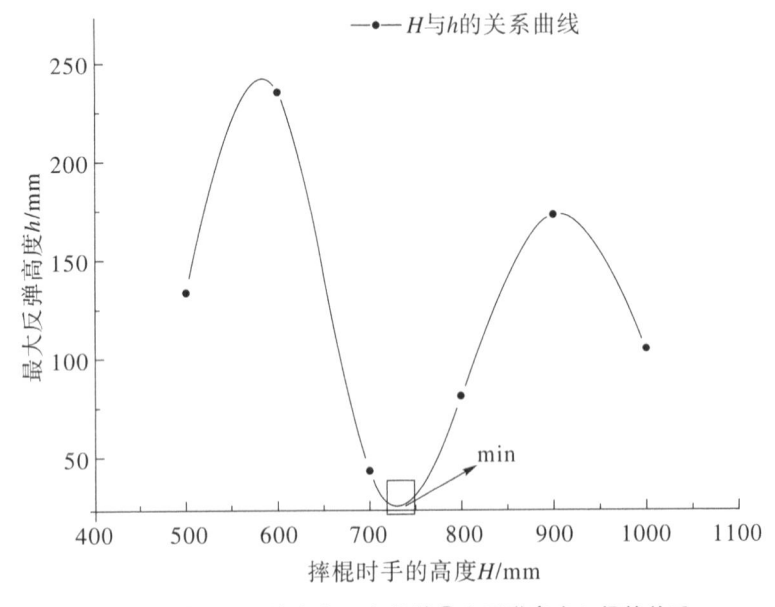

图 4-6 摔棍时手的高度 $H$ 与棍梢最大反弹高度 $h$ 间的关系

完成摔棍动作的过程中,持棍手离地面的高度在 70cm—80cm 时为效果最佳。

2.分析三节棍初始角速度对摔棍效果的影响

假设在摔棍时,手的高度为 $H$,通过改变手的高度 $H=800\text{mm}$,观察三节棍的初始角速度对摔棍后棍的反弹效果的影响。摔棍时三节棍的初始角速度分别取 $w=60\text{rad/s},70\text{rad/s},80\text{rad/s},90\text{rad/s},100\text{rad/s}$,$110\text{rad/s}$ 和 $120\text{rad/s}$。运用 ABAQUS 软件的模拟结果见图 4-7。

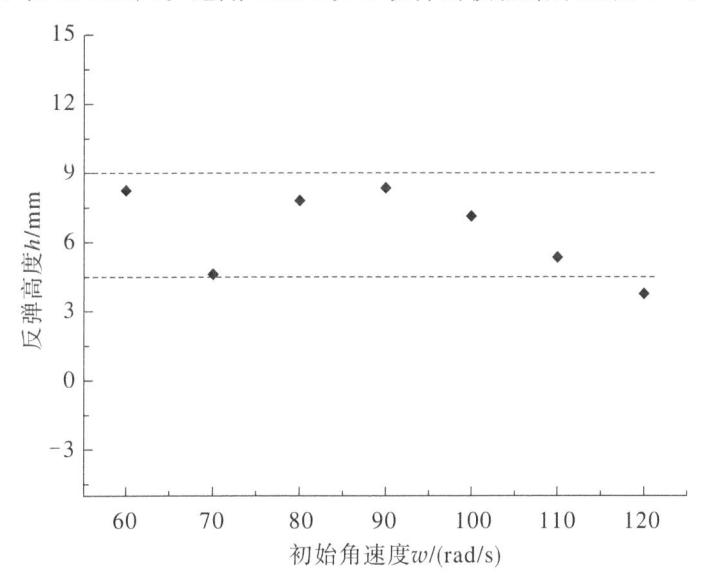

图 4-7 三节棍不同初始角速度 $w$ 下的反弹高度 $h$ 散点

由图 4-7 可知,在不同初始角速度下,棍的最大反弹高度相近,均在 4.5cm—9cm 之间,即三节棍的初始角速度对三节棍摔棍过程中棍的反弹影响不大。于此,分析初始角速度对摔棍后 8s 时棍顶端的水平最大位移的影响(见图 4-8)。

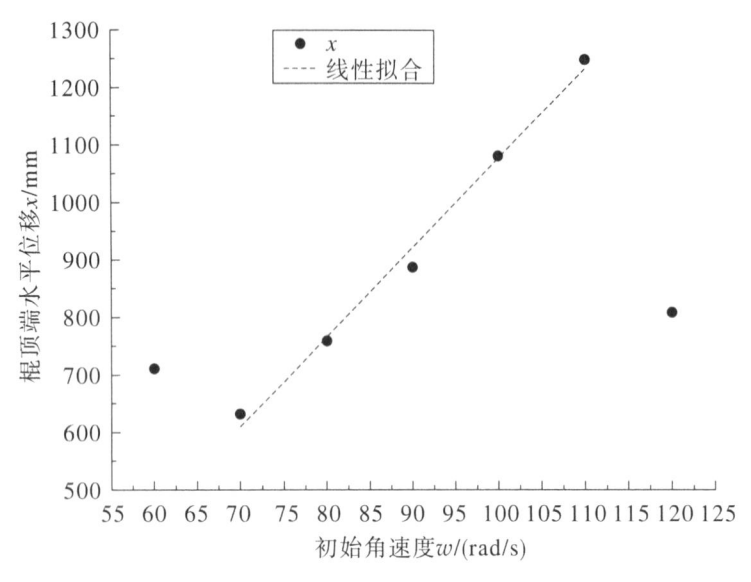

图 4-8　不同初始角速度下棍顶端水平位移散点

由图 4-8 可知,三节棍的初始角速度对摔棍后 8s 时的棍顶端最大水平位移的影响大,排除异常值,可见棍顶端最大水平位移随初始角速度的增长呈近似线性增长。

## (四)结论

本研究从理论力学角度分析摔棍回弹过程和棍击打物体时的受力,在分析过程中,为简化计算忽略了空气阻力、摩擦阻力和机械作用对三节棍的影响。对于摔棍动作,摔棍时持棍手与地面的高度控制在 1.5 倍中节棍长的高度左右时棍的反弹高度最小;对于棍击打物体时,当棍与物体的撞击点位于撞击中心时,棍的振动和反弹最小,对手的冲击也最小。

从力学角度分析三节棍的收棍动作得出,三节棍的收棍动作的关键在于控制第三节棍棍梢初速度 $v_0$ 和第二阶段中第一节棍的初始角速度 $\omega_1$ 的大小,使第二、三节棍同时转至与第一节棍重叠。初速度 $v_0$ 越大,第三节棍的转速越快,收棍速度也越快。

运用 ABAQUS 软件对武术三节棍套路中的摔棍动作进行模拟。首先,通过软件模拟分析计算右手持握三节棍第一节棍的不同高度时的三节棍位移云图,发现在摔棍过程中右手持棍的高度与三节棍转到水平时的初始角速度对摔棍的效果影响较大。其中,手的高度对摔棍反弹高度的影响很大,对于本研究中规格的三节棍,手的最佳高度是70cm—80cm,此时棍的反弹高度最低,能较好地控制在摔棍后的动作链接。其次,三节棍转到水平时的初始角速度对棍的反弹高度无明显影响,但对棍的水平位移有一定影响,且随着角速度的增大,摔棍后棍产生的水平位移也增大。但相对于反弹的影响,在控制摔棍过程中,水平位移易于控制,其影响可以忽略不计。所以影响摔棍效果的主要因素是手的高度。最后,在软件模拟过程中,很容易看出三节棍落地时并不总是棍的梢节端点先触地,有时是梢节整体同时落地,有时是梢节的底部与铰链连接处先触地,其中梢节整体同时落地时反弹最小。ABAQUS软件模拟得出的右手持握三节棍第一节棍的高度与理论力学角度分析中的1.5倍一节棍长的高度相近,因此本研究的结果具有可信性和可操作性。

## (五)讨论

从目前武术动作研究的现状来看,大多基于某一定式动作进行受力分析和研究,而基于动力学原理对连贯性动作的全过程分析领域仍有研究空间。另外,就某一拳种或某一器械的主要动作进行研究以及运用软件模拟武术器械动作的研究鲜少涉及,目前基于动力学和软件模拟对武术套路三节棍棍法动作的研究几乎是空白。[1] 同时,研究三节棍中较难掌握的动作,寻找三节棍棍法的运动规律对练习者有一定帮助。本研究运用科学的方法研究三节棍摔棍、收棍的运动过程,对三节棍套路中较难掌握的摔棍法动作的动力学分析及ABAQUS软件模拟证实,从而总结出对摔棍动作训练时需要注意的要点:摔棍时手的高度应控制在1.5倍一节棍长的高度左右;如若反弹厉害,在其反弹时在手握第一节棍上附加一个向上回拉的力可减小第三节棍回弹的弧度,使棍快速稳定下来;对于棍击打物体时,应尽量打在棍的撞击中心,一般为棍梢向下三分之一棍长处,减少对手的冲击。

对于收棍动作,由于篇幅限制只做了动力学理论的分析,但从摔棍动

---

[1] Bao X, Dong J, Zheng J. A psychobiographical study of Temujin's(Genghis Khan) personality[J]. Journal of Psychology in Africa,2021,31(2):177—183.

作的 ABAQUS 软件模拟结果来看,收棍动作采用的力学分析也具有一定的实践意义。基于力学理论分析的结果,三节棍收棍动作的训练要点:首先,整个收棍过程应当保持三节棍处于垂直于地面的同一竖直面内;其次,当速度较快时,应当通过第一节棍给第二节棍施加一个顺时针方向的力矩;最后,抓棍时应当掌握时机,一张一合,迅速准确。对于初级练习者,建议先用双手收棍。

然而,在研究分析过程中,在理想状态下分析三节棍的运动本身有一定的误差,研究的精确度远远不够。对于三节棍的三根短棍间的相互作用和外部环境对于三节棍运动的影响分析仍然存在很多的进步空间,此外三节棍棍法中其他动作的完成也有待研究。

# 第五章 结 论

首先,通过对历史的梳理,我们可以清晰地发现武术从古至今是学校教育的一部分,是青少年德育教育的重点。随着西方体育的大量涌进,武术的发展受到了较大的影响。为了重新让世人认识武术,让武术更好地走进学校,国家体育总局、教育部联合推出了武术健身操和段位制套路,但从段位制推行近20年以及武术健身操推行近15年的调查结果来看,效果并不尽如人意。

其次,本研究所调查的对象为全国16个省份参与武术练习的3006名青少年(山东、江苏、安徽、浙江、福建、上海、广东、广西、湖北、河南、北京、山西、云南、重庆、宁夏、长春)。经过一个多月的问卷调查和统计分析,在对3006名学生的武术内容、武术功能、武术竞赛、武术教学、武术推广等方面的认知进行调查后,得出以下结果。

青少年习武的动机呈现多样化的特点,但促使青少年继续习武的原因主要集中在强身健体、防身自卫和学习中国文化方面。在不同年龄段的青少年的习武动机中,青少年年龄越大,对"获得比赛成绩、娱乐玩耍和出人头地"的需求就越大;在不同的机构中,青少年对成绩获得的欲望也不同,依次表现为体育运动学校、武术学校、青少年宫、普通中小学。

多媒体和学校体育课是青少年获取武术认知的主要途径,多媒体和学校传播的武术知识将直接影响青少年对武术认知的质量。因此,把控武术知识传播的质量,提高传播者的修养,以加强武术文化的传播。

目前绝大多数青少年习武者对武术内容的认知较为清晰,并且对武术练习具有好感,但遗憾的是无论是不同机构、不同年龄段还是不同的习武年限,都有不少青少年将域外体育如跆拳道和拳击归类于武术项目之中。数据表明:体育运动学校的青少年将域外体育归类于武术中的占比最小,武术学校和青少年宫的占比接近,而普通中小学的占比最大。另外,18岁以上的青少年把域外体育归属到武术之中的占比也最大。

武术功能随形式的多样化而逐渐增多,满足了现代人对武术不同的需求。在调查中发现,青少年对武术健身功能的认可度最高,其次是防身自卫和弘扬民族精神,突出了青少年对健康的需求,反映了当代青少年对武术的价值取向。但随着年龄的增长,青少年对健康的需求越来越低,对武术竞赛成绩的需求逐渐强烈。

青少年对武术的理解一直存在一定的歧义。从对武术内涵解读的调查来看,青少年对武术内涵的认知程度还是比较高的。结果表明:青少年更多地认为武术是一项体育运动、一种文化和一门艺术。随着年龄增长,青少年对武术是一种文化的认同感就越强烈,而且把武术抱拳礼当作武术的一种象征的观点也在逐渐增加。

青少年对武术健身操、段位制以及竞赛的发展趋势的整体性认知有所欠缺。在不同的机构中,体育运动学校对武术的认知情况最佳,武术学校次之,普通中小学的认知最为薄弱。另外发现,随着年龄的增长,青少年对武术健身操单方面的认知越来越深入,而且16—18岁阶段的青少年对武术的认知较为全面;习武时间长的青少年比习武时间短的青少年对武术基本知识的认知要准确,尤其是对武术竞赛常识方面。

影响青少年进行武术练习最主要的因素是没有好的老师、老师教得不好、老师不关注我和比赛成绩不理想。因此,提高武术教师的业务水平是教授青少年武术技术的重要前提。

再次,在武术教师方面,通过对全国16个省份,近50所从事武术训练、教学的普通中小学、青少年宫、武术学校和体育运动学校的373名武术教师进行武术内容、武术功能、武术竞赛、武术教学、武术段位制等方面的问卷调查,得出以下结果。

根据普通中小学、青少年宫、武术学校和体育运动学校的武术教师的基本信息,武术教师主要是体育教育专业毕业,其中武术学校教师以大专毕业居多,其他机构的武术教师以本科毕业居多;在教师自身运动经历方面,中小学、青少年宫、武术学校的武术教师大部分曾经是专业训练过的二级运动员,而体育运动学校的武术教师以一级以上运动员居多,且有5.0%曾在国家队训练,有53.7%曾在省专业队训练,还有33.1%曾在体育运动学校训练。

由于绝大多数武术教师是大专院校毕业,因此对武术内容、功能、属性、抱拳礼含义等基础认知都表现出较高的认知度。

在对武术动作了解程度方面,大多数武术教师认为自身对武术动作的内涵是清楚的。武术动作教学方面,青少年宫的武术教师认为武术教学较容易,但是体育运动学校和普通中小学的武术教师均认为武术训练较困难;体育运动学校的武术教师认为武术动作训练是枯燥的,其他武术教师认为武术教学是有趣的;青少年宫的武术教师认为武术教学是较危险的,其他武术教师认为武术教学不危险。在动作美观方面,武术教师均认为武术动作比较美观。

武术健身操和段位制是近儿年国家体育总局武术管理中心重点打造和推广的内容。但从调查的结果来看,两项内容的调查结果非常不同。对于武术健身操,武术教师的认知度非常低,武术教师普遍认为武术健身操只有2套,认为武术健身操有4套的老师不足35.0%。武术教师对段位制的认知明显要高于对武术健身操的认知,其中普通中小学武术教师对段位制认知度相对较低,有14.8%的武术教师不知道段位制,只有58.0%的武术教师知道武术的最高段位是9段。

在武术内容教学方面,普通中小学、青少年宫、武术学校、体育运动学校教师对于初学者教学内容的选择较为一致,都是从基本功、抱拳礼开始,且在教学中都比较注重强调武术的精、气、神。在后续的武术教学中4个机构有较大的不同,中小学以武术健身操为主,青少年宫和武术学校以传统套路为主,体育运动学校以自选套路练习为主。

普通中小学、青少年宫、武术学校、体育运动学校的武术教学和训练基本要收取200元以上、1000元以下的费用。通过专家访谈和问卷调查得出,学生一般在两种情况下自动放弃,不继续参加练习武术。一类是失去兴趣,习武年限在练习1年左右,或是在练习5年以上;另一类是初中阶段由于学业紧张而放弃武术练习。

在武术教师进修方面,普通中小学、青少年宫、体育运动学校的武术教师近三年进修次数在1—2次,虽然进修对教师业务的提高有很人的帮助,但是由于武术学校多数是民办私立学校,因此武术学校教师很少有人能参加进修。

在场馆、器材、设备方面,由于武术是非奥项目,因此在大多数地方的体育局和教育局都是将武术作为一般项目进行发展,对于器材、场地、设备的投入也只能基本满足教学和训练的需要。

在武术竞赛认知方面,普通中小学、青少年宫、武术学校、体育运动学校的武术教师的认知具有一致性。所调查的大部分武术教师认为自身对规则是很清楚的。在对青少年最高级别武术竞赛的调查中发现,认为世界青少年锦标赛是青少年最高级别武术竞赛的居多,其次各机构都有近15.0%的教师认为青少年最高级别武术竞赛是全国青少年武术锦标赛。

最后,通过查阅文献资料、咨询专家以及较深入的研究,本研究选取了43个指标对影响中国青少年武术运动发展情况进行分析,最后得出:影响中国青少年武术运动发展的因素由学校领导的重视程度、体育课的课时数、教学大纲武术的安排、教师的考核制度、学生体育课的考核制度、升学的优惠政策、武术特长生政策、上级单位对学校的考核、区级武术比赛的组织、市级武术比赛的组织、教师对学生的重视程度、武术教学内容的选择、武术教学方法的选择、武术动作标准化程度、教师对武术内容的选择、教师对武术教学手段的选择、教师的指导水平、家长的支持程度、运动员对武术内容的认识、运动员对武术文化的认识、运动员对武术技击功能的认识、运动员的参赛机会、运动员参加比赛的成绩、运动员学习武术的动机、运动员的损伤、武术训练内容的选择、武术训练方法的选择、武术动作的标准化程度、武术教师对武术内容的认识、武术教师对武术文化的认识、武术教师对武术技击功能的认识、武术教师对武德教育的认识、武术教师的武术指导水平、武术教师对学生的重视程度、运动员的学训矛盾、运动员输送的情况、运动员的招生情况等构成。

# 参考文献

## 中文文献

[1] 艾斐.文化的责任[N].人民日报,2004-08-31.

[2] 柴士兴.弘扬中华武术传统文化,加强青少年道德品质修养[J].搏击·武术科学,2005,2(11):20-22.

[3] 曹龙飞.武术器械——棍与鞭杆的文化内涵[J].武术研究,2016,1(9):46-47.

[4] 曹守和,赵玉梅,韩志芳.中华人民共和国奥林匹克运动发展研究[J].体育科学,2004(6):7-9,24.

[5] 陈志洪.分享运动理念下的学校体育教育的发展[J].教育信息,2013(5):5-7.

[6] 陈华霆,谭平.非经典阻尼分布参数系统复振型叠加方法[J].振动工程学报,2021,34(1):48-59.

[7] 陈诗强.武术的现代价值[J].体育科技,2002,23(1):5-8.

[8] 程大力.论武术文化的内涵与外延[J].搏击·武术科学,2011(8):1-3.

[9] 程楠.河南省中小学武术健身操推广状况调查研究[D].郑州:河南大学,2012.

[10] 邓国红,郭长文,丁军,等.理论力学[M].重庆.重庆大学出版社,2013.

[11] 邓树勋,王健,乔德才.运动生理学[M].北京:高等教育出版社,2009.

[12] 邓红杰,付媛杰.高小军:武术段位制最早2014年进校园[EB/OL].(2013-09-02)[2023-09-03].https://www.sport.gov.cn/

n20001280/n20067662/n20067613/c23102955/content.html.

[13] 董泽芳.高校人才培养模式的概念界定与要素解析[J].大学教育科学,2012(3):30-36

[14] 董植寿,段秀兰,蒲李周,等.武术馆校的发展现状与对策研究[J].首都体育学院学报,2007,19(5):71-72,76.

[15] 段美玲.制约武术馆校发展因素的研究——以登封市武术馆校为例[J].搏击·武术科学,2010,7(12):46-48.

[16] 范运祥,荆光辉.体育运动负荷控制与测评[M].长沙:湖南师范大学出版社,2003.

[17] 付朝江,王天奇,林悦荣.基于有效并行求解策略的显式有限元分析并行算法[J].计算机应用,2018,38(4):1072-1077,1083.

[18] 高松山,云林森.我国民办武术馆校发展的社会价值审视[J].天津体育学院学报,2010,25(1):19-21.

[19] 工金灿,封飞虎,贝恩勃,等.运动选材原理与方法[M].北京:人民体育出版社,2005.

[20]《关于武术教育改革和发展的研究》课题组.改革学校武术教育弘扬中华民族精神[J].中华武术,2005(7):2.

[21] 国家体育总局武术研究院,组编.趣味武术:段前级教程[M].北京:高等教育出版社,2010.

[22] 郭守靖.文化学视野下孔子的武术精神[J].北京体育大学学报,2009,32(4):27-30.

[23] 郭兴伟,张学生.试论武术教育在培育和弘扬民族精神中的作用[J].搏击·武术科学.2006,3(7):27-30.

[24] 郭玉成,郭玉亭.当代武术教育的文化定位[J].武汉体育学院学报,2009,43(6):69-71.

[25] 韩石磊,洪嘉振.柔性多体碰撞问题的多变量方法[J].力学学报,2011,43(5):886-893.

[26] 洪浩.竞技武术发展理论之研究[J].体育科学,2005,25(8):88-95.

[27] 侯顺子.鞭杆——武术器械简介[J].天水师专学报,1985(1):

69—70.

[28] 花蕊.江苏省民办武术学校现状及可持续发展研究[J].吉林体育学院学报,2011,27(6):155—157.

[29] 黄莉.中华体育精神的文化内涵与思想来源[J].中国体育科技,2007,43(5):3—17.

[30] 季浏,殷恒婵,颜军.体育心理学[M].北京:高等教育出版社,2010.

[31] 季建成.高校,推进武术段位制的重要平台[N].中国体育报(天下武术),2013—10—10.

[32] 蒋亚明.段位制三年建设成果显著[N].中国体育报(天下武术),2013—12—19.

[33] 教育部,国家体育总局,共青团中央.教体艺〔2006〕6号文件(关于开展全国亿万学生阳光体育运动的通知)[R].北京:教育部办公厅,2006.

[34] 教育部,国家体育总局.教体艺厅〔2010〕8号文件(关于推广实施《全国中小学生系列武术健身操》的通知)[R].北京:教育部办公厅,2010.

[35] 克鲁克洪,等.文化与个人[M].高佳,等译.杭州:浙江人民出版社,1986.

[36] 旷文楠,等.中国武术文化概论[M].成都:四川教育出版社,1990.

[37] 孔仙,姜明.现代训练计划的理念及其训练计划的制定[J].体育博览,2011(8):164.

[38] 黎桂华.我国青少年武术教育现状的调查研究[J].武汉体育学院学报,2009,43(9):65—68.

[39] 李凤成.武术类民间组织管理的现状、问题与对策研究[J].吉林体育学院学报,2010,26(2):136—138.

[40] 李昆明,王缅.大国策:通向大国之路的中国文化发展战略[M].北京:人民日报出版社,2009.

[41] 李翔,刘定一.浅谈宋代武术的"十八般武艺"[J].搏击(武术科

学),2014,11(12):23-25,28.

[42] 林小美.武术启蒙训练年龄与儿童心理、生理发展关系的探讨[J],北京体育大学学报,2001,24(1):33-35.

[43] 林小美.武术基础训练与儿童生理、心理发展之研究[J],北京体育大学学报,2003,26(6):851-853.

[44] 林小美.竞技武术套路运动[M].杭州:浙江大学出版社,2005.

[45] 林小美.儿童武术训练基础[M].杭州:浙江大学出版社,2008.

[46] 刘洪.基于新课标下阳光体育运动课程化研究[D].成都:四川师范大学,2010.

[47] 刘景堂.论中国武术文化在高校体育中的作用[J].中国成人教育,2005(8):57-58.

[48] 刘同为,崔永胜,丁丽萍,等.对我国优秀武术套路运动员赛前不同训练负荷的生化监测[J].上海体育学院学报,2002(2):66-70.

[49] 罗武.有限元显式动力学方法在机械接触中的应用[J].现代农业装备,2006(1):59-63.

[50] 吕旭涛.社会化视野下青少年传承武术文化的路径寻绎[J].沈阳体育学院学报,2011,30(4):136-137,140.

[51] 马明.中国武术哲理分析[J].体育文化导刊,2008(9):75-77.

[52] 马文国.心系武术情系教育——上海体院武术博导与上海闸北中学校长的对话[J].中华武术,2005(10):18-20.

[53] 马学智,中国民办武术学校可持续发展研究[D].北京:北京体育大学,2010.

[54] 马宇峰.武术馆校发展的现状、问题及对策[J].体育文化导刊,2005(12):14-16.

[55] 马志强,楼云锋,李俊杰,等.基于多重节点的结构动力学显式异步长并行计算方法[J].上海交通大学学报,2019,53(9):1100-1106.

[56] 邱丕相,王国志.当代武术教育改革的几点思考[J].体育学刊,2006(2):76-78.

[57] 全国体育院校教材编辑委员会.体育概论[M].北京:人民体育出版社,1989.

[58] 全国体育院校教材委员会.武术理论基础[M].北京:人民体育出版社,1997.

[59] 全国体育学院教材委员会.运动心理学[M].北京:人民体育出版社,2000.

[60] 全国体育院校教材委员会.运动训练学[M].北京:人民体育出版社,2000.

[61] 乔晓光.活态文化[M].太原:山西人民出版社,2004.

[62] 石华毕,翟少红.学校武术的教育性与开展形式的反思[J].西安体育学院学报,2010,27(3):366-370.

[63] 宋伟.北京市竞技武术套路后备人才现状调查与培养模式的研究[D].北京:北京体育大学,2011.

[64] 隋艳全.山东省武校竞技武术套路后备人才培养现状及对策研究[D].曲阜:曲阜师范大学,2011.

[65] 仝茂花.新形势下普通中小学开展武术竞赛的瓶颈与发展对策[J].搏击·武术科学,2009(10):36-37.

[66] 唐炎,朱维娜.体育人才学[M].重庆:西南师范大学出版社,2006.

[67] 体育院校教材编审委员会武术编选小组.武术[M].北京:人民体育出版社,1961.

[68] 体育院系教材编审委员会.武术[M].北京:人民体育出版社,1978.

[69] 田林,王存良.竞技武术后备人才培养模式的探究[J].考试周刊,2007(22):3.

[70] 田麦久.论运动训练计划[M].北京:北京体育大学出版社,1999.

[71] 王冬慧.阳光体育背景下中小学武术健身操开展现状的调查与分析——以深圳市为例[D].西安:陕西师范大学,2012.

[72] 王岗.中国武术:一种追求教化的文化[J].体育文化导刊,2007(3):29-31.

[73] 王岗,郭海洲.传统武术文化在武术现代化中的价值取向[J].广

[74] 王国凡,唐学峰.基于碰撞力学原理对刚体武术器械打击力的相关分析[J].安徽师范大学学报(自然科学版),2009,32(5):490—495.

[75] 王龙飞.社会文化学视野下武术在登封的存在与发展研究[D].上海:上海体育学院,2010.

[76] 王军.关于中国武术文化形态及演变的研究[J].北京体育大学学报,2006,29(9):1174—1176

[77] 伍勰.运动生物力学[M].北京:高等教育出版社,2020.

[78] 王向荣.将武术纳入校园阳光体育[N].中国体育报(天下武术),2011—02—24.

[79] 王英杰.山西省高校体育教育专业学生武术认知程度研究[D].太原:山西师范大学,2013.

[80] 王忠山.武术套路运动员体能技能的年龄特征研究[D].北京:北京体育大学,2011.

[81] 吴永杰."尚武精神"的内涵及其在学校武术教育中的价值和传承研究[D].新乡:河南师范大学,2012.

[82] 肖红征.武术套路运动员身体训练控制方法的研究[J].武汉体育学院学报,2005(5):85—87.

[83] 谢明川.影响竞技武术运动发展的因素分析[J].解放军体育学院学报,2002(2):59—61.

[84] 谢明川,孙林.对竞技武术运动发展现状和对策的研究[J].河北体育学院学报,2005(2):85—86.

[85] 徐本力.早期训练科学化的提出及系统化训练理论——对早期训练科学化中几个理论问题的再认识(之一)[J].山东体育学院学报,2001(2):1—6.

[86] 徐春毅,卫志强.影响我国竞技武术可持续发展的主要因素[J].上海体育学院学报,2001(3):72—75.

[87] 习近平.在庆祝中国共产主义青年团成立100周年大会上的讲话[EB/OL].(2005-05-10)[2023-07-21].https://www.gov.cn/xinwen/2022-05/10/content_5689538.htm.

[88]许之屏.运动与儿童心理发展[M].长沙:湖南师范大学出版社,2005.

[89]薛亮.对山东省中小学学生课余武术训练的研究[D].济南:山东师范大学,2007.

[90]薛欣,朱瑞琪.我国竞技武术的区域性差异特征及致因分析[J].北京体育大学学报,2006(6):846-848.

[91]杨冰,王春来.经济文化全球化背景下中国武术国际传播策略研究[R].上海:国家体育总局武术研究院,中国体育科学学会武术分会,2010.

[92]杨建营,邱丕相,杨建英.学校武术的定位及其教育体系的构建[J].山东体育学院学报,2008(9):73-76.

[93]余竹生,沈勋章,朱学雷.运动员科学选材[M].上海:上海中医药大学出版社,2006.

[94]张涛然,晁晓洁,郭丽红,等.材料力学[M].重庆:重庆大学出版社,2018.

[95]张婷.黄州地区中学生对武术的认知调查归因分析及发展对策[D].武汉:湖北大学.2012.

[96]张伟明,高楚兰.厦门市少儿竞技武术套路的训练现状分析[J].体育科学研究,2012,16(4):46-49.

[97]张文普.我国民办武术馆校办学现状的调查与分析[J].体育学刊,2008(2):107-109.

[98]张显.质疑武术新定义[J].体育学刊,2011,18(6):12-15.

[99]张玉强.河南省民小武术学校滑坡现象原因的探讨[D].广州:华南师范大学,2007.

[100]赵东升.武术运动员选材浅探[J].搏击(武术科学),2012,9(9):52-53,76.

[101]赵敏,何华宇.民办学校可持续发展的战略路径[J].教育发展研究,2009,29(4):28-33.

[102]赵英杰.二节棍历史流变与现代技法体系的形成[J].当代体育科技,2017,7(18):197-198.

[103] 郑红玲,串凯.赵匡胤及其棍术对北宋体育发展的影响[J].兰台世界,2013(30):70－71.

[104] 郑焱.竞技武术后备人才培养刍议[J].搏击.武术科学,2008(7):44－45.

[105] 中国国家体育总局.中国体育教练员岗位培训教材(武术套路)[M].北京:人民体育出版社,1999.

[106] 周杰梁,郑百林.基于中心差分法的纤维结构碰撞动力学分析[J].力学季刊,2011,32(3):466－472.

[107] 周伟良.中国武术史[M].北京:高等教育出版社,2003.

[108] 邹宁.国学启蒙教育研究[D].武汉:华中师范大学,2006.

[109] 朱奋飞.武术学校价值及可持续发展研究[J].四川体育科学,2008(2):135－137.

[110] 朱跃峰.基于ABAQUS的显式动力学分析方法研究[J].机械设计与制造,2015(3):107－109,113.

## 外文文献

[1] Abbott A, Collins D. A Theoretical and empirical analysis of a 'state of the art' talent identification model[J]. High Ability Studies, 2002,13(2):157－178.

[2] Abbott A, Collins D, Martindale R J J, et al. Talent identification and development: An academic review[J]. Sportscotland, 2002,8:1－103.

[3] Ambrosio J A C, Nikravesh P E. Elasto-plastic deformations in multibody dynamics[J]. Nonlinear Dynamics,1992,3(2):85－104.

[4] Alonso M C, Godoy S J I. La planificacin de los contenidos de entrenamiento baloncesto en equipos de iniciacin [Planning the contents of training in early age basketball teams][J]. E-balonmano.com:Revista de Ciencias del Deporte,2010,6 (1):49－65.

[5] Baca A, Kornfeind P. Rapid feedback systems for elite sports training[J]. IEEE Pervasive Computing,2006,5(4):70－76.

[6] Bie Y H, Liu Z M, Yang H, et al. Abaqus implementation of dual peridynamics for brittle fracture[J]. Computer Methods in Applied Mechanics and Engineering,2020,372:1−32.

[7] Bao X, Dong J, Zheng J. A psychobiographical study of Temujin's (Genghis Khan) personality[J]. Journal of Psychology in Africa,2021,31(2):177−183.

[8] Chaker A, Koubaa S, Mars J, et al. An efficient ABAQUS solid shell element implementation for low velocity impact analysis of FGM plates[J]. Engineering with Computers,2021,37:2145−2157.

[9] Drinkard B, Roberts M D, Ranzenhofer L M, et al. Oxygen-Uptake efficiency slope as a determinant offitness in overweight adolescents[J]. Medicine & Science in Sports & Exercise,2007,39(10):1811−1816.

[10] Vaeyens R, Lenoir M, Williams A M, et al. Talent identification and development programmes in sport[J]. Sports Medicine,2008,38:703−714.

[11] Díaz E O, Díaz O, Ditzinger. 3D Motion of Rigid Bodies[M]. Cham: Springer International Publishing,2019.

[12] Fry A C, Ciroslan D, Fry M D, et al. Anthropometric and performance variables discriminating elite American junior men weightlifters[J]. Journal of Strength & Conditioning Research,2006,20(4):861−866.

[13] Faubert C, Parent M M, Harvey J. Community mobilization development related to children sport and physical activity: A case study of kids in shape[J]. Loisir et Societe,2012,35(2):211−242.

[14] González G, Sánchez B T, Márquez S. Análisis de los motivos para participar en fútbol y en tenis en la iniciación deportiva[J]. European Journal of Human Movement,2000(6):47−66.

[15] Goral M, Caliskan G, Yetim A. Relationship of sports with morality and sports morality of individuals interested in sports[J]. Social

Sciences,2013,4(3):269—277.

[16] Hollenberg M, Tager I B. Oxygen uptake efficiency slope: An index of exercise performance and cardiopulmonary reserve requiring only submaximal exercise[J]. Journal of the American College of Cardiology, 2000,36(1):194—201.

[17] Klisch T. Contact mechanics in multibody systems[J]. Multibody System Dynamics,1998,2(4):335—354.

[18] Kirk C, Clark D R, Langan-Evans C, et al. The physical demands of mixed martial arts: A narrative review using the ARMSS model to provide a hierarchy of evidence[J]. Journal of Sports Sciences, 2020,38(24):2819—2841.

[19] Lim H, Taylor R L. An explicit-implicit method for flexible-rigid multibody systems[J]. Finite Elements in Analysis & Design,2001, 37(11):881—900.

[20] Massey W V, Meyer B B, Naylor A H. Toward a grounded theory of self-regulation in mixed martial arts[J]. Psychology of Sport & Exercise,2013,14(1):12—20.

[21] Pieter W. Martial arts injuries[J]. Medicine & Sport Science, 2005,48:59—73.

[22] Reynes E, Lorant J. Do competitive martial arts attract aggressive children?[J]. Perceptual & Motor Skills,2001,93(2):382—386.

[23] Tsang T, Orr R, Lam P, et al. Health benefits of Tai Chi for older patients with type 2 diabetes: The "Move It for Diabetes Study" — A randomized controlled trial[J]. Clinical Interventions in Aging,2007,2(3):429—439.

[24] Tsang T W, Kohn M, Chow C M, et al. A randomised placebo-exercise controlled trial of Kung Fu training for improvements in body composition in overweight/obese adolescents: The "Martial Fitness" study[J]. Journal of Sports Science & Medicine,2009,8(1):97—106.

[25] Tsang T W M, Kohn M, Chow C M, et al. Health benefits of

Kung Fu: A systematic review[J]. Journal of Sports Sciences, 2008, 26(12):1249−1267.

[26] Villora S G, L López L M G, Jordan O R C, et al. The concept of sport initiation nowadays[J]. Retos Nuevas Perspectivas De Educación Física Deporte Y Recreación, 2009(15):14−20.

[27] Vadalà A, Iorio R, Bonifazi A M, et al. Re-revision of a patellar tendon rupture in a young professional martial arts athlete[J]. Journal of Orthopaedics and Traumatology: Official Journal of the Italian Society of Orthopaedics and Traumatology, 2012, 13(3):167−170.

[28] Veeraraghavan S, Hall J F, Krishnan S. Modeling the rocking and sliding of free-standing objects using rigid-body dynamics[J]. Journal of Engineering Mechanics, 2020, 146(6):1−17.

[29] Woolf J J R, Yoon V, Perkari K. ARTICLE IN PRESS G Model Fighting and doping: Professional mixed martial artists experience and exposure to performance-enhancing substances and supplements[J]. Performance Enhancement and Health, 2021, 9(1):1016−1019.

[30] Xu M, Jiang Y, He X, et al. Dynamic analysis of the complex motion of three-section cudgel in Wushu sports[J]. Applied Science, 2021, 11(21):1−18.

# 附 录

## 附录1 "中国青少年竞技武术开展及影响因素的研究"调查问卷(学生问卷)

亲爱的同学：

你好！

首先对你抽出宝贵的时间参与此次研究工作表示衷心的感谢！本调查旨在了解同学们对武术的认知情况，并进行相关分析研究，从而推动武术进入校园，促进武术在青少年中更好地传承与发展。本调查采用无记名方式，所涉及的问题仅供本研究所用，无正误之分，请你填写你的真实情况及看法。再次感谢你的配合与帮助！

中国青少年武术运动发展研究课题组<br>负责人：浙江大学　徐曼

### 一、基本情况

1. 年龄：
2. 性别：
3. 学校名称：
4. 年级：
5. 习武年限：
6. 武术段位或运动员等级(段或级)：

### 二、主要内容(在你认为的答案上打"√"，答案无对错之分)

1. 你现在在哪里练习武术？

①体育运动学校　②武术学校　③青少年宫　④普通中小学

2.你每周大约练习武术几次？

①1次 ②2次 ③3次 ④4次 ⑤5次及以上

3.你每次练习武术大约是多长时间？

①1小时以下 ②1小时 ③1.5小时 ④2小时

⑤2.5小时及以上

4.你认为武术学习难易程度如何？

①非常容易 ②容易 ③不知道 ④困难 ⑤非常困难

5.你对学习武术动作的感觉如何？

①非常枯燥 ②枯燥 ③不知道 ④有趣 ⑤非常有趣

6.你认为武术动作美观程度如何？

①非常美观 ②美观 ③不知道 ④不美观 ⑤非常不美观

7.你认为学习武术危险程度如何？

①非常危险 ②危险 ③不知道 ④不危险 ⑤完全不危险

8.武术最吸引你的地方是什么？

①防身克敌 ②武术所表现出来的精、气、神 ③健身功能

④悠久历史 ⑤民族瑰宝 ⑥培养意志品质

⑦可以教导做人做事的道理 ⑧其他

9.你认为武术抱拳礼主要含义是什么？

①侠义气派的体现 ②武术的象征 ③尊重对手，点到为止的武德体现

④一种中国的礼仪 ⑤不知道 ⑥其他

10.你对自己所练习的武术动作名称清楚吗？

①非常清楚 ②清楚 ③不知道 ④不清楚 ⑤完全不清楚

11.《全国中小学生系列武术健身操》共推广了几套？

①4套 ②3套 ③2套 ④1套 ⑤不知道

12.武术的最高段位为多少段？

①6段 ②7段 ③8段 ④9段 ⑤10段 ⑥不知道

13.武术套路比赛评分的满分为多少分？

①5分 ②10分 ③100分 ④没有限制 ⑤不知道

14.武术比赛评分的裁判共有几人?

①5人　②10人　③15人　④20人　⑤不知道

15.青少年最高级别武术竞赛是以下哪一项?

①地市级比赛　②省级比赛　③全国青少年锦标赛

④亚洲青少年锦标赛　⑤世界青少年锦标赛　⑥青年奥林匹克运动会

⑦不知道

16.你参加过最高级别的比赛是以下哪一项?

①地市级比赛　②省级比赛　③全国青少年锦标赛

④亚洲青少年锦标赛　⑤世界青少年锦标赛　⑥青年奥林匹克运动会

⑦没有参加过比赛

17.你最初学习武术套路的主要内容是什么?(可以选择一项,也可以选择多项)

①组合动作　②抱拳礼　③手型、手法、腿法等基本功

④拳术成套动作　⑤格斗动作　⑥器械成套动作　⑦其他

18.你目前主要练习的武术套路内容是什么?(可以选择一项,也可以选择多项)

①武术传统套路　②武术健身操　③武术段位制套路

④武术国际竞赛规定套路　⑥武术散打　⑦自编、自选套路

⑧不知道　⑨其他

19.你是通过什么途径了解武术的?(可以选择一项,也可以选择多项)

①电视、网络、影碟　②家庭成员　③朋友　④学校体育课

⑤报刊　⑥武侠小说　⑦比赛和大型活动时的积累

⑧其他＿＿＿＿＿＿＿

20.你心目中的武术是什么样的?(可以选择一项,也可以选择多项)

①行侠仗义　②笑傲江湖　③克敌制胜　④飞檐走壁

⑤降龙十八掌　⑥器械(刀、枪、剑、棍)　⑦跆拳道　⑧散打

⑨太极拳　⑩其他

21.你认为以下哪些属于武术项目?(可以选择一项,也可以选择多项)

①拳术　②散打　③集体项目　④器械　⑤跆拳道　⑥拳击

⑦对练　⑧不知道

22.你认为练习武术有哪些功能？（可以选择一项,也可以选择多项）

①强身健体　②防身自卫　③打抱不平　④宣传武术文化

⑤表演　⑥弘扬民族精神　⑦尊师重道

23.你认为武术是什么？（可以选择一项,也可以选择多项）

①一项体育运动　②一种文化　③一门学科　④一门艺术

⑤一种哲学　⑥一种宗教　⑦不知道

24.促使你习武的最主要原因是什么？（可以选择一项,也可以选择多项）

①强身健体　②防身自卫　③获得比赛成绩　④娱乐玩耍

⑤成为武打明星　⑥学习中国文化　⑦出人头地

⑧继承老师的技艺使其流传不衰　⑨受家庭成员习武的影响

⑩其他_____

25.根据以下因素对你参加武术练习的影响程度,在表 附1-1 相应的空格打"√"。

表 附1-1　影响武术习练者练习武术的因素

| 影响因素 | 非常影响 | 影响 | 不知道 | 影响不大 | 非常不影响 |
| --- | --- | --- | --- | --- | --- |
| 没能参加比赛 | | | | | |
| 比赛成绩不理想 | | | | | |
| 老师教得不好 | | | | | |
| 老师不关注我 | | | | | |
| 没有好的老师 | | | | | |
| 武术内容太难 | | | | | |
| 武术练习太累 | | | | | |
| 武术动作缺乏对抗性 | | | | | |
| 与影视上的武术相差甚远 | | | | | |
| 父母不支持 | | | | | |
| 文化学习繁重,没有时间 | | | | | |

# 附录2 "中国青少年竞技武术开展及影响因素的研究"调查问卷(中小学教师问卷)

尊敬的老师：

您好！为了了解贵校武术发展的情况，我们设计了此份问卷。本问卷采用不记名方式，回答无对错之分，问卷中的问题只供研究使用。请您仔细阅读每一题，在每个问题所给的答案中，根据您的实际情况和想法进行选择，在答案后打"√"。如果所给答案中没有符合您想法的选项，请在给出的"其他"选项上写出您的意见。

您的答题对我们的研究将有很大帮助！衷心感谢您的合作与支持！

中国青少年武术运动发展研究课题组<br>
负责人：浙江大学　徐曼

## 一、基本信息

1. 年龄：

2. 教龄：

3. 工作单位：

4. 性别：

5. 您的学历是？
①博士研究生　②硕士研究生　③大学本科　④大专
⑤中专及以下

6. 您修读的专业是？
①武术专业　②体育教育专业　③运动训练专业　④非武术专业

7. 您现在的职称是？
中学：①中教特级　②中教高级　③中教一级　④中教二级
　　　⑤中教三级　⑥无职称
小学：①小教特级　②小教高级　③小教一级　④小教二级
　　　⑤小教三级　⑥无职称

8.您的运动员等级是？

①运动健将级及以上　②一级　③二级　④三级　⑤无

9.您最高的运动经历为？

①国家队运动员　②省专业队运动员　③市级体育运动学校队员

④县级体育运动学校　⑤其他

10.您执教的背景是？

①运动员退役后任教　②体育院系毕业后任教

③运动员退役到体育院系学习后任教　④外聘教练　⑤其他

11.最近三年中您参加单位组织的教师专业进修的次数是？

①没有　②1—2次　③3—4次　④5次及以上

12.进修课程中武术内容涵盖的情况如何？

①有固定的课时　②武术课时近几年逐渐增多

③有内容无课时安排　④没有涉及

## 二、开展情况

1.贵校参加武术学习的学生人数有多少？

2.您所带的武术学生是否参加过比赛？

3.您所指导的学生所参加最高级别比赛的成绩(名次)是？

4.贵校武术教学设施能满足教学需要吗？

①完全满足　②满足　③一般　④不满足　⑤完全不满足

5.贵校对武术教学的经费投入程度是？

①完全满足　②满足　③一般　④不满足　⑤完全不满足

6.您认为武术教学的难易程度是？

①非常容易　②容易　③不知道　④困难　⑤非常困难

7.贵校开展武术教学的年级是？

①每个年级都开展　②1—3年级　③4—6年级　④没有开展

8.武术教学在贵校受欢迎程度是？

①非常受欢迎　②受欢迎　③一般　④不受欢迎　⑤非常不受欢迎

9.您认为武术动作教学是？

①非常枯燥　②枯燥　③不知道　④有趣　⑤非常有趣

10.您认为武术动作的美观程度是？

①非常美观　②美观　③不知道　④不美观　⑤非常不美观

11.您认为学习武术的危险程度是？

①非常危险　②危险　③不知道　④不危险　⑤完全不危险

12.您在指导武术训练时会特别强调？

①防身克敌　②武术的精、气、神　③健身功能　④武术竞赛的要求

⑤民族瑰宝　⑥意志品质　⑦做人做事的道理　⑧武术难度动作

⑨动作的美观　⑩其他

13.您认为武术抱拳礼主要含义是什么？

①侠义气派的体现　②武术的象征　③尊重对手、点到为止的武德体现

④一种中国的礼仪　⑤不知道　⑥其他_____

14.您对武术动作的内涵了解情况如何？

①非常清楚　②清楚　③不知道　④不清楚　⑤完全不清楚

15.《全国中小学生系列武术健身操》共推广了几套？

①4套　②3套　③2套　④1套　⑤不知道

16.武术的最高段位为几段？

①6段　②7段　③8段　④9段　⑤10段　⑥不知道

17.您对《武术套路竞赛规则》的了解程度？

①非常了解　②了解　③不知道　④不了解　⑤完全不了解

18.青少年最高级别武术竞赛是？

①地市级比赛　②省级比赛　③全国青少年锦标赛

④亚洲青少年锦标赛　⑤世界青少年锦标赛

⑥青年奥林匹克运动会　⑦不知道

19.您认为在武术进入学校的过程中，以下哪个组织机构会起到关键的作用？

①教育部组织的培训　②省市教育局培训　③区教育局组织的培训

④学校组织培训　⑤国家体育总局组织的培训

⑥省市体育局组织的培训　⑦其他

20.您单位会认可的武术培训的相关组织部门是?(可以选择一项,也可以选择多项)

①教育部组织的培训　②省市教育局组织的培训

③区教育局组织的培训　④学校组织的培训

⑤国家体育总局组织的培训　⑥省市体育局组织的培训　⑦其他

21.您的武术教学内容安排是?(可以选择一项,也可以选择多项)

①组合动作　②抱拳礼　③手型、手法、腿法等基本功

④初级拳术套路　⑤武术防身术　⑥初级器械套路

⑦武术传统套路　⑧武术健身操　⑨武术段位制套路

⑩武术国际竞赛规定套路　⑪自编、自选套路　⑫按武术教学大纲

⑬武术对抗类项目　⑭其他

请按先后排序_____

22.您认为以下哪些属于武术项目?(可以选择一项,也可以选择多项)

①拳术　②散打　③集体项目　④器械　⑤跆拳道　⑥拳击

⑦对练　⑧不知道

23.您认为练习武术有哪些功能?(可以选择一项,也可以选择多项)

①强身健体　②防身自卫　③打抱不平　④宣传武术文化　⑤表演

⑥弘扬民族精神　⑦尊师重道

24.您认为武术是什么?(可以选择一项,也可以选择多项)

①一项体育运动　②一种文化　③一门学科　④一门艺术

⑤一种哲学　⑥一种宗教　⑦不知道

25.您在武术教学中采用的方式是?(可以选择一项,也可以选择多项)

①灌输式　②填鸭式　③引导式　④激励式　⑤游戏贯穿式

⑥其他

请按先后排序_____

26.学生进行武术学习的收费情况是每学期多少钱?(可以选择一项,也可以选择多项)

①200元以下　②201元—400元　③401元—600元

④601元—800元　⑤801元—1000元　⑥1000元以上　⑦不收费

⑧初级班收费　⑨有比赛成绩的不收费

27.您参加过的有关武术培训的是?(可以选择一项,也可以选择多项)
①武术裁判培训　②武术教师培训　③武术健身操培训
④没参加过

28.您在学校开展武术教学的原因是?(可以选择一项,也可以选择多项)
①学校要求　②自身的兴趣　③学生的要求　④家长的要求
⑤教学大纲要求

29.贵校学生参加武术学习的原因?(可以选择一项,也可以选择多项)
①特长生政策　②中考加分政策　③学生的兴趣　④参加比赛
⑤完成课程

30.贵校进行武术教学的形式是?(可以选择一项,也可以选择多项)
①武术社团　②大课间　③体育课　④专门的武术课
⑤学校俱乐部

### 三、影响因素部分

填答说明:此部分为有关影响中小学武术开展的因素,请根据您的认知情况,在表 附 2-1 相应分值栏中打"√"。

表 附 2-1　影响中小学武术开展的因素

| 层次 | 因素 | 非常影响 | 影响 | 一般 | 影响不大 | 非常不影响 |
|---|---|---|---|---|---|---|
| 个人层次 | 1.学生对武术内容的认知 | | | | | |
| | 2.学生对武术文化的认知 | | | | | |
| | 3.学生对武术技击功能的认知 | | | | | |
| | 4.学生的参赛机会 | | | | | |
| | 5.学生参加比赛的成绩 | | | | | |
| | 6.学生学习武术的动机 | | | | | |
| | 7.学生的受伤情况 | | | | | |
| | 8.武术教学内容的选择 | | | | | |
| | 9.武术教学方法的选择 | | | | | |
| | 10.武术动作的标准化程度 | | | | | |

续表

| 层次 | 因素 | 非常影响 | 影响 | 一般 | 影响不大 | 非常不影响 |
|---|---|---|---|---|---|---|
| 人际层次 | 1.教师对武术内容的认知 | | | | | |
| | 2.教师对武术文化的认知 | | | | | |
| | 3.教师对武术技击功能的认知 | | | | | |
| | 4.教师对武德的认知 | | | | | |
| | 5.教师的武术指导水平 | | | | | |
| | 6.教师对学生的重视程度 | | | | | |
| | 7.教师自身的武术水平 | | | | | |
| | 8.教师对武术教学内容的选择 | | | | | |
| | 9.教师对武术教学手段的选择 | | | | | |
| | 10.教师对武术教学方法的选择 | | | | | |
| | 11.家长的动机 | | | | | |
| | 12.家长的支持程度 | | | | | |
| | 13.亲戚的支持程度 | | | | | |
| | 14.朋友的支持程度 | | | | | |
| 组织层次 | 1.竞技体育运动学校武术的开展情况 | | | | | |
| | 2.武术表演的开展情况 | | | | | |
| | 3.影视武术的宣传 | | | | | |
| | 4.武术的宣传途径 | | | | | |
| | 5.武术的宣传内容 | | | | | |
| | 6.武术训练场地设施的情况 | | | | | |
| | 7.武术器材设施情况 | | | | | |
| | 8.学校领导的重视程度 | | | | | |
| | 9.体育课的课时数 | | | | | |
| | 10.教学大纲武术的安排 | | | | | |
| | 11.教师的考核制度 | | | | | |
| | 12.学生体育课的考核制度 | | | | | |
| | 13.升学的优惠政策 | | | | | |
| | 14.武术特长生政策 | | | | | |

续表

| 层次 | 因素 | 非常影响 | 影响 | 一般 | 影响不大 | 非常不影响 |
|---|---|---|---|---|---|---|
| 组织层次 | 15.上级单位对学校的考核 | | | | | |
| | 16.区级武术比赛的组织 | | | | | |
| | 17.市级武术比赛的组织 | | | | | |
| | 18.省级武术比赛的组织 | | | | | |
| | 19.省市级教育机构的武术培训 | | | | | |
| | 20.区级教育机构的武术培训 | | | | | |
| | 21.省市体育局的武术培训 | | | | | |
| | 22.武术训练的费用情况 | | | | | |
| | 23.升学压力 | | | | | |

# 附录3 "中国青少年竞技武术开展及影响因素的研究"调查问卷(青少年宫教师问卷)

尊敬的老师:

您好!为了了解贵青少年宫武术发展的情况,我们设计了此份问卷。本问卷采用不记名方式,回答无对错之分,问卷中的问题只供研究使用。请您仔细阅读每一题,在每个问题所给的答案中,根据您的实际情况和想法进行选择,在答案后打"√"。如果所给答案中没有符合您想法的选项,请在给出的"其他"选项上写出您的意见。

您的答题对我们的研究将有很大帮助!衷心感谢您的合作与支持!

中国青少年武术运动发展研究课题组<br>负责人:浙江大学 徐曼

## 一、基本信息

1. 年龄:

2. 教龄:

3. 工作单位:

4. 性别:

5. 您的学历是?

①博士研究生 ②硕士研究生 ③大学本科 ④大专 ⑤中专及以下

6. 您修读的专业是?

①武术专业 ②体育教育专业 ③运动训练专业 ④非武术专业

7. 您现在的职称是?

中学:①中教特级 ②中教高级 ③中教一级 ④中教二级
　　　⑤中教三级 ⑥无职称

小学:①小教特级 ②小教高级 ③小教一级 ④小教二级
　　　⑤小教二级 ⑥无职称

8.您的运动员等级是?

①运动健将级及以上　②一级　③二级　④三级　⑤无

9.您最高的运动经历为?

①国家队运动员　②省专业队运动员　③市级体育运动学校队员

④县级体育运动学校　⑤其他

10.您执教的背景是?

①运动员退役后任教　②体育院系毕业后任教

③运动员退役到体育院系学习后任教　④外聘教练　⑤其他

11.最近三年中你参加单位组织的教师专业进修次数?

①没有　②1—2次　③3—4次　④5次及以上

12.进修课程中武术内容涵盖的情况如何?

①有固定的课时　②武术课时近几年逐渐增多

③有内容无课时安排　④没有涉及

二、开展情况

1.贵青少年宫每年举办几期武术培训班?今年参加武术学习的学生人数有多少?

2.您所带的武术学生是否参加比赛?

3.贵青少年宫的学生所参加最高级别的比赛的成绩(名次)是?

4.根据您的经验,运动员在进行武术训练多少年后会出现流失现象?

①$A<0.5$年　②$0.5$年$<A\leqslant1$年　③$1$年$<A\leqslant2$年

④$2$年$<A\leqslant3$年　⑤$3$年$<A\leqslant4$年　⑥$A>4$年

⑦无固定的年限

5.运动员最容易出现流失现象的年级阶段是?

①3年级及以下　②4—6年级　③7—9年级　④9年级以上

6.贵青少年宫武术教学设施能满足教学需要吗?

①完全满足　②满足　③一般　④不满足　⑤完全不满足

7.贵青少年宫对武术教学的经费投入程度是?

①完全满足　②满足　③一般　④不满足　⑤完全不满足

8.您认为武术教学的难易程度是?

①非常容易　②容易　③不知道　④困难　⑤非常困难

9.您认为武术动作教学是?

①非常枯燥　②枯燥　③不知道　④有趣　⑤非常有趣

10.您认为武术动作的美观程度是?

①非常美观　②美观　③不知道　④不美观　⑤非常不美观

11.您认为学习武术的危险程度是?

①非常危险　②危险　③不知道　④不危险　⑤完全不危险

12.您在指导武术训练时会特别强调?

①防身克敌　②武术的精、气、神　③健身功能　④武术竞赛的要求

⑤民族瑰宝　⑥意志品质　⑦做人做事的道理　⑧武术难度动作

⑨动作的美观　⑩其他

13.您认为武术抱拳礼的主要含义是?

①侠义气派的体现　②武术的象征　③尊重对手、点到为止的武德体现

④一种中国的礼仪　⑤不知道　⑥其他_____

14.您对武术动作的内涵了解情况是?

①非常清楚　②清楚　③不知道　④不清楚　⑤完全不清楚

15.《全国中小学生系列武术健身操》共推广了几套?

①4套　②3套　③2套　④1套　⑤不知道

16.武术的最高段位为几段?

①6段　②7段　③8段　④9段　⑤10段　⑥不知道

17.您对《武术套路竞赛规则》的了解程度是?

①非常了解　②了解　③不知道　④不了解　⑤完全不了解

18.青少年最高级别武术竞赛是?

①地市级比赛　②省级比赛　③全国青少年锦标赛

④亚洲青少年锦标赛　⑤世界青少年锦标赛

⑥青年奥林匹克运动会　⑦不知道

19.您认为在武术进入学校的过程中,以下哪个组织机构会起到关键的作用?

①教育部组织的培训　②省市教育局培训　③区教育局组织的培训

④学校组织培训　⑤国家体育总局组织的培训

⑥省市体育局组织的培训　⑦其他

20.您的武术教学内容的安排是？（可以选择一项，也可以选择多项）

①组合动作　②抱拳礼　③手型、手法、腿法等基本功

④初级拳术套路　⑤武术防身术　⑥初级器械套路

⑦武术传统套路　⑧武术健身操　⑨武术段位制套路

⑩武术国际竞赛规定套路　⑪自编、自选套路　⑫按武术教学大纲

⑬武术对抗类项目　⑭其他

请按先后排序＿＿＿＿＿＿＿＿

21.您认为以下哪些属于武术项目？（可以选择一项，也可以选择多项）

①拳术　②散打　③集体项目　④器械　⑤跆拳道　⑥拳击

⑦对练　⑧不知道

22.您认为练习武术有哪些功能？（可以选择一项，也可以选择多项）

①强身健体　②防身自卫　③打抱不平　④宣传武术文化

⑤表演　⑥弘扬民族精神　⑦尊师重道

23.您认为武术是什么？（可以选择一项，也可以选择多项）

①一项体育运动　②一种文化　③一门学科　④一门艺术

⑤一种哲学　⑥一种宗教　⑦不知道

24.您在武术教学中采用的方式是？（可以选择一项，也可以选择多项）

①灌输式　②填鸭式　③引导式　④激励式　⑤游戏贯穿式

⑥其他

请按先后排序＿＿＿＿＿＿＿＿

25.学生进行武术学习的收费情况是每学期多少钱？（可以选择一项，也可以选择多项）

①200元以下　②201元—400元　③401元—600元

④601元—800元　⑤801元—1000元　⑥1000元以上　⑦不收费

⑧初级班收费　⑨有比赛成绩的不收费

26.您参加过的有关武术培训的是？（可以选择一项，也可以选择多项）

①武术裁判培训　②武术教师培训　③武术健身操培训　④没参加过

27.您单位会认可的武术培训的相关组织部门是？（可以选择一项，也可以选择多项）

①教育部组织的培训　②省市教育局培训　③区教育局组织的培训

④学校组织培训　⑤国家体育总局组织的培训

⑥省市体育局组织的培训　⑦其他

### 三、影响因素部分

填答说明：此部分为有关影响中小学生武术开展的因素，请根据您的认知情况，在表 附 3-1 相应分值栏中打"√"。

表 附 3-1　影响中小学生武术开展的因素

| 层次 | 因素 | 非常影响 | 影响 | 一般 | 影响不大 | 非常不影响 |
|---|---|---|---|---|---|---|
| 个人层次 | 1.学生对武术内容的认知 | | | | | |
| | 2.学生对武术文化的认知 | | | | | |
| | 3.学生对武术技击功能的认知 | | | | | |
| | 4.学生的参赛机会 | | | | | |
| | 5.学生参加比赛的成绩 | | | | | |
| | 6.学生学习武术的动机 | | | | | |
| | 7.武术教学内容的选择 | | | | | |
| | 8.武术教学方法的选择 | | | | | |
| | 9.武术动作的标准化程度 | | | | | |

续表

| 层次 | 因素 | 非常影响 | 影响 | 一般 | 影响不大 | 非常不影响 |
|---|---|---|---|---|---|---|
| 人际层次 | 1.教师对武术内容的认知 | | | | | |
| | 2.教师对武术文化的认知 | | | | | |
| | 3.教师对武术技击功能的认知 | | | | | |
| | 4.教师对武德的认知 | | | | | |
| | 5.教师的武术指导水平 | | | | | |
| | 6.教师对学生的重视程度 | | | | | |
| | 7.教师自身的武术水平 | | | | | |
| | 8.教师对武术教学内容的选择 | | | | | |
| | 9.教师对武术教学手段的选择 | | | | | |
| | 10.教师对武术教学方法的选择 | | | | | |
| | 11.家长的动机 | | | | | |
| | 12.家长的支持程度 | | | | | |
| | 13.亲戚的支持程度 | | | | | |
| | 14.朋友的支持程度 | | | | | |
| 组织层次 | 1.竞技体育运动学校武术的开展情况 | | | | | |
| | 2.武术表演的开展情况 | | | | | |
| | 3.影视武术的宣传 | | | | | |
| | 4.武术的宣传途径 | | | | | |
| | 5.武术的宣传内容 | | | | | |
| | 6.武术训练场地设施的情况 | | | | | |
| | 7.武术器材设施情况 | | | | | |
| | 8.单位领导的重视程度 | | | | | |
| | 9.教师的考核制度 | | | | | |
| | 10.升学的优惠政策 | | | | | |
| | 11.武术特长生政策 | | | | | |
| | 12.武术比赛的赛制安排 | | | | | |
| | 13.区级武术比赛的组织 | | | | | |
| | 14.市级武术比赛的组织 | | | | | |
| | 15.省级武术比赛的组织 | | | | | |
| | 16.参加武术练习的费用 | | | | | |

# 附录4 "中国青少年竞技武术开展及影响因素的研究"调查问卷(武术学校教师问卷)

尊敬的老师:

您好!目前本课题正对青少年武术运动的发展进行研究。您是这方面的专家,您的意见对我们的研究十分重要,希望您在百忙之中抽出时间回答下列问题。问卷所涉及的问题仅供研究所用,无正误之分,请您根据实际情况进行填写。如果所给答案中没有符合您想法的选项,请在给出的"其他"选项上写出您的意见。您的回答对我们的研究很重要,对您的支持和协助表示衷心的感谢!

中国青少年武术运动发展研究课题组<br>负责人:浙江大学　徐曼

填写说明:以下问题只需要在相应的位置打"√"即可(除特别标明外都为单选题)。

单位:

1.您的性别是?

①男　②女

2.您的年龄是?

①20岁以下　②21—30岁　③31—40岁　④41—50岁
⑤51—60岁　⑥60岁以上

3.您的文化程度是?

①小学及以下　②初中　③中专　④大专　⑤本科　⑥研究生

4.您现在的职称?

①无职称　②初级教练　③中级教练　④高级教练　⑤国家级教练

5.您执教的背景是?

①运动员退役后任教　②体育院系毕业后任教
③运动员退役到体育院系学习后任教　④外聘教练

⑤武馆毕业留校任教　⑥其他

6.您的运动员生涯持续了多久？

①1年以下　②1—3年　③4—6年　④7—9年　⑤10年及以上

7.您从事武术教练工作持续了多久？

①1年以下　②1—3年　③4—6年　④7—9年　⑤10年及以上

8.最近三年,您公开发表的学术论文有几篇？

①没有　②1篇　③2篇　④3篇　⑤4篇及以上

9.最近三年中您参加单位组织进修几次？

①没有　②1—2次　③3—4次　④5次及以上

10.您认为,您所参加的培训对业务上的帮助是？

①非常大　②较大　③一般　④较小　⑤没有帮助

11.您对科研的态度？

①非常重要　②较重要　③一般　④较不重要　⑤非常不重要

13.您对您目前的工资收入情况？

①非常满意　②较满意　③一般　④较不满意　⑤非常不满意

14.您对上级主管部门对于训练、比赛的激励机制？

①非常满意　②较满意　③一般　④较不满意　⑤非常不满意

15.您通常如何进行选材？

①经验选材　②指标测试　③指标测试为主,经验为辅

④经验为主,指标测试为辅　⑤经验和指标测试结合　⑥其他

16.您平时使用心理训练方法吗？

①常使用　②较常使用　③偶尔使用　④不常使用　⑤不使用

17.经费能否满足训练的需要？

①完全满足　②满足　③一般　④不能满足　⑤完全不能满足

18.经费能否满足比赛的需要？

①完全满足　②满足　③一般　④不能满足　⑤完全不能满足

19.贵校的武术训练经费来源？

①上级教育系统行政拨款　②体育主管部门拨款　③企业赞助

④学生自筹　⑤学校拨款　⑥其他

20.贵校的武术比赛经费来源?

①上级教育系统行政拨款　②体育主管部门拨款　③企业赞助

④学生自筹　⑤学校拨款　⑥其他

21.贵校有多少个运动场馆?

①无　②1个　③2个　④3个　⑤4个　⑥5个及以上

22.贵校有多少块训练地毯?

①无　②1块　③2块　④3块　⑤4块　⑥5块及以上

23.贵校有多少块最新的标准地毯?

①无　②1块　③2块　④3块　⑤4块　⑥5块及以上

24.贵校的运动场馆能否满足需求?

①完全能满足　②较能满足　③基本能满足　④较不能满足

⑤完全不能满足

25.贵校的体育器材是否完善?

①非常完善　②较完善　③一般　④较不完善　⑤非常不完善

26.贵校的教学设施是否完善?

①非常完善　②较完善　③一般　④较不完善　⑤非常不完善

27.您所带的优秀队员通常输送到哪里?(可以选择一项,也可以选择多项)

①高校　②专业队　③就业　④影视娱乐公司　⑤其他

28.您认为现有的武术教师现状存在哪些不足?(可以选择一项,也可以选择多项)

①培训机会少　②教练经验不足　③文化程度低　④技术水平低

⑤工资待遇差　⑥其他

29.您认为在运动训练过程中存在哪些不足?(可以选择一项,也可以选择多项)

①不会选材　②训练方法不当　③忽视心理训练　④未制订训练计划

⑤组织能力差　⑥其他

30.您认为在经费投入中存在哪些不足?(可以选择一项,也可以选择多项)

①没有合理利用经费　②经费给予太少　③无竞赛奖励

④重点队优势不突出　⑤其他

31.您认为在物资设备投入中存在哪些不足？（可以选择一项，也可以选择多项）

①场馆数量不够　②场馆简陋　③器材数量不够　④器材破旧
⑤其他

32.您从事武术教师工作，主要是为了？（可以选择一项，也可以选择多项）

①实现个人价值　②就业生活需要　③个人兴趣爱好
④为运动员的前途着想　⑤为武术事业作贡献　⑥其他

33.您通常采用的训练方法是？（可以选择一项，也可以选择多项）
①重复训练法　②间歇训练法　③变换训练法　④循环训练法
⑤持续训练法　⑥分解训练　⑦完整训练法　⑧其他

34.您通常会制订哪种训练计划？（可以选择一项，也可以选择多项）
①多年训练计划　②全年训练计划　③月训练计划　④周训练计划
⑤课训练计划

35.您的队员每年参加的正式比赛有？（可以选择一项，也可以选择多项）

①全国比赛　②省级比赛　③市级比赛　④县级比赛　⑤无比赛
⑥其他

36.您的训练队每年用于训练的经费大概是？

37.您的训练队每年用于比赛的经费大概是？

38.贵校平均每年投入到运动场馆的建设中的经费大概是？

39.最近三年您的队员取得的奖牌数共有多少枚？其中金牌、银牌、铜牌分别有多少？

40.贵校共有多少学生？其中师资总数是多少人？武术教师、文化课教师及其他管理人员分别有多少人？

41.您认为影响武术学校后备人才培养的因素有哪些？（在表 附4-1 相应的方格内打"√"即可）

表 附 4-1 影响武术学校后备人才培养的因素

| 层次 | 因素 | 非常影响 | 影响 | 一般 | 影响不大 | 非常不影响 |
|---|---|---|---|---|---|---|
| 个人层次 | 1.武术学校学生对武术内容的认知 | | | | | |
| | 2.武术学校学生对武术文化的认知 | | | | | |
| | 3.武术学校学生对武术技击功能的认知 | | | | | |
| | 4.武术学校学生的参赛机会 | | | | | |
| | 5.武术学校学生参加比赛的成绩 | | | | | |
| | 6.武术学校学生学习武术的动机 | | | | | |
| | 7.武术学校学生的损伤 | | | | | |
| | 8.武术训练内容的选择 | | | | | |
| | 9.武术训练方法的选择 | | | | | |
| | 10.武术动作的标准化程度 | | | | | |
| 人际层次 | 1.武术教师对武术内容的认知 | | | | | |
| | 2.武术教师对武术文化的认知 | | | | | |
| | 3.武术教师对武术技击功能的认知 | | | | | |
| | 4.武术教师对武德教育的认知 | | | | | |
| | 5.武术教师的武术指导水平 | | | | | |
| | 6.武术教师对学生的重视程度 | | | | | |
| | 7.武术教师自身的武术水平 | | | | | |
| | 8.武术教师对武术教学内容的选择 | | | | | |
| | 9.武术教师对武术教学手段的选择 | | | | | |
| | 10.武术教师对武术教学方法的选择 | | | | | |
| | 11.家长动机 | | | | | |
| | 12.家长支持程度 | | | | | |
| | 13.亲戚的支持程度 | | | | | |
| | 14.朋友的支持程度 | | | | | |

续表

| 层次 | 因素 | 非常影响 | 影响 | 一般 | 影响不大 | 非常不影响 |
|---|---|---|---|---|---|---|
| 组织层次 | 1.竞技体育运动学校武术的开展情况 | | | | | |
| | 2.武术比赛的赛制安排情况 | | | | | |
| | 3.区级武术比赛的组织 | | | | | |
| | 4.市级武术比赛的组织 | | | | | |
| | 5.省级武术比赛的组织 | | | | | |
| | 6.全国武术学校的比赛 | | | | | |
| | 7.学校领导的重视程度 | | | | | |
| | 8.武术训练场地设施的情况 | | | | | |
| | 9.武术器材设施情况 | | | | | |
| | 10.武术学校学生的学训矛盾 | | | | | |
| | 11.武术学校学生输送的情况 | | | | | |
| | 12.武术学校学生的招生情况 | | | | | |
| | 13.武术表演的开展情况 | | | | | |
| | 14.影视武术的宣传 | | | | | |
| | 15.武术宣传的途径 | | | | | |
| | 16.武术宣传的内容 | | | | | |
| | 17.升学的优惠政策 | | | | | |

41.您对武术学校后备人才培养现状的认识及建议：

42.请填写2011—2013年您所带的运动队的比赛成绩（见表 附4-2至表 附4-4），以及2011—2013年武术后备人才的去向（见表 附4-5）。

表 附 4-2  2011 年运动队比赛成绩统计

| 比赛级别 | 金牌数 | 银牌数 | 铜牌数 |
| --- | --- | --- | --- |
| 全国赛 | | | |
| 省赛 | | | |
| 市赛 | | | |
| 县赛 | | | |
| 其他比赛 | | | |

表 附 4-3  2012 年运动队比赛成绩统计

| 比赛级别 | 金牌数 | 银牌数 | 铜牌数 |
| --- | --- | --- | --- |
| 全国赛 | | | |
| 省赛 | | | |
| 市赛 | | | |
| 县赛 | | | |
| 其他比赛 | | | |

表 附 4-4  2013 年运动队比赛成绩统计

| 比赛级别 | 金牌数 | 银牌数 | 铜牌数 |
| --- | --- | --- | --- |
| 全国赛 | | | |
| 省赛 | | | |
| 市赛 | | | |
| 县赛 | | | |
| 其他比赛 | | | |

表 附4-5 2011—2013年武术后备人才去向统计

| 人才去向 | 2011年 | | 2012年 | | 2013年 | |
|---|---|---|---|---|---|---|
| | 人数 | 占比/% | 人数 | 占比/% | 人数 | 占比/% |
| 高校 | | | | | | |
| 专业队 | | | | | | |
| 就业 | | | | | | |
| 影视娱乐公司 | | | | | | |
| 创业 | | | | | | |
| 其他去向 | | | | | | |

# 附录5 "中国青少年竞技武术开展及影响因素的研究"调查问卷(体育运动学校教师问卷)

尊敬的老师:

您好!目前本课题正对青少年武术运动的发展进行研究。您是青少年武术训练一线的武术教师,您真实准确的回答对我们的研究十分重要,希望您在百忙之中抽出时间回答下列问题。问卷所涉及的问题仅供本研究使用,无止误之分,请您根据实际情况进行填写。如果所给答案中没有符合您想法的选项,请在给出的"其他"选项上写出您的意见。对您的支持和协助表示衷心的感谢!

中国青少年武术运动发展研究课题组<br>负责人:浙江大学　徐曼

## 一、基本信息

1. 年龄:

2. 性别:

3. 工作单位:

4. 带队年限:

5. 您的最高学历是?

①博士研究生　②硕士研究生　③大学本科　④大专　⑤中专及以下

6. 您现在的职称是?

①无职称　②初级教练　③中级教练　④高级教练　⑤国家级教练

7. 您的运动员等级是?

①运动健将级及以上　②一级　③二级　④三级　⑤无

8. 您最高的运动经历是?

①国家队运动员　②省专业队运动员　③市级体育运动学校队员

④县级体育运动学校　⑤其他

9. 您的执教背景是?

①运动员退役后任教　②体育院系毕业后任教

③运动员退役到体育院系学习后任教　④外聘教练　⑤其他

10.最近三年中您参加单位组织的武术专业进修次数是？

①没有　②1—2次　③3—4次　④5次以上

11.您认为,您所参加的进修对您业务上的帮助是？

①非常大　②较大　③一般　④较小　⑤没有帮助

二、开展情况

1.贵体育运动学校武术队学生是否有编制控制？

2.贵体育运动学校武术队的运动员编制数是多少？武术队员总共有多少人？其中三集中、二集中、走训分别有多少人？

（注：三集中为读书、训练、住宿都在体育运动学校；二集中为读书、训练在体育运动学校；走训为只有训练在体育运动学校。）

3.您所指导的学生所参加最高级别的比赛的成绩（名次）是？

4.贵省的省运会武术比赛可报名参加比赛的运动员人数是多少？共设置了几枚金牌？

5.根据您的经验,运动员在进行武术训练多少年后会出现流失现象？

①$C<0.5$年　②$0.5$年$\leqslant C \leqslant 1$年　③$1$年$<C\leqslant 2$年

④$2$年$<C\leqslant 3$年　⑤$3$年$<C\leqslant 4$年　⑥$C>4$年

⑦无固定的年限

6.运动员最容易出现流失现象的年级阶段是？

①3年级及以下　②4—6年级　③7—9年级　④9年级以上

7.您单位的器材设施满足训练需要的情况是？

①完全满足　②满足　③一般　④不满足　⑤完全不满足

8.您单位的训练场地满足训练需要的情况是？

①完全满足　②满足　③一般　④不满足　⑤完全不满足

9.进入您队里训练需要通过的选拔是？

①有严格的选材测试　②有简单的选材测试　③没有选材测试

10.武术项目在您所在省市竞技体育中的地位是？

①作为重点发展项目　②一般发展项目　③作为核心优势项目

④不被重视的项目

11.您认为指导武术训练的难易程度是？

①非常容易　②容易　③不知道　④困难　⑤非常困难

12.您认为武术动作训练是？

①非常枯燥　②枯燥　③不知道　④有趣　⑤非常有趣

13.您认为武术动作的美观程度是？

①非常美观　②美观　③不知道　④不美观　⑤非常不美观

14.您认为学习武术的危险程度是？

①非常危险　②危险　③不知道　④不危险　⑤完全不危险

15.您在指导武术训练时会特别强调？

①防身克敌　②武术的精、气、神　③健身功能　④武术竞赛的要求
⑤民族瑰宝　⑥培养意志品质　⑦做人做事的道理
⑧武术难度动作　⑨其他

16.您认为武术抱拳礼的主要含义是？

①侠义气派的体现　②武术的象征
③尊重对手、点到为止的武德体现　④一种中国的礼仪
⑤不知道　⑥其他

18.您对武术动作的内涵了解情况？

①非常清楚　②清楚　③不知道　④不清楚　⑤完全不清楚

19.《全国中小学生系列武术健身操》共推广了几套？

①4套　②3套　③2套　④1套　⑤不知道

20.武术的最高段位为几段？

①6段　②7段　③8段　④9段　⑤10段　⑥不知道

21.您对《武术套路竞赛规则》的了解程度是？

①非常了解　②了解　③不知道　④不了解　⑤完全不了解

22.您认为青少年最高级别武术竞赛是？

①地市级比赛　②省级比赛　③全国青少年锦标赛
④亚洲青少年锦标赛　⑤世界青少年锦标赛
⑥青年奥林匹克运动会　⑦不知道

23.您的队员每年参加的正式比赛有?(可以选择一项,也可以选择多项)

①全国比赛 ②省级比赛 ③市级比赛 ④县级比赛 ⑤无比赛
⑥其他

请按先后排序_____

24.对于初学者,您选择的内容是?(可以选择一项,也可以选择多项)

①组合动作 ②抱拳礼 ③手型、手法、腿法等基本功
④拳术成套动作 ⑤格斗动作 ⑥简单的器械成套
⑦武术传统套路 ⑧武术健身操 ⑨武术段位制套路
⑩武术国际竞赛规定套路 ⑪自编、自选套路 ⑫武术难度动作
⑬其他

请按先后排序_____

25.您认为以下属于武术项目的是?(可以选择一项,也可以选择多项)

①拳术 ②散打 ③集体项目 ④器械 ⑤跆拳道 ⑥拳击
⑦对练 ⑧不知道

26.您认为练习武术有什么功能?(可以选择一项,也可以选择多项)

①强身健体 ②防身自卫 ③打抱不平 ④宣传武术文化
⑤表演 ⑥弘扬民族精神 ⑦尊师重道

27.您认为武术是?(可以选择一项,也可以选择多项)

①一项体育运动 ②一种文化 ③一门学科 ④一门艺术
⑤一种哲学 ⑥一种宗教 ⑦不知道

28.您的招生渠道是?(可以选择一项,也可以选择多项)

①普通学校体育教师推荐 ②青少年宫老师推荐 ③慕名而来
⑤朋友推荐 ⑥自主招生

请按先后排序_____

29.您认为体育运动学校武术教师提高业务水平的最好方法是?(可以选择一项,也可以选择多项)

①学历教育 ②参加武术教师培训 ③优秀教练的传、帮、带
④出国学习 ⑤比赛中积累经验 ⑥其他

30.学生进行武术学习的收费情况是每学期多少钱?(可以选择一项,也可以选择多项)

①200元以下　②201元—400元　③401元—600元

④601元—800元　⑤801元—1000元　⑥1000元以上　⑦不收费

⑧初级班收费　⑨有比赛成绩的不收费

### 三、影响因素部分

填答说明:此部分为有关影响中国青少年竞技武术开展的因素,请根据您的认知情况,在表 附5-1相应分值栏中打"√"。

表 附5-1　影响中国青少年竞技武术开展的因素

| 层次 | 因素 | 非常影响 | 影响 | 一般 | 影响不大 | 非常不影响 |
|---|---|---|---|---|---|---|
| 个人层次 | 1.运动员对武术内容的认知 | | | | | |
| | 2.运动员对武术文化的认知 | | | | | |
| | 3.运动员对武术技击功能的认知 | | | | | |
| | 4.运动员的参赛机会 | | | | | |
| | 5.运动员参加比赛的成绩 | | | | | |
| | 6.运动员学习武术的动机 | | | | | |
| | 7.运动员的损伤情况 | | | | | |
| | 8.武术训练内容的选择 | | | | | |
| | 9.武术训练方法的选择 | | | | | |
| | 10.武术动作的标准化程度 | | | | | |

续表

| 层次 | 因素 | 非常影响 | 影响 | 一般 | 影响不大 | 非常不影响 |
|---|---|---|---|---|---|---|
| 人际层次 | 1.武术教师对武术内容的认知 | | | | | |
| | 2.武术教师对武术文化的认知 | | | | | |
| | 3.武术教师对武术技击功能的认知 | | | | | |
| | 4.武术教师对武德教育的认知 | | | | | |
| | 5.武术教师的武术指导水平 | | | | | |
| | 6.武术教师对学生的重视程度 | | | | | |
| | 7.武术教师自身的武术水平 | | | | | |
| | 8.武术教师对武术教学内容的选择 | | | | | |
| | 9.武术教师对武术教学手段的选择 | | | | | |
| | 10.武术教师对武术教学方法的选择 | | | | | |
| | 11.家长的动机 | | | | | |
| | 12.家长支持程度 | | | | | |
| | 13.亲戚的支持程度 | | | | | |
| | 14.朋友的支持程度 | | | | | |

续表

| 层次 | 因素 | 非常影响 | 影响 | 一般 | 影响不大 | 非常不影响 |
|---|---|---|---|---|---|---|
| 组织层次 | 1.中小学武术的开展情况 | | | | | |
| | 2.武术学校的开展情况 | | | | | |
| | 3.青少年宫武术培训的开展情况 | | | | | |
| | 4.武术比赛的赛制安排情况 | | | | | |
| | 5.区级武术比赛的组织 | | | | | |
| | 6.市级武术比赛的组织 | | | | | |
| | 7.省级武术比赛的组织 | | | | | |
| | 8.学校领导的重视程度 | | | | | |
| | 9.武术训练场地设施的情况 | | | | | |
| | 10.武术器材设施情况 | | | | | |
| | 11.运动员的学训矛盾 | | | | | |
| | 12.运动员输送的情况 | | | | | |
| | 13.运动员的招生情况 | | | | | |
| | 14.武术表演的开展情况 | | | | | |
| | 15.影视武术的宣传 | | | | | |
| | 16.武术宣传的途径 | | | | | |
| | 17.武术宣传的内容 | | | | | |
| | 18.武术训练的费用情况 | | | | | |
| | 19.升学的优惠政策 | | | | | |